海南自贸港合规研究高端文库

企业合规理论与实务

首届海南自贸港廉政法治论坛论文集

海南自贸港合规研究院 编
禄正平 徐宗新 主编

QIYE HEGUI LILUN YU SHIWU
SHOUJIE HAINAN ZIMAOGANG
LIANZHENG FAZHILUNTAN LUNWENJI

法律出版社
LAW PRESS · CHINA
北京

图书在版编目(CIP)数据

企业合规理论与实务：首届海南自贸港廉政法治论坛论文集／海南自贸港合规研究院编；禄正平，徐宗新主编. -- 北京：法律出版社，2023
ISBN 978-7-5197-8541-3

Ⅰ. ①企… Ⅱ. ①海… ②禄… ③徐… Ⅲ. ①自由贸易区-廉政建设-法治-海南-文集 Ⅳ. ①D927.660-53

中国国家版本馆 CIP 数据核字(2023)第 212776 号

企业合规理论与实务
——首届海南自贸港廉政法治论坛论文集
QIYE HEGUI LILUN YU SHIWU
—SHOUJIE HAINAN ZIMAOGANG LIANZHENG FAZHI LUNTAN LUNWENJI

海南自贸港合规研究院 编
禄正平　徐宗新 主编

策划编辑 董　昱
责任编辑 董　昱
装帧设计 鲍龙卉

出版发行 法律出版社
编辑统筹 法规出版分社
责任校对 张红蕊
责任印制 耿润瑜
经　　销 新华书店

开本 710 毫米×1000 毫米　1/16
印张 17　　**字数** 300 千
版本 2023 年 11 月第 1 版
印次 2023 年 11 月第 1 次印刷
印刷 唐山玺诚印务有限公司

地址:北京市丰台区莲花池西里 7 号(100073)
网址:www. lawpress. com. cn
投稿邮箱:info@ lawpress. com. cn
举报盗版邮箱:jbwq@ lawpress. com. cn

销售电话:010-83938349
客服电话:010-83938350
咨询电话:010-63939796

书号:ISBN 978-7-5197-8541-3　　**定价**:58.00 元

凡购买本社图书,如有印装错误,我社负责退换。电话:010-83938349

企业合规理论与实务

——首届海南自贸港廉政法治论坛论文集

序　　言

一

企业合规可以追溯到19世纪末20世纪初的美国。当时,美国国会、美国政府的监管部门和联邦法院为了应对大型私人企业在行业中的不正当竞争和垄断行为,制定了反垄断的监管流程以及反垄断和反腐败立法,并做出相关判例,为企业合规奠定了法律基础。在此后的近100年里,随着各种法律的制定和修改,企业合规日益成为一项重要的经营管理实践。

美国企业合规的反垄断立法主要有:1890年的《谢尔曼反托拉斯法》(Sherman Antitrust Act);1914年的《克莱顿反托拉斯法》(Clayton Antitrust Act),该法于1914年10月颁布,用以补充"谢尔曼法",其中规定了独立经营的限制、独占及垄断的禁止、价格歧视的禁止等;1914年的《联邦贸易委员会法》(Federal Trade Commission Act),该法主要授权联邦贸易委员会负责监管市场和经营秩序,防止不正当垄断和欺诈消费者行为;1976年的《哈特－斯科特－罗迪诺法案》(Hart－Scott－Rodino Act),该法要求公司在通过收购或合并方式获得其他公司时,向美国联邦贸易委员会和司法部提供必要的信息,以便对其进行监督并可能禁止该交易。

在反对企业公司可能存在商业贿赂与腐败行为方面的立法有:1977年的《反海外腐败法》(Foreign Corrupt Practices Act),该法规定公司必须将反腐败的整个过程加以有效地记录和设立内部控制机构与措施等;2002年的《企业腐败违法行为法》(Corporate and Criminal Fraud Accountability Act),该法规定了对企业的内部财务和管理行为进行监管和控制,以避免企业内部财务和会计作假,防止金融欺诈和腐败行为。

美国这些企业合规立法及其司法实践,也相应地影响和促进了欧洲的企业合规立法出台,其中主要有欧盟2018年5月出台的《通用数据保护条例》(GDPR),

该法明确规定了在欧盟境内个人数据（包括消费者和员工等）的处理和保护要求；2018年发布的《反洗钱指令》（Fifth Anti－Money Laundering Directive，AMLD5），要求企业采取措施预防和打击洗钱与恐怖主义融资活动；2003年的《欧盟竞争法》（《共同体竞争规则》，EC Competition Ruls）保护和促进欧洲市场竞争，对垄断、价格协议、市场分割等行为进行约束。欧盟的反垄断委员会有权对不合适的竞争行为进行调查，并可以对实施垄断的公司进行罚款和打击，比如曾经作出的对美国微软公司涉嫌垄断的处罚。欧盟最近采用的企业合规指令和条例进一步涵盖了许多不同领域，如公司税收、环境保护、财务报告、公司治理要求等。

如今，美国和欧洲制定的企业合规法律法规已经包括了企业公司经营活动的各种领域和各个方面。特别是在20世纪中期，随着经济全球化和信息技术的进步，企业合规变得更加复杂和关键。越来越多的公司开始推行全球化战略，需要遵守不同国家和地区的法律法规和道德规范，保护消费者和社会公众的权益，促进公平竞争和可持续发展。同时，随着社交媒体和互联网的普及，公司面临更大的公众监督和舆论的压力，需要更为谨慎和慎重地管理企业合规。

就企业公司的长远发展而言，企业合规在西方国家已经成为一个普遍的商业实践，在环境、劳工、安全、人权、反腐败等方面，企业公司除了必须确保其业务活动符合法律和行业的标准，还需要为企业建立符合行业标准及法规要求的企业文化，维护企业的声誉，增强员工和客户的信任感，以确保企业行为符合社会期望与企业自身价值观的双重要求。它的目标是以公正、透明与诚信的方式推动业务发展，通过遵守法律法规和商业道德规范，塑造一个可信赖的企业形象和品牌价值。

二

在经济全球化和国际商务快速发展的背景下，我国企业合规和商业道德的重要性不断提高。我国政府也相应提高了企业合规和社会责任方面的要求，尤其是加强对国有大型企业和国家控股上市公司的监督和监管力度。

首先，在建立健全企业合规的法律制度方面，我国政府制定了一系列法律法规和标准，包括《公司法》《全民所有制工业企业法》《城镇集体所有制企业条例》《证券法》《反垄断法》《反不正当竞争法》《监察法》《中国共产党廉洁自律准则》等，国有企业、民营企业以及相关企业负责人被要求严格遵守这些法律法规和标准。

其次，企业加强了自主管理。无论哪一种所有制类型的企业，都已经越来越意识到合规的重要性。大多数有规模的企业建立了专门的合规部门或聘请了合规专业人员。企业不断优化合规管理体系,制定专门的合规制度和程序。譬如华为公司制定了自己企业内部的《华为基本法》,吉利集团制定本集团的合规准则等。

再次,企业公司越来越重视风险管理,包括对各种可能涉及金融和财务风险问题的预防和控制,以及对企业合规和商业道德方面的风险管理。企业一般通过组织内部审计、建立"防火墙"、风险评估等方式,防范和发现企业可能存在的合规问题与风险,并采取相应的措施加以应对。

最后,企业公司已经在现代市场经济的竞争中意识到社会责任,并将企业的生存发展与环境、生态、社会公益等密切结合,不断加强环境保护、安全生产以及职工权益保护等方面的责任和管理,积极参加和开展社会公益活动,推动企业的可持续发展。

应当看到,中国企业合规的发展和国有企业股份制改制、现代企业制度建设和国有企业公司法人治理是紧密联系在一起的,这也是我国以公有制为主体的经济国情的反映。一方面,企业合规对国有企业的治理起到了促进和推动的作用。企业合规是企业风险管理的重要环节,对保障公司经营管理合规、出现违规风险进行有效预防和控制起到了关键性作用,不仅促进了企业治理的规范化和标准化,降低了经营管理风险,提高了企业合法合规水平,还增强了企业公信力,提升了企业的竞争力。另一方面,国有企业治理对企业合规的实现起到了保障和支持的作用。国有企业作为具有国家背景的企业,被认为拥有对国家法律法规的敏感度和强大的合规能力,在国家相关部门及时披露信息、企业内部完善合规制度和流程、落实全员合规培训、定期开展合规自查等方面具有先天优势。此外,国有企业还承担着社会责任,扮演着中国经济发展历程中具有重要作用的一种经济组织形态,对社会以及经济发展的稳定具有不可替代的重要作用。

目前国务院和国资委对企业合规制度作出的补充规定主要包括:(1)依据《关于完善审计制度若干重大问题的框架意见》及相关配套文件,对公共资金、国有资产、国有资源实行审计全覆盖,加强企业内部体系建设、规范企业经营行为、推动企业合规发展;(2)依据《企业信息公示暂行条例》(国务院令第654号),对企业信息公开作出详细规定,提出企业公开信息的标准、范围和方式等,加强企业信息公开管理,增强企业公信力;(3)依据《关于加强中央企业内部控制体系建设与监督工作的实施意见》(国资发监督规〔2019〕101号),加强企业风险管理,建立健全风险管理机制，执行有效的风险控制和应对措施，确保企业合规经营；(4)依据《关于加强地方国有企业债务风险管控工作的指导意见》（国资发财评规〔2021〕18号），加强国有企业债务风险处置和防范应对，防范化解重大债务风险，维护金融市场稳定，完善债务风险监测预警机制，精准识别高风险企业；(5)依据《关于中央企业加强参股管理有关事项的通知》（国资发改革规〔2019〕126号），对于房地产企业开发项目入股投资加强风险防范，从市场、政策和信用等多方面考虑风险控制，加强对开发商的合规监督，防范相关风险的发生；(6)依据《中央企业境外投资监督管理办法》（国资委令第35号）加强境外投资风险管理，加强前期尽职调查，完善投资征信和评价机制，规范投资行为，防范投资风险。

上文所述国务院和国资委发布的这些制度性规定，不仅为国有企业合规的推进和发展提供了法律基础和指导性意见，而且对大型集体企业和民营企业具有合规指导的现实意义。

三

企业合规与企业刑事合规是两个紧密相关但又不完全相同的概念。

首先，企业合规是指企业按照国家法律法规、行业规定、社会公共道德等要求，在经营管理和社会责任等方面的硬性要求和软性要求都得到合规履行，并规定了有效的内部控制的流程和要求标准。企业刑事合规强调的是企业在经营过程中遵守刑法的相关规定，预防和规避刑事犯罪行为。

其次，企业合规是一种正规的管理模式，让企业从传统的国有企业“长官意志”管理模式以及私人企业“老板个人说了算”的管理模式中走出来，企业应当依据法律法规和行业规定，结合企业自身的经营特点和规模，依法合规进行管理。企业刑事合规则是一种防范性的管理措施，是企业依据刑法规定和相关司法解释，制定和执行预防犯罪的措施和计划。

最后，企业合规的界限较为宽泛，包含多个方面，比如合法合规、合规风险控制与合规培训、合规文化建设等。而企业刑事合规则是针对企业法人犯罪行为以及企业管理层的职务犯罪而言，它的目的在于规避刑事风险和保护企业的利益。

总之，企业合规和企业刑事合规虽然有相似的目标，即保证企业遵守法律法规，进行合法经营，但是两者还存在明显的不同。企业合规的范围较为宽泛，包含的层面多，重点是制定和执行有效的内部控制和管理计划，履行相应的社会责任。而企业刑事合规则是在企业合规的基础上，特别是在刑法管理方面进行的一种特殊的犯罪行为风险控制和预防管理,以预防犯罪并保障企业的合法权益不受侵犯。在当前的鼓励民营企业创新投资和大力发展民营经济的背景下,应该创造宽松的经济环境,使企业合规成为企业经营发展的基础和翅膀,适度淡化企业刑事合规,让企业在普通的合法合规的界限范围内,放手大胆地探索各种经营发展模式。

企业合规又与民法的企业法人制度以及公司法的公司治理紧密联系。

企业合规与企业法人制度和公司治理的关系在于,企业的合规管理必须以企业法人制度为基础进行,企业法人制度是企业合规的前提,只有在企业法人制度的基础上,在依据公司法严格公司治理的前提下,企业才能更好地开展合规管理。

首先,企业法人制度和公司法赋予企业法人独立的法律地位、权利和义务,企业借此获得特定的法律权利和经济利益,并承担相应的法律责任。企业法人制度为企业提供了法律地位、权利和义务的规范,企业必须依照公司法的法定程序注册登记,并且在企业运营过程中需要按照公司法的相关规定,制定公司章程,确立股东大会、董事会、监事会、管理层等机构的运作模式,这些均是企业合规的重要内容。

其次,企业合规管理需要依据企业法人制度和公司内控管理,建立合规内控机制。企业法人制度和公司治理制度为企业提供了必要的法律基础和监管机制,使得企业可以在法律框架下开展合规管理。企业法人制度和公司章程等,要求企业建立内部管理机制和制度,确保企业经营活动的合法、合规,从而保护企业的合法权益。

再次,公司法规定了企业的权利和义务,明确了企业承担的法律责任。根据公司法的规定,企业必须履行税收、劳动、环保等相关法律规定和社会责任。公司法还规定了企业承担的其他法律责任,比如企业应及时履行信息公开义务、保护中小投资者利益等。公司法还与证券法一起规范了企业的融资行为,根据公司法,企业融资行为必须遵守法律法规的要求,比如发布招股说明书、发布债券融资说明和公司上市等,防范和避免企业融资违规行为带来的风险。

最后,企业法人制度和公司治理要求企业建立和健全法律机构,以便企业能够及时、准确地知晓法律法规的要求,采取相应的措施加以遵守并使之成为企业的文化和信仰。企业法律机构的建立,不仅有利于企业遵守法律法规,而且有利于企业加强内部管理和推进企业合规管理。

根据实践的总结,可以帮助企业做到合规的具体步骤如下:

第一,明确法律法规和标准。企业需要了解适用于本企业经营情况的所有法律法规和标准,包括国家、地方和行业标准等。根据不同的企业类型、业务和行业,制定相应的合规标准和程序。

第二,建立合规团队。企业应该组建一支专业的合规团队,负责管理和执行合规政策和程序,监督企业的合规情况,并可以和企业的法务部门构成督促检查企业合规运营的前后台关系。企业法律顾问是企业合规的重要支撑,是企业合规监管的后台,可以确保企业在法律和监管上的合规性和遵从性。企业法律顾问还可以支持企业开展风险评估工作,发现企业可能存在的风险和合规问题,从而制定合适的应对策略。

第三,制定合规政策。企业应该制定明确、具体的合规政策,并且该政策应涵盖企业的行为准则、劳动关系、个人隐私、品质保证、商业秘密、知识产权、环境、人权、反腐败、安全管理等方方面面的内容。

第四,培训员工。企业应该对员工提供相关的合规培训,该培训包括教育员工法律法规、行业标准、企业合规政策和程序等知识。通过培训,让员工意识到企业合规的重要性,促使员工自觉地遵守合规要求。

第五,建立合规审计机制。企业应该建立合规审计机制,定期检查企业的合规情况,并在发现问题时及时解决。企业可以通过内部审计和外部审计等方式定期评估自身的合规状况。

四

企业合规的终极目标应该是让企业在市场经济的竞争和发展中与社会发展同步,既能创利,为股东带来更多的投资回报,又能成为社会经济共同体中负责任的一员,在赚钱的同时不忘承担社会责任。社会责任是企业作为社会经济组织和企业法人必须承担的服务于社会的道义责任,或者说,企业合规的社会责任意味着企业必须承担起自己在社会中的道德义务,始终以合法合规的方式开展自己的经营活动,维护自身声誉,同时对社会和环境承担应尽的义务,它是企业可持续发展和社会稳定的重要基础。

企业合规的社会责任应当包括以下方面:

第一,遵守法律法规。企业合规的首要责任是遵守法律法规。企业必须确保其在经营过程中不违反国家和地方的法律法规,特别是安全生产、环境保护、消费者权益保护等方面的法律法规。同时,企业还需要制定相关的政策标准和程序,强化自身内部的法律合规体系,加强对员工法律意识和法律教育的培训,保证控制经营风险和合规管理的有效性。

第二,确保企业内部治理和透明度。企业合规不仅在于遵守法律法规,也包括对相关内部管理的规范和改善。企业必须制定内部岗位责任和标准,明确内部管理规范和流程,制定内部控制机制,确保企业良好的内部治理和透明度,包括公开各类信息、积极回应相关社会关注等。

第三,保障员工的劳动权益,为员工提供合理的劳动环境。企业公司应当严格落实相关的劳动法规和规章制度,保护员工的合法权益,为员工提供安全、健康、幸福的工作环境,并关注员工的职业发展。

第四,保障消费者的权益,提供优质的产品和服务。企业公司应当关注消费者的需求和购买体验,为其提供安全、可靠、优质的产品和服务,遵循消费者权益保护的原则,不断提升消费者的购买体验和满意度。

第五,保护社会环境,这是企业必须承担的保护环境和维护、促进生态文明的社会责任。企业在生产经营过程中应该注重环境保护、资源利用和节能减排,从而维护和促进生态文明。

第六,推动社会和谐发展,关注社会公益事业。企业公司应该积极参与并支持社会公益事业,包括社会慈善事业,履行关注和帮助弱势群体的社会责任,将部分收益回馈社会,从而推动社会和谐发展。

总之,企业公司应该承担的社会责任涵盖了很多方面。企业合规的社会责任不仅是企业需要满足法律法规的要求,也需要企业聆听和关注人们的生活质量、环境保护、消费者权益和社会责任。只有这样,企业才能够在客户、股东、员工、合作伙伴和社会大众中获得信任和品牌口碑,实现其可持续、稳定的发展。

囿于本人的学识和文集篇幅所限,尚不能对本文集所收集的各篇大作一一点评,本序言只是将笔者对企业合规的粗陋见解奉上,也算是对本文集各种观点和理论的抛砖引玉,其中难免有挂一漏万、捡椟遗珠之嫌,亦恳请各位作者和读者给予批评指正。

是为序!

禄正平

2023 年 5 月 28 日于三亚学院

目　录

法治中国建设背景下的企业合规管理

江必新*

一、企业合规和社会责任体系建设意义重大

第一,企业合规和社会责任体系建设是我国法治社会建设的重要内容。法治中国是由中国特色、法治底色和实践鲜色组成的。法治中国建设的标准,即到2035年我们基本建成法治中国,到2050年实现国家治理体系和治理能力现代化,其中很重要的表征是形成一套成熟的、定型的、现代化特性的、科学的制度体系。检验其是否建成的方法是全国上下党政国家机关、企业事业单位是否都依法办事。因此,企业合规和企业社会责任是法治社会建设的一个很重要的部分,它不仅涉及制度体系的建设,而且涉及全民守法的重大问题。

第二,企业合规和社会责任体系建设是我国全面推进国家各方面工作法治化,推进多层次、多领域社会治理的重要内容。党的二十大报告特别强调要全面推进国家各方面工作的法治化,推进多层次、多领域的依法治理。企业合规是社会治理、企业治理的一个主要内容。

第三,企业合规和社会责任体系建设是我国构建社会主义市场经济体制,营造法治化、市场化、国际化、便利化营商环境的重要条件。

第四,企业合规和社会责任体系建设是企业防范可能的风险,尤其是法律风险,使企业得以行稳致远的重要条件。

第五,对于海南而言,企业合规和社会责任体系建设是建设高规格、高水平、高品质的自由贸易港的一个重要条件。自由贸易港在很大程度上要具有开放性,党的二十大报告特别提出要稳步扩大规则、规制、管理、标准等制度型开放。

---

* 江必新,第十三届全国人大宪法和法律委员会副主任委员,中国法学会副会长。

二、企业合规和社会责任体系建设需要建构完善的规则体系及实施规则、监督和规则保障体系

在党的二十大报告中,“体系”一个词反复出现高达119次。可以说,中国的法治建设逐步进入了体系化建构的时代。但体系化建设非一日之功,要讲科学。体系化不是把碎片化的东西整合起来就完成了体系化,首先,体系化建设一定要做到科学,一定要管用、有效,要解决问题。

其次,体系化建设要讲究配套。体系化建设要有一个制度群,而不仅是一个规范体系。规范体现在企业合规的方方面面,合规不仅是合宪法、合法律、合法规和规章、合规范性文件,还要求合我们自己内部的规定。当前,法律和法规有1000多部,地方法规和规章加起来有数万个,除此之外,还有国际法、国外的相关法律规定。合规要大道至简,提炼出一些基本的精神。合规的体系既要把经验提炼,又要能够全覆盖,简单,容易记住,便于实施。达到以上要求,即为科学建设体系。

最后,监督体系和保障体系也是企业合规与社会责任体系建设所必需的。需要注意的是,任何规范都是有条件的,只管立法,不管保障,不管资源配置,最终结果是没有能力去实现的。

三、社会责任立法体系建设需要全社会的参与

企业合规要以自我革命的精神来从严要求行为。首先,党的领导一定要起到整合作用。其次,政府要做表率,要带头。企业应当注意哪些方面,应该履行什么义务、承担什么责任,政府应帮忙梳理。最后,有关部门联系人的具体联络方式应明晰。企业合规与每一个公民息息相关,若民众都以规范的、公正的、客观的、友善的、合作的态度对待,全民守法的良好社会氛围将会反过来影响企业,这也这是法治中国建设的一种理想状态。

打造廉洁风清气正的执政环境 保障海南自由贸易港建设

张恒山*

一、政府要廉政勤政，为企业提供服务性的帮助

海南自由贸易港的建设，党委、政府的廉政建设起着基础性作用。海南自由贸易港建设是党中央的一项重大战略决策，对我国的新时代改革开放、进一步创新中国特色市场经济体制、开拓我国新的经济发展道路和模式，具有重大的现实意义和深远的战略意义。自由贸易的本质就是，在不存在国家对进出口贸易施加的关税、补助、限额、特许等限制和阻碍的情况下，允许商品零关税或绝大多数商品零关税，自由地在一国或一地区输入或输出，允许资金、劳务自由流动，允许国内外生产者、经营者平等竞争的一种贸易状态，在最大限度减少贸易阻碍、提供贸易便利的情况下，发展经济的一种模式。在当今世界保护主义、单边主义、逆全球化思潮加剧的情况下，自由贸易因为大幅度减少交易成本，交易便捷、平等公正，必然能给参与贸易者带来巨大的利益，从而促进经济繁荣。海南自由贸易港建设对于党把握经济发展方向、创新经济发展道路和模式的能力，是一个巨大挑战，也是对海南省地方党委和政府贯彻和实现中央决策能力的巨大挑战。

二、海南自由贸易港建设由中央制定初步的蓝图性的规划框架

2020年6月1日，中共中央、国务院印发了《海南自由贸易港建设总体方案》，在此基础上，2021年6月10日，全国人大常委会通过了《海南自由贸易港法》，这使海南自由贸易港建设有了真正的法律依据。这是党稳步推进的一个巨大的、带有试验性的自由贸易港建设，这个建设的成功将引领我国对外开放向纵深推进，

---

* 张恒山，中共中央党校政法部原主任，教授，博士生导师，中国行为法学会学术委员会主任。

为全国更高水平的改革开放探索新路径、积累新经验。贯彻中央决策、落实海南自由贸易港建设要做的工作千头万绪，其中一项极其重要的工作就是加强海南党政管理体系的廉政建设。

我们必须认识到自由贸易的一个重要特点，就是参与贸易活动者最大限度地追求经济利益。需要强调的是，为经贸活动提供管理服务的权力拥有者，不能参与此经贸活动追求经济利益。我们建立贸易平台，为自由贸易者提供服务让他们赚钱，但是我们要保证我们自己的干部与公务人员不为利益所动，克己奉公，这是对执政能力和执政智慧的考验，也是对处于海南自由贸易港的管理体系中的党政干部的品行和意志力的考验。如果没有一个意志坚定、品德高尚、出淤泥而不染的提供管理服务的公务人员队伍，自由贸易港是无法正常运行的。

三、自由贸易时权力不能交换

自由贸易的另外一个重要特点就是在负面清单之外什么都可以贸易与交换，除了权力。权力不能为任何一方贸易者所私用，权力一旦被私用，一旦偏向贸易的某一方，就会使贸易环境失去公正，使各方贸易者失去安全感和信任感，影响自由贸易港建设。

四、自由贸易是可预期的、安全的

每个贸易者可以根据制度规则预期出现的合同后果来规避风险，规避损失，规避障碍，顺利且低成本地完成交易，自由的实现有利于资金流动、物资流动、人员流动和信息交流。这种预期只能在法律法规、制度、规则清晰、明确、完善，以及这种制度、规则被管理者忠实、切实执行时，才能实现。如果参与贸易者发现这种法律制度是不健全的，或者制度执行者并不严格地按照法律制度、规则提供贸易活动服务，那么他们就会失去对这套制度的信任，就会因为贸易后果的不可预测，离开这个所谓的自由贸易港。

总之，自由贸易港建设中党和政府的职能部门的廉政建设是重中之重，海关、税收、工商、金融、监管、公安、环保、交通运输、海洋管理、电信、法院、检察院、仲裁等直接服务于自由贸易活动的部门，更是廉政建设的重点。党的二十大报告对廉政建设有一系列的认识，包括全面从严治党原则，坚持科学执政、民主执政、依法执政的原则，加强理想信念教育，牢记党的宗旨，坚持学思用贯通、知信行统一原则，健全监督体系，完善权力监督机制的原则，以党内监督为主，促进各类监督贯通协调原则,加强对一把手和领导班子监督,加强巡视整改原则。

党的二十大报告强调,要坚持以严的基调强化正风肃纪。党风问题关系到执政党的生死存亡。弘扬党的光荣传统和优良作风,促进党员干部特别是领导干部带头深入调查研究,扑下身子干实事、谋实招、求实效。锲而不舍地落实党的中央八项规定精神,抓住"关键少数"以上率下,持续深化纠治"四风",重点纠治形式主义、官僚主义,坚决破除特权思想和特权行为。把握作风建设的地区性、行业性、阶段性特点,抓住普遍发生、反复出现的问题深化整治,推进作风建设常态化长效化。全面加强党的纪律建设,督促领导干部特别是高级干部严于律己、严负其责、严管所辖,对违反党纪的问题,发现一起坚决查处一起。坚持党性党风党纪一起抓,从思想上固本培元,提高党性觉悟,增强拒腐防变能力,涵养富贵不能淫、贫贱不能移、威武不能屈的浩然正气。

党的二十大关于全面从严治党、廉政反腐、加强党风党纪建设的一系列论述,是新时期我党加强自我队伍建设、发挥党的领导核心作用的强大思想引领,也是指导海南自由贸易港建设加强党政系统廉政建设的思想指针。同时,在海南自由贸易港建设中,地方党委还应当针对自由贸易港服务管理的特点,不断总结经验,提升理论,形成自己独特的廉政建设措施,把廉政建设推向实质,达到实效化,以海南廉洁风清气正的执政环境,换取全世界自由贸易者的信任和参与,吸引全世界的人才、资金、技术、制造、物流,推动自由贸易者在海南创业落根,使中国海南成为真正享誉世界的自由、公正、安全、便利的贸易中心。

海南自由贸易港建设引入“企业合规”概念的启示与思考

王伦轩*

现在的企业合规是由一个外来的概念,引申到企业治理、行业的管理监管和监督,再延伸到国家层面来提升并将其法治化的概念。国家这个层面的合规治理首先是从金融开始,发展到如今国家发改委联合部门出台央企合规管理办法等。国家层面重视企业合规问题不仅坚持问题导向,还重点关注司法服务。司法服务是最高人民检察院从2020年3月开始进行了6个基层院的试点,进行不予起诉的改革实践探索。目前国家层面的企业合规,在民营企业制度建立方面还不完善,在司法行政执法领域的合力还没形成,从国家层面重视企业合规有以下几方面的启示。

一、企业合规建设需要多方发力

不能把企业合规看成行业主管部门的监管处置,目前应该把其视为国家层面行为。在海南自由贸易港建设中,从政治层面来看,推动国家法制框架内与行业主管、行业协会有机结合以及与司法机关联手,共同发力,是企业合规建设快速、高质量发展的有效途径之一。

二、企业合规建设需综合实施

企业合规是综合因素,从它的结构来看,企业的要素配置非常多,项目多而广,涉及重点领域、重点行业、重点人员的管理和分工,这个重要流程的监控监管比较复杂,只有多管齐下、综合治理,发展整体功效,才能固基强本,扬长避短。

---

* 王伦轩,最高人民检察院原一级高级检察官,中国行为法学会廉政研究委员会副会长。

三、企业合规建设注重企业信息反馈

企业信息的反馈是指外界监督监管处置的反馈机制。海南自贸港建设将会是高度自由化、高度便利化、高度法治化。在这个过程当中企业的自治价值要高于吸引内地企业,又不同于引入港澳企业。企业社会责任和道德义务是不同的,它既要追求效益,又要树立社会形象,这两者结合的核心是自治价值。它的自治价值对海南自贸港的法律和制度支撑范围更广、空间更大。如果企业不能把这个外界的监督监管变成自我约束、自我激励、自我整改的内在动力,那就很难转化成社会效果和实际效果。因此对企业信息的反馈要给予高度的关注、充分的判断。

四、海南自由贸易港建设引入“企业合规”概念的思考

第一,因地制宜,推动企业合规建设。合规建设要从实际出发,比如紧扣“三区一中心”战略定位,注重三个高度,即高度自由、高度标准、高度划分。由于社会背景、制度框架、管理体制机制的不同,对企业合规与社会责任的研究与实践探索,没有万能的模板去照抄照搬,要从海南自由贸易港建设出发,立足当前,着眼长远,积极稳妥。

第二,跟紧法治的脚步,做好企业合规建设的评估。自由贸易港建设企业合规对法治的评估很重要。2021 年 6 月全国人大常委会公布了《海南自由贸易港法》,定下了基本的制度原则框架,也就基本定下发展方向。海南省有授权立法的相关决议,这个阶段是封关之前制度法治集成发展的阶段,监管机制、司法体制、行政体制以及金融财税体制等,都会发生很大变化。如果海南省运用好被授予的立法权,抓住制度创新的关键环节,自由贸易港企业合规将会成为一个良好的制度。不过一旦发现问题,那就是最严格的法治。

第三,加强对企业合规的重点难点以及全局性的理论研究和实践探索。自由贸易港建设是根据国家制度安排分阶段分步骤的。海南市场主体的建设也是从以农村为主的市场主体到经济特区、经济试验区,转为自由贸易港建设。该模式的短板首先表现为市场主体发育不充分,市场培育不成熟,监管部门还没有有机地衔接,企业自身还存在硬件建设、软件建设等短板。其次表现为在封关以后,企业和市场主体将经受巨大的考验。

严守政治高线和法律底线
充分发挥审判职能作用保护产权和企业健康发展

王 萍*

法治化、国际化、便利化的营商环境是海南自由贸易港建设的客观要求。我们必须坚持法治先行，努力营造公平透明、可预期的法治营商环境，加强产权保护，依法保护各种所有制经济主体的产权及其他权益，规范涉企案件的办理和涉案财产的处置，便是其中较为重要的一环。结合海南法院加强民营经济司法保护的实践情况，就海南法院如何发挥审判职能作用，依法保护产权和企业健康发展有以下几个方面。

一、重视民营经济的发展，离不开法治的保障

落实党中央的部署要求，积极回应广大民营企业和企业家的关注，充分发挥司法审判的打击和保护职能，营造良好的法治化营商环境，为民营企业的健康发展铺平法治化道路，让民营企业能在公平公正公开的法治环境下成长，让民营企业家能够专心创业、放心投资、安心经营，为海南的创新发展战略做贡献，为建设美好的新海南添砖加瓦，这是人民法院义不容辞的责任担当。

二、海南法院完善司法保护工作机制，为民营企业经济的高质量发展，提供高水平的司法保障

在刑事审判方面，海南法院发挥刑事审判职能作用，既能依法严厉打击针对企业家和严重危害民营企业发展的违法犯罪活动，又能严格把握民营企业刑事犯罪的认定标准，切实保证企业家的人身财产权利。自2017年至2021年，海南法院

---

* 王萍，海南省高级人民法院党组成员、副院长。

共审理破坏社会主义市场经济秩序类的犯罪案件911件1667人,其中无罪的案件有8件12人,被判处缓刑的案件有267件403人,定罪免刑的案件7件6人,还有涉企业的单位两家。通过案件审理,法院严格把握企业家的犯罪认定标准和单位犯罪的认定标准,准确界定经济纠纷和经济犯罪的性质,慎重处理企业经营中的违法、违规问题,坚持刑法的谦抑性原则,严格入罪标准,营造了良好的营商环境,取得了较好的法律效果、社会效果和政治效果。在刑事、民事审判执行工作中,法院坚持善意的执行理念,对于生产经营性的动产,都尽可能地"活封",而不是"死封"。从保护手段来看,法院开启涉民营企业的司法服务平台,若当事人不了解相关法律,可以通过平台了解相关法律法规,通过查阅可以公开的诉讼执行信息,了解诉讼执行风险,开启涉诉快速立案审理绿色通道,尽快地审结民营企业的各类纠纷。也有运用调解的方式处理民营企业劳资纠纷、债权债务纠纷,妥善化解矛盾争议,帮助企业渡过难关。以上这些从保护方式上看体现了人民法院综合运用刑事、民事、行政等各种裁判方式,有效地保护了民营企业的各类权益。

三、海南法院下一步在企业合规方面可以加强和完善的工作

第一,坚定政治站位,严守政治底线,坚持刑事审判服务经济建设、服务海南自由贸易港建设的政治站位。在审理民营企业刑事诈骗案件中,既要坚持事实证据原则,准确认定犯罪,又要树立正确的舆论导向,保护民营企业家投身海南建设的热情;既要打击事实清楚、证据确实充分的刑事诈骗犯罪,又要允许试错,鼓励敢为人先的创业热情。尤其对于那些主观上没有非法占有目的,采取了违规甚至违法手段融资,主要资金要用于项目建设的被告人,应审慎地将民事欺诈行为认定为刑事诈骗犯罪。

第二,严格证据标准,坚守法律底线。民营企业,尤其是房地产企业经营的行为错综复杂,既有被告人为融资单方面地欺诈被害人,也有被告人为达到融资目的,无底线地满足被害人借款的条件而欺诈,还有被告人与被害人合谋欺诈损害第三方利益的情况。因此法院在审理过程中应始终坚持证据裁判的原则,严把"证据关",保护民营企业家不被蒙冤。

第三,坚持刑法的迁移原则,宽容对待民营企业家,让他们能够以自由之身解企业之困。对于民营企业的资产能够查封扣押冻结的,又可以不查封扣押冻结的,尽可能在经济运行中解决经济纠纷,化解经济矛盾,严格防止人为把经济纠纷作为刑事案件处理,严格防止动用刑事手段解决民事纠纷。

第四,严格把握产权案件罪与非罪的界限。正确区分正当融资与非法集资的刑事案件、合同纠纷与合同诈骗的刑事案件,以及民营企业参与国有企业兼并重组中涉及的经济纠纷与恶意侵占国有资产的界限,准确认定经济纠纷和经济犯罪的性质。

第五,办理涉产权案件慎用财产刑。慎用查封扣押,即便是刑事犯罪,也要慎用刑事案件的财产刑,在适用刑事案件的财产刑时也应该为被告人家属保留合法的份额。

第六,完善涉案财产的处置制度。

第七,开展涉产权案件的甄别,纠错对符合再审条件的申诉案件。对以前判过但没有按照现在的指导思想判的一些案子严格甄别,对符合再审条件的申诉案件,依法启动再审程序,对确有错误的生效裁判,坚决予以纠正,切实维护公平正义,提升司法公信度。建立健全涉产权案件甄别工作机制,对社会反应强烈的产权纠纷申诉案件,开展全面自查,剖析一批侵害产权的典型案例,纠正一批产权纠纷的申诉案件,进一步加大对涉及重大财产处置的产权纠纷申诉案件、民营企业和投资人违法申诉案件的审查力度,进一步加强审判监督执业机制,审慎稳妥地做好产权纠纷申诉案件的维稳工作。

当前海南自由贸易港建设刚刚起步,后续还会面临很多的困难和问题,海南省人民法院必将会拿出逢山开路、遇水架桥的闯劲,凭着不破楼兰终不还的决心,不断战胜前进道路中的艰难险阻,为打造国际一流的法治化营商环境,建成国际一流的中国特色自由贸易港,做出司法贡献。

积极担当作为　依法能动履职

——高质量打造涉案企业合规海南样本

李昊昕*

一、检察机关推进涉案企业合规改革的基本情况

近年来，在以习近平同志为核心的党中央坚强领导下，全党、全国各族人民沉着应对世界百年未有之大变局和世纪疫情，高质量发展取得新成效。不过，我们也要看到在世纪疫情冲击下，百年变局加速演进，外部环境更趋复杂严峻和不确定。习近平总书记曾多次强调要千方百计把市场主体保护好，为经济发展积蓄基本力量。开展涉案企业合规改革，深入贯彻习近平法治思想及对涉案企业的末端处理与前端治理于一体，有利于推动企业刑事犯罪的溯源治理，有利于做实对各类企业的平等保护，是助力营造安商惠企法治化营商环境的一项具有原创性、标志性、引领性意义的重要制度创新。涉案企业合规改革中逐渐形成的放缓处理办案样态，意味着一种以教育矫治和预防犯罪为价值追求的新型司法模式已在中国刑事诉讼中初步生成。这种新型司法模式或可被称为诊疗性司法，其本质特征在于通过释放现有检察权能所蕴含的裁量空间，激励涉案企业针对犯罪暴露出来的特定合规风险建立专项合规计划，进行有针对性的制度纠错和管理修复，达到有效预防相同或类似违法犯罪再次发生的效果。2020 年 3 月，最高人民检察院部署在广东、江苏、山东、上海 4 个省份的 6 个基层检察院开展改革初步试点，2020 年 3 月第 2 期改革试点扩展到 10 个省份的 62 个市级院和 387 个基层院，2021 年 6 月最高人民检察院会同全国工商联等 8 部门制定发布《关于建立涉案企业合规第三方监督评估机制的指导意见（试行）》，此后又接续印发《〈关于建立涉案企业合规第三方监督评估机制的指导意见（试行）〉实施细则》和《涉案企业合规第三方监

---

* 李昊昕，海南省人民检察院党组成员、副检察长。

督评估机制专业人员选任管理办法》两个配套文件，以及《涉案企业合规建设、评估和审查办法(试行)》。2021 年 12 月最高人民检察院会同全国工商联等 8 部门组建国家层面的第三方监督评估机制专业人员库，2022 年 4 月最高人民检察院部署在全国检察机关全面推开涉案企业合规改革试点工作。

二、海南检察机关推进涉案企业合规改革的经验做法

2018 年年初，习近平总书记在海南发表了“4・13”重要讲话。4 年来，海南新增的市场主体是过去 30 年的总和。随着各类企业的快速增长，以企业为主体实施的犯罪有所增加，但多数情节较轻，社会危害性较小。如果动辄对企业及其经营负责人给予刑事处罚，势必会增加企业经营的困难和压力，但如果一宽了之，又不利于促进涉案企业整改和各类市场主体的健康发展。为此，海南作为前期非试点地区，检察机关主动担当作为，依法能动履职，积极探索开展涉案企业合规改革。2020 年 6 月，海南省人民检察院精心挑选海口市人民检察院等 6 个单位开展涉案企业合规改革试点工作。2021 年 9 月，根据最高人民检察院改革新精神，省人民检察院鼓励和支持其他非试点单位办理企业合规案件，在全省检察系统全面推开涉案企业合规改革。截至 2022 年 10 月，全省检察机关累计办理企业合规案件 59 件，其中一起案件被最高人民检察院评为企业合规典型案例。

2022 年 10 月，海南省人民检察院深化涉案企业合规改革的经验做法，入选省能力提升建设年活动首批先进典型案例。为充分发挥此项改革在营造一流合法的营商环境中的作用，海南省检察机关主要采取了以下做法：

第一，以优化办案程序为重点，积极推进办案规范化建设。根据案件性质、企业规模、合规整改难易程度，规范使用检察建议合规和第三方机制合规两种模式，通过使用差异化的合规模式，促进办案规范化。对企业规模较小、整改事项单一的案件，通过执法检查建议的方式，督促涉案企业建章立制；对企业规模较大、整改事项繁复的案件，指派第三方监督评估组织对涉案企业合规整改落实情况，进行全链条全流程的指导监督，确保合规建设之效。

第二，以提升合规整改有效性为关键，着力推动建成企业合规第三方监管体系。2021 年 12 月，省人民检察院会同省工商联等 8 家单位共同成立海南省涉案企业合规第三方监督评估机制管理委员会，随后联合出台《第三方监督评估机制实施办法》《第三方监督评估机制专业人员选任管理办法》等文件，初步建成第三方监督评估机制的“四梁八柱”。2022 年 6 月省人民检察院会同司法厅等 8 家单

位组建含有合规师、税务师、律师等100名专家的省级专业人员库，为全省各级检察机关适用第三方监督评估机制办理企业合规案件提供人才保障。

第三，以加强协作配合为保障，有效凝聚工作合力，推进合规改革。检察机关主动强化与公安机关、法院、司法行政、行业主管部门的协作配合，将改革与落实“少捕慎诉慎押”刑事司法政策、认罪认罚、从宽制度等有机结合，对通过评估验收的涉案企业、个人，依法分别做出变更强制措施、相对不起诉决定或者提出宽缓量刑建议，从而促进涉案企业增强合规整改的自觉性主动性。同时健全刑事司法和行政执法双向衔接机制，对涉案企业作出不起诉决定后，认为需要给予行政处罚的，及时向有关主管机关提出检查意见，使违法企业受到应有处罚。

第四，以提升办案质效为目标，充分释放改革红利，聚焦企业生存发展，帮助企业活下来、经营好。比如海南省文昌市人民检察院在办理某民营企业及其公司负责人掩饰隐瞒犯罪所得案件时，根据该公司合规整改情况，依法提出适用缓刑量刑建议，得到市人民法院的采纳，该名负责人得以继续组织生产经营。合规整改后，该民营企业当年的营业收入和缴纳税费较案发前一年分别增长448%和445%，有效避免“案子办了，企业垮了”的问题。聚焦增强企业环保意识，促进企业进行保护生态环境的社会责任。比如省人民检察院第一分院在办理某投资置业公司非法占用农用地案件时，通过执法检查建议，指导涉案公司建立环境保护管理和污染防治工作部门、人员责任制等制度，并督促修复被破坏的生态环境。聚焦提高企业法律意识，促推企业保障劳动者合法权益的社会责任。比如海南省儋州市洋浦区检察院在办理某建筑科技公司拒不支付劳动报酬案时，针对企业用工制度漏洞执法检查建议，引导涉案公司制定保障用工人员工资支付规定，加强支付用工人员报酬监督规定等规章，建立用工人员公司专用账户，甚至专设监管人员，促进及时足额发放劳动报酬。

三、海南检察机关推进涉案企业合规改革存在的问题

第一，法律层面面临一定的障碍。企业合规改革的基本逻辑在于，检察机关根据涉案企业合规整改情况依法作出轻缓处理，但是相关法律给予检察机关做轻缓处理的空间较小。在实体层面，刑法并未将有效开展合规整改作为法定的量刑情节；在程序方面，刑事诉讼法规定了严格的审查起诉期限，而涉案企业，尤其是大中型企业的合规整改，往往需要较长时间才能有效判断整改的效果。

第二，第三方监督评估机制费用缺乏保障。目前国家层面对于第三方组织的

经费来源、收费标准等尚未明确。从实践来看,第三方监督评估机制经费的承担主要有三种方式:一是涉案企业独自承担,二是财政预算承担,三是涉案企业自付+财政保障。目前由财政承担费用缺乏相关法律依据,而合规对象主要是中小企业,其是否有能力承担将成为不得不考虑的问题。

第三,企业合规案件办案数量有待提升。相较其他省份,海南省检察机关企业合规案件办案数量还不多,办案规模不大,案件主要集中于串通投标、虚开增值税专用发票等案的罪名,案件类型,适用罪名不够丰富。

下一步海南省人民检察院将继续坚持以习近平新时代中国特色社会主义思想为指导,深入贯彻习近平法治思想,自觉把党的二十大精神贯彻落实到涉案企业合规改革各项工作中,切实采取有效措施,深化涉案企业合规改革,持续扩大办案规模,逐步拓展案件范围,协调解决第三方监督评估机制经费保障问题,为建立中国特色现代企业合规制度贡献海南的检察智慧。

银行业金融机构合规管理体系的构建及其难题

胡利玲*

一、合规管理的历史沿革

企业的合规管理最初是从美国的有关反商业贿赂、反腐败开始的,随着近20年的发展,现在有关合规的问题实际上已经突破了这种狭义的合规,逐步发展到了大合规,涉及反腐败、反商业贿赂、金融、医药、科技等多个领域。除一些主要的国家通过法律规范、文件来推进合规管理制度的发展外,国际组织在这方面也发布了一些重要的文件,比如,2005年4月巴塞尔银行监督管理委员会发布的《合规与银行内部合规部门》,还有经济合作与发展组织(OECD)在2010年发布的《OECD内部控制、道德与合规良好实践指南》,2010年世界银行还发布了《世界银行集团诚信合规指南》,2014年国际标准化组织(ISO)发布了《ISO 19600:2014合规管理体系指南》。我们国家合规管理首先兴起于金融机构,特别是银行金融机构。最早是2006年原银监会发布的《商业银行合规风险管理指引》,此后金融机构领域又发布了一系列针对证券公司、保险机构的合规管理的指引或者办法。这些规范虽然是针对大中型企业所制定,但鼓励非上市的大中型公司用这个企业内部控制规范,同时也鼓励和建议小企业按照这个企业内部控制规范的来执行。从现在的情况来看,全国范围内已经不仅仅限于对金融机构、上市公司、中央企业进行合规管理的要求,而是已经在全方位地铺开,针对所有的企业都采取实行这种合规管理的要求和建议。

二、为什么要进行合规

怎么理解合规?合规具有什么样的价值?这是构建合规管理体系的基础和

---

* 胡利玲,中国政法大学民商经济法学院教授。

前提,涉及对概念的理解和界定。首先,从目前发布的文件来看,对于什么是合规,什么是合规风险,什么是合规风险的管理是有不完全相同的表述的。那么在理论界,对于什么是合规风险,还有合规之规的含义,它所指向的理解也并不完全相同。其次,合规的价值可以总结为以下三个方面:一是合规管理是企业防控风险的重要手段。二是企业合规管理并不能够自动生成,并不能够自动完成,它必须要以特定的方式来落实。这就需要把合规管理嵌入公司的治理结构当中,作为良好的公司治理的一个标志,它不是法律的强制性要求,并不是基于法律的严格要求,而是市场的压力,很多企业是希望跟自己进行交易的对方是有良好的合规管理的。合规管理实际上是企业治理的一个有机组成部分。三是合规为涉案企业减免刑罚提供了一种抗辩,或者是提供一种使涉案企业会免责或者是减轻罪罚的可能性。

三、合规管理体系

合规管理体系主要是基本原则和构架的问题,不完全针对银行业金融机构,也是针对一般的企业所构建的一种原则或者规范。从目前的合规管理办法以及企业的内控要求规定来看,它所设定的基本原则主要是以下五个方面:一是全面性原则;二是重要性原则;三是制衡性原则;四是适应性原则;五是成本收益原则。作为合规管理体系,要在一个基本的框架中进行,这种合规管理体系的框架基本上包含以下五个方面:一是组织体系;二是制度体系;三是运行机制;四是保障;五是监督问责。

企业合规对企业刑事责任的影响

杨　明*

一、事前合规

企业如果在犯罪、涉罪之前合规制度做得很好，可能会被免罪。而这个免罪主要是我们现行的中国刑法理论所强调的主观意志问题。企业如果合规制度做得很好，这将意味着这个企业没有犯罪意图。在这种情况下，如果能够证明企业没有犯罪意图，就可以避免被某个员工以企业名义实施的为企业利益的这些犯罪行为所拖累，能够切割个别人和企业之间的这个责任。比较典型的案例是兰州市中级人民法院审判的兰州雀巢公司员工行贿、侵犯公民个人信息案，该案中控方已经把企业起诉了，但是企业积极配合，递交了非常完整、规范的有效合规材料，法院认为这个行为仅属于个别员工的行为，不属于这个企业的行为，因此该企业获得了无罪判决。这是我国"企业刑事合规免责第一案"，给我国众多企业一个启发，即如果合规制度做得好，企业有极大可能不被个别员工的犯罪行为所拖累。

二、事后合规

在企业涉罪之后，怎么才能够避免定罪？如果被重罚该怎么避免？首先是在审查起诉这个环节，比如企业认罪认罚态度很好，就可以给他一个机会去完善原有的合规方案，让其去构建新的有效的合规制度，如果在考察期内认为这个企业合规并通过了检察机关等相关方认可，就可以从主观方面去评价这个企业不具有再犯风险，于是可以做不起诉处理。目前绝大多数国家都采取这种模式，对待企业实施轻缓化的形式政策。

---

* 杨明，三亚学院教授。

三、刑事责任影响

我们国家当前没有强制合规的规定，但是已经从央企开始做了行政的规定。法国2016年出台的《萨宾第二法案》规定了大型企业如果没有合规制度就可因此定罪。企业如果没有一个完整的合规制度，该企业本身就可因该行为被定罪，这对于企业承担刑事责任的影响巨大。

企业合规及其合规化论要

——兼议中国企业必须直面的挑战与对策

陆　丹*　姚轩鸽**

摘要:合规及其合规化不仅是“世界百年未有之大变局”下全球企业谋求低风险、可持续化生存与发展的新型经营理念和竞争方式,而且是社会治理不可或缺的重要手段与期待。企业合规既包含合法律与合法,也包含合德与“合道”,“合道”是企业合规及其合规化的最高境界与理想目标。影响企业合规及其合规化总体水平的因素,既有宏观总体的经济、政治、道德与文化产业体制与奖惩机制优劣等,也有微观个体的教育和修养等。而企业合规及其合规化之“规”的优劣,以及合规计划参与者等利益相关者之间价值观念共识与“共鸣”,则是影响企业合规及其合规化质效的思想前提。而且所合之“规”——优良规则不可随意制定,必须遵从科学程序与方法。关键在于,企业合规及其合规化权力合意性之大小,以及对其监督制约的“闭环性”与有效性如何。从科学与理想视域观之,中国企业合规及其合规化建设任重道远,既要保护好企业和企业家,也要守住人伦与国民生命安全的“底线”,更需要仰望星空、负重前行。

关键词:合规　合法　合道　合规化　挑战　对策

发轫于20世纪60年代美国的企业合规化经营理念,在“世界百年未有之大变局”的全球化时代,业已成为跨国企业经营者追求低风险、可持续化生存与发展的标配方式。这既是“全球化的结果”①,也是中国企业应该学习的

* 陆丹,三亚学院教授,博士。

** 姚轩鸽,三亚学院国家治理研究院研究员、法学院/自贸港国际法学院特聘教授。

① [德]托马斯·罗什:《合规与刑法:问题、内涵与展望——对所谓的“刑事合规”理论的介绍》,李本灿译,载赵秉志主编:《刑法论丛》(第4辑),法律出版社2016年版,第366页。

"经营理念"。[①] 因为"合规制度的精髓在于使法令的遵守不再依靠严格监视和个人的自觉与诚实，而是用合理的事前计算规划来阻止违法行为的发生。即使在少数情况下发生了违法行为，也将会得到及时的纠正"。[②] 事实上，"合规并不局限于企业"，[③]也是社会治理秩序建构的基本诉求与目标，是人类谋求自身利益或福祉最大化的"必要之恶"。[④] 问题或在于，企业合规主体或者国民所合之"规"的优劣善恶，以及完备与不完备等。因为唯有所合之"规""合道"[⑤]，即对规则（道德与法律）制定科学方法的"服从、顺从、遵从"，对人己利害行为事实如何之规律和规则创建终极目的，以及规则价值真理性的"服从、顺从、遵从"。或者说，唯有合"良规、善规"或完备之规，方可助力企业经营或社会治理目标的实现，发挥其思想理念的精神动员作用。基于此，本文拟探讨企业合规及其合规化的内涵与本质、结构与类型，以及实现的一般路径，进而寻求中国企业合规及其合规化建设面临的主要挑战与因应对策。

一、企业合规及其合规化之内涵辨析

学术常识告诉我们，要对一个问题进行深度探索，如果不从基本概念的辨析开始，大概率会落入自话自说的泥淖，或者不得不接受"差之毫厘，谬以千里"的尴尬境地。

（一）现行"企业合规"概念梳理

关于"合规"概念之内涵，从企业合规经营理念诞生之日起，就有研究者基于不同学科的理论尝试给予界定。《牛津词典》解释"合规"是指行为主体对"规则"的"服从、顺从、遵从"。遗憾的是，关于"合规"之内涵与外延的认知，学界至今尚

---

① 参见童建明：《充分履行检察职责 努力为企业发展营造良好法治环境》，载《检察日报》2020 年 9 月 22 日，第 3 版。

② Richard J. Mac Laury, *Compliance Programs under the Robinson – Patman Act and Other Antitrust Laws – The Practical Effect of Such Programs or the Absence Thereof*, Antitrust L. J., 1967(37), p. 96 – 105.

③ 参见李本灿：《法治化营商环境建设的合规机制——以刑事合规为中心》，载《法学研究》2021 年第 1 期。

④ "合规"已经是一个泛化了的概念。特别强调"大合规"的理念，甚至触及国际合规、国际社会合规，以及国内合规、国家整体合规、政府合规或行政合规的特殊意义。参见李晓明：《合规概念的泛化及新范畴的确立》，载《组织合规》2022 年第 2 期。

⑤ 所谓"道"本义为道路，《说文》："道，所行道也。"引申为规律和规则。

未达成基本共识。据学者陈瑞华归纳,至少有以下几种观点:(1)“合规”就等于企业合规;(2)企业合规就等于企业对其法律风险的防范和规避;(3)企业合规就是对行政处罚风险和刑事法律风险的防控;(4)企业合规就是合道德之规;(5)企业合规大体属于企业内部的自我管理问题。① 而学界在“合规”认知方面存在的分歧,主要集中在行为主体(企业)所“服从、顺从、遵从”之“规”,是“应该”如何的道德之规,还是“应该且必须”如何的法律之规,或者二者兼有。美国等多倾向于合规即合“道德之规”,日本和国内学界则更多倾向于所合之规的“法律性”,即“企业要遵守国家法律法规,一切行为都要合乎公司规章制度”。② 有学者认为,“合规”应强调行为主体“对权威命令的服从,而非对与其他平等主体所缔结的合同的履行”;③有学者认为,从字面上看,“合规”第一层面要义就在于具有“遵守规则”或“遵循法律规定”的含义;④还有学者认为,“合规”不是“防控一般意义上的‘风险’,而主要是因违法违规行为而受到监管处罚和刑事处罚的风险”,⑤等等。目前比较一致的观点是“道德法律综合论”。德国学者乌尔里希·齐白就认为,“合规计划规定的是一种对——首先是法定的,有时又是伦理的或其他的——预订目标的遵守程序”。⑥ 也有国外学者认为“合规”是指“企业为了保证职员行为合法的整体性组织措施”。⑦ 国内合规化主要推动者王志乐先生也认为,“合规中的‘规’作为法规、规制和规范来理解”,分别表现为:法规即“企业总部所在国和经营所在国的法律法规及监管规定”;规制即“企业内部规章,包括企业的商业行为准则”;规范是指“职业操守和道德规范等”。⑧ 学者丁继华也持同论,他认为合规之“规”既是指道德的“应该”的规范,也是指法律的“应该且必须”的规范。⑨ 国际标准 ISO 19600《合规管理体系——指南》对“规”的界定为:“组织宜以适合其

---

① 参见陈瑞华:《论企业合规的性质》,载《浙江工商大学学报》2021 年第 1 期。

② 耿丹、孙江东:《企业合规制度探析》,载《中国市场》2022 年第 10 期。

③ 李本灿:《我国企业合规研究的阶段性梳理与反思》,载《华东政法大学学报》2021 年第 4 期。

④ 参见陈瑞华:《论企业合规的性质》,载《浙江工商大学学报》2021 年第 1 期。

⑤ 参见陈瑞华:《论企业合规的性质》,载《浙江工商大学学报》2021 年第 1 期。

⑥ [德]乌尔里希·齐白:《全球风险社会与信息社会中的刑法:二十一世纪刑法模式的转换》,周遵友、江溯等译,中国法制出版社 2012 年版,第 236 页。

⑦ Vgl. Thorsten Alexander, Die strafrechtliche Verantwortlichkeit für die Wahrung der Verkehrssicherungspflichten in Unterneh – men, Centaurus, 2005, p. 316.

⑧ 王志乐主编:《企业合规管理操作指南》,中国法制出版社 2017 年版,第 1 页。

⑨ 参见丁继华:《如何理解〈中央企业合规管理指引(试行)〉总则》,载《新产经》2019 年第 1 期。

规模、复杂性、结构和运营的方式制定'合规义务'文件"。[①] 一句话，合规之"规"既包含对道德规则的"服从、顺从、遵从"，也包含对法律规则的"服从、顺从、遵从"。简而言之，"合规"是指对道德与法律规范的"服从、顺从、遵从"，而"合规化"是指被这些道德与法律价值所转化并形成行为主体稳定心理品质（德品与法品）的过程。企业合规是指企业行为主体及其利益相关者对这些道德与法之规范的"服从、顺从、遵从"，具体是指企业为有效防范、识别、应对可能发生的合规风险所建立的一整套公司治理体系（道德与法律）。[②] 企业合规管理就是企业通过相关的管理制度（道德与法律），使企业达到合规状态的过程，或者是指企业针对规制行为发展出来的管理制度。[③]

（二）现行"企业合规"概念存在的缺憾与不足

从汉语词源意义看，"合规"由"合"与"规"两字构成。《说文解字》："合，合口也。"本义为闭合、合拢，例如合眼、合抱，有"聚集"之意。后引申为闭合、聚合、结合、符合等。"规"，会意。金文字形，从聿从周，当系以规画之意。本义：画圆的器具，今指圆规。《说文解字》："规，有法度也。"[④]从矢，从见，会意。《孟子》："规者，正圆之器也。"[⑤]《诗经·沔水》："圆曰规，方曰矩。"[⑥]《楚辞·离骚》："我有天志，譬若轮人之有规，匠人之有矩。"[⑦]《墨子·天志上》："圆者中规，方者中矩。"[⑧]《荀子·赋》："木直中绳，輮以为轮，其曲中规。"[⑨]均引申为"法则，章程，标准"。可见"合规"是指行为主体利害社会之行为与现行政治、经济、文化、生态等法律、道德规则和准则的要求相一致和融合。以此推之，企业合规便是指从事组织化创获财富之活动主体（主要是指企业家和员工及其利益相关者）利害社会之活动与相关国家或区域的法律、道德规则和准则要求相一致。学者崔永东就认为，合规是指

---

① 国际标准化组织（ISO）于 2014 年推出了 ISO 19600:2014《合规管理体系——指南》标准。我国于 2017 年 12 月 29 日发布了 GB/T 35770－2017《合规管理体系指南》国家标准，并于 2018 年 7 月 1 日起实施。

② 参见陈瑞华：《企业合规的基本问题》，载《中国法律评论》2020 年第 1 期。

③ 参见赵瑜：《合规管理：现代公司治理内在需求》，载《法人》2021 年第 4 期。

④ 参见许慎：《说文解字》，中华书局 1963 年版。

⑤ 参见万丽华、蓝旭译注：《孟子·离娄上》，中华书局 2014 年版。

⑥ 参见孔子编订：《诗经·沔水》，中华书局 2016 年版。

⑦ 参见屈原：《楚辞·离骚》，中华书局 2019 年版。

⑧ 参见墨子：《墨子·天志上》，中华书局 2011 年版。

⑨ 参见王先谦解：《荀子集解·赋》，中华书局 1988 年版。

“符合一定的规范要求”，这里的“规”，包括“标准、法规、法则、原则、道德等在内的各种规范的总称”，而且这里的“规”具有法律规则与道德规范之双重属性，具有“法律意义和道德意义。”①

问题是，“合规”是否必须与利益相关者国家或区域相关法律、道德规则和准则的任何要求都一致？或者说，不论是良法还是恶法，良德还是恶德，合规企业主体都应该与其要求相一致，对其坚决“服从、顺从、遵从”？质言之，目前流行的“合规”概念，有意无意悬置或遮蔽了合规是对“良德、良法”“服从、顺从、遵从”的本质。众所周知，道德是人际利害行为“应该”如何之非权力规范，主要凭借舆论和教育两大强制力量实现自己，而且作为应该如何之规范的道德，本身就存在最低、基本与最高的差别。“法”是人际重大利害行为“应该且必须”如何之权力规范，主要凭借暴力和行政两大强制力量实现自己。毋庸讳言，所有的“法”，特别是成文法律，都有良法与恶法之别。而且由于道德是法的价值导向系统，即道德优，则法可能优，道德劣，则法可能劣。而道德与法同时又是一种包含与被包含的关系，现实中则更多是一种相互交叉重合的复杂关系。因此，如果仅仅将“合规”界定为行为主体对道德与法之规则的“服从、顺从、遵从”，或者与其相一致，无疑会失之于精准和科学。笔者认为，更加精准和科学的“合规”应该是指行为主体对良德与良法规则的“服从、顺从、遵从”，或者与良德与良法的要求相一致。从理论上讲，行为主体对良德的“服从、顺从、遵从”，也先于对法律的“服从、顺从、遵从”。自然，“企业合规”是从事组织化创获财富活动之主体（企业家、员工及其利益相关者）利害社会之行为，与相关国家或区域之良法和良德规则和准则的要求相一致，是对利益相关者国家或区域之良德、良法规则和准则的“服从、顺从、遵从”。同理，企业对良德的“服从、顺从、遵从”，理论上应该先于对相关法律的“服从、顺从、遵从”。当然，在现实中通常会因为法律底线要求的紧迫性与重要性，存在对法律的“服从、顺从、遵从”优先于对良德的“服从、顺从、遵从”等现象。

毋庸讳言，在企业的实际经营活动中，由于恶法亦法，恶德亦德，“合规”便混杂着对恶法、恶德的“服从、顺从、遵从”，特别是在经营活动中身处“乙方”被动地位、有求于人之际，更多时候便不得不做出委曲求全的“服从、顺从、遵从”，即屈从于恶法或恶德，将“合法律性”置于“合法性”与“合德性”之前，疏于对良德的坚守。但就合规及其合规化的终极目的和价值而言，“合规”是指行为主体应该且必

① 崔永东：《合规治理的法律意义与道德意义》，载《中国社会科学报》2022年5月18日，第4版。

须与良法、良德的要求相一致,企业合规是指对良法、良德的“服从、顺从、遵从”,以期最终走向“合道”的最高境界。

(三)企业合规及其合规化的实质内涵辨析

既然真正的“合规”意味着对良德、良法规范的“服从、顺从、遵从”,企业合规化是指良德、良法规范转化为行为主体——企业经营活动行为主体稳定心理品质的过程。那么问题是,何谓良德与良法,或者说德、法优劣的评价标准是什么?对这一问题的科学回答,无疑是破解合规及其合规化实质内涵的关键所在,也是理解“合道”本质的关键所在。

首先,必须回答“人类为何要制定道德和法律”的问题。众所周知,关于人类创建道德与法律之具体目的有多种,但终极目的却只有一个。逻辑上,衡量一种道德与法律规范体系优劣的终极标准,关键要看哪种道德和法能最大限度增进全社会和每个国民的利益或福祉总量。如果有助全社会和每个国民的利益或福祉总量的增进,即使这种道德和法律规范的语言表述多么不华丽、不周延,甚至粗糙,这种道德与法律规则体系总体也是优良的。相反,无论这种道德和法律规范的规则体系多么精致完美,语言表述多么华丽诱人,这种道德和法律规范仍然是恶劣落后的。总的来说,企业合规及其合规化之“规”的优劣,终极而言,必须看其能否有助于企业低风险、可持续生存和发展,同时也能为社会提供充裕的“高性价比”物质与精神类私人产品或公共产品。

其次,如何对企业合规及其合规化之“规”的优劣进行评价。具体来说,要看人道自由最高道德价值“嵌入”规则的深度与广度。因为人道自由最高道德价值意味着,这种道德与法是“把人当人看”的,也是“使人成为人”的,即是尊重人、理解人,以人的自我价值实现和首创精神的激活为最高价值追求的,这种道德与法,既要看其是否奉行平等、法治、限度之自由一般道德价值原则,也就是企业主体所合之“规”是否经过所有利益相关者的同意和认可,并在规则面前是人人平等,而且对行为主体自由的限制是否最小最少,也要看这种所合之道德与法则,是否拥有基本的政治、经济与思想自由,即拥有基本的民主权利以及市场经济自主与言论出版自由权利。

再次,要看企业等行为主体所合之“规”的公正根本道德价值“嵌入”规则的深度与广度如何。具体要看企业合规及其合规化参与者和利益相关者之间,比如企业内部劳资之间、企业与利益相关之间,以及企业与社会之间,其基本权利与义务之交换是否完全平等分配;非基本权利与义务的交换是否比例平等分配。

最后,还要看企业等行为主体所合之"规"诚信等重要道德价值"嵌入"的程度如何。比如"心口一致"与"言行一致"道德价值"嵌入"规则的程度如何。从根本上来说,企业合规化之本质在于被"合规性"所转化,也就是能被所合之"规则"携带的道德价值所转化,并形塑成企业经营者及其利益相关者稳定行为心理品质的过程。终极是指能将增进人类同胞利益或福祉终极价值,能将人道自由,诸如平等、法治、限度与政治、经济、思想自由之最高道德价值、公正之根本道德价值,以及诚信等重要道德价值,转化为企业经营者及其利益相关者稳定行为心理品质的过程。从逻辑上看,"合道化"便意味着唯有将良德、良法规则价值转化为企业经营者及其利益相关者稳定行为心理品质的过程,才可能逐步抵达"合规化"的最高境界,即"合道"的至善境界。

对前文所述道德、法的定义而言,良德、良法与恶德、恶法之区别,关键要看其实现自己所凭借之"权力"与"非权力"的合法程度,也就是被行为主体及其利益相关者所认同的广泛性。如果一种企业合规之"规"——道德与法——实现自己所凭借的力量(权力与非权力),被行为主体及其利益相关者认同的广泛性越大,其合法性就越大,那么相应的道德与法之规范便越优良。反之,相应的道德与法之规范便越恶劣和落后。从逻辑上看,企业合规及其合规化所合之"规"越优良,越有助于企业组织化创获财富活动的低风险、可持续生存与发展。反之,如果企业所合之"规"越恶劣和落后,便越无助于企业组织化创获财富活动的低风险、可持续生存与发展。深究其原因,是因为"合规性与合法性严格来说不是同一概念,但彼此交叉又互为补充",因为"道德合规、公共利益合规与约束合规之间经常发生冲突"。[①] 质言之,"合规"未必"合法",未必"合德",更不等于"合道"。同样地,"合法律"未必"合法",因为法律的不完备性与缺陷是先天性的,永远无法根除。因此,合规化便存在"积极和消极两个层面的含义"。[②] 当然,"合法律"也不等于"合道"。即唯有合良规(良德与良法)——合道,才是企业合规及其合规化的本真之意,也是企业合规及其合规化的最高境界与理想目标。吉利集团董事长李书福认为,企业所有的竞争都离不开一条"道",那就是"正道"。而"汽车行业百年发展史告诉我们,只有走正道,才能得天下。天外有天、人上有人、山外有山,

① 师索:《犯罪控制合规性建构的基础理论研究》,载《犯罪研究》2020年第5期。

② 陈瑞华:《论企业合规的性质》,载《浙江工商大学学报》2021年第1期。

任何事物的发展都有其客观的规律。研究规律、认识规律、尊重规律，就是正道”。①

二、企业合规及其合规化的结构与类型分析

结构与类型研究，乃是深化企业合规及其合规化问题的基本要求。必须强调的是，结构并不等于类型，即使也可根据结构对事物进行分类。因为“结构是把一个事物作为整体分解为若干部分而成：被划分的事物与所分成的事物是整体与部分的关系。反之，类型则是把一个事物作为普遍事物分成若干具体事物而成：被划分的事物与所分成的事物是一般与个别的关系。”②企业合规及其合规化的结构与类型分析如下：

（一）结构分析

企业合规及其合规化的结构，无疑受制于所合之“规”的结构。道德与法作为一种规则，形式上是由诸如主体与客体、目的与手段，以及方向、大小、强弱、久暂、方位范围等具体要素构成。但道德与法更有其基本结构、完备结构与深层结构。③由此可知，企业合规及其合规化也有相应的基本结构、完备结构与深层结构。

一是企业合规及其合规化基本结构。企业合规及其合规化基本结构是由内容与形式二者构成。因此企业合规及其合规化便有合“内容”之规与合“形式”之规的区别，既有合“内容”之规的企业合规及其合规化，也有合“形式”之规的企业合规及其合规化。“内容”之规即价值之规，“形式”之规即规范之规。合“内容”价值之规意味着，企业合规及其合规化必须追问：是否有助于合规主体——企业行为目的的实现？是否有助于企业合规及其合规化行为主体需要、欲望、目的、兴趣及其衍生品的满足？从基本结构来看，企业合规及其合规化既要看是否合形式规范之规，也要看是否合“内容”价值之规。就合规企业主体而言，基本结构视域的企业合规及其合规化意味着，是否有助于企业合规主体推动者主体需要、欲望、目的、兴趣及其衍生品的满足与实现，是否有助增进企业合规推动者和参与者利益总量的增进，也即是否有助于企业组织化创获物质或精神财富活动的低风险、可持续化发展，是否有助于全社会和每个国民利益或福祉总量的增进。凡是阻滞

---

① 陈秀娟：《李书福：走出一条自己的路》，载《汽车观察》2021 年第 6 期。

② 王海明：《新伦理学》（下），商务印书馆 2008 年版，第 1147 – 1448 页。

③ 王海明：《新伦理学》（上），商务印书馆 2008 年版，第 335 – 343 页。

企业合规及其合规化主体推动者主体需要、欲望、目的、兴趣及其衍生品满足与实现的企业合规及其合规化，或者消减企业合规及其合规化推动者及其参与者利益总量增进的企业合规及其合规化，都无助于企业组织化创获物质或精神财富活动的低风险、可持续化运转，也无助于全社会和每个国民利益或福祉总量的增进，都是形式大于内容、形式与内容背离的企业合规及其合规化，也是企业合规及其合规化尽量规避的合规及其合规化。

二是企业合规及其合规化完善结构。毋庸讳言，企业合规及其合规化基本结构面临一个根本挑战，即由"内容"不可能直接抵达"形式"规则，更不可能推导制定出优良科学之"规"。或者说，优良规则不可能由价值之内容直接推导出优良"规范"之形式——优良规则。从逻辑上看，需要一个"中介"，这个"中介"即"规则价值判断"。也就是说，企业合规及其合规化"价值判断"，乃企业合规价之思想表现形式，而企业合规及其合规化之"形式"，乃是合规价值的规范表现形式。同时，企业合规及其合规化"价值判断"只有与真理性合规价值一致，方可据此推导出有助于企业组织化创获物质或精神财富活动低风险、可持续化生存与发展之规则，也有助于推导出有助于全社会和每个国民利益或福祉总量增进之"形式"——规范——优良规则，从而满足企业合规主体推动者主体需要、欲望、目的、兴趣及其衍生品等。反之，如果合规"价值判断"背离真理性合规价值，据此推导出的企业合规及其合规化之"形式"——规范，就可能背离企业合规及其合规化旨在降低企业组织化创获物质或精神财富活动的风险、可持续化生存与发展的初衷，并同时消减全社会和每个国民的利益或福祉总量，自然也就无法满足企业合规主体决策者与推动者的主体需要、欲望、目的、兴趣及其衍生品等。

三是企业合规及其合规化深层结构。从上文所述企业合规及其合规化基本、完善结构分析可知，企业合规及其合规化主体所合之"规"，都必须从合规及其合规化价值之中推导出来。因此，何谓"价值"就成为企业合规及其合规化理论问题研究的核心问题。关于"价值"的界定，价值哲学界主要有主观论、客观论与主客关系论三种观点，主流观点是"主客关系论"。学者李德顺认为，价值是指"客体的存在、属性和合乎规律的变化与主体尺度相一致、相符合或相接近的性质和程度"①。但这种"主客关系价值论"存在一个致命的缺憾，即将客体的固有属性与主体的需要"发生关系时产生的效用"等同于"主客关系效用"，这显然是错误的。

---

① 李德顺：《价值论：一种主体性的研究》（第2版），中国人民大学出版社2007年版，第66页。

为此,本文认同并采信王海明教授的界定,即"价值是客体的事实属性对主体需要及其经过意识的各种转化形态的效用,简言之,价值亦即客体对主体需要的效用"。[①] 或者说,价值是指"客体固有属性与主体需要、欲望、目的、兴趣及其衍生品发生关系时的效用"。推而可知,企业合规及其合规化价值是指企业合规及其合规化行为主体利害人已行为事实如何,与企业合规及其合规化行为主体之需要、欲望、目的、兴趣及其衍生品发生关系时所产生的效用,关键是与社会创建道德与法之规则的终极目的——增进全社会和每个国民利益或福祉总量发生关系时产生的效用。因此,企业合规及其合规化深层结构便由合规及其合规化的终极目的、合规及其合规化利害人已行为事实如何之规律、合规及其合规化价值、合规及其合规化价值判断以及合规及其合规化之规范"五者"构成。在逻辑上,真正的企业合规及其合规化,应该是指这五大要素的共同优化,而不是其中任何一项的"单兵独进",更不是仅仅满足于形式规则要素的优化,特别是无视所合之"规"优劣善恶本质的优化。

(二)类型分析

由于类型是对事物的一种外部划分,理论上,有多少种划分标准,便会有多少种企业合规及其合规化的类型。

以企业合规及其合规化之"规"的道德与法构成划分,就有道德型与法律型企业合规及其合规化之分。比如:根据企业合规及其合规化之德、法规则的优劣或完备与不完备划分,便有合良规之企业合规及其合规化与合恶规之企业合规及其合规化、合良法之企业合规及其合规化与合恶法之企业合规及其合规化、合法之企业合规及其合规化与合法律之企业合规及其合规化;根据国别之不同,将其划分为国内企业合规及其合规化与国外企业合规及其合规化;根据所合之规的政体和国体背景不同,便可划分为合专制之规的企业合规及其合规化、合寡头性之规的企业合规及其合规化与合民主制之企业合规及其合规化,或者划分为原始社会、奴隶社会、封建社会、资本主义社会、社会主义与共产主义的企业合规及其合规化。当然,也可根据所合之规的道德价值取向,将企业合规及其合规化划分为增进全社会和每个国民利益或福祉,有助于企业低风险、可持续生存与发展的企业合规及其合规化,以及消减全社会和每个国民利益或福祉总量,无助于企业低

---

① 王海明:《新伦理学》(上),商务印书馆 2008 年版,第 157 页。

风险、可持续化生存与发展的企业合规及其合规化；还可根据合规道德价值，将其划分为人道自由型企业合规及其合规化，平等、法治、限度型企业合规及其合规化与政治、经济、思想自由型企业合规及其合规化，以及公正型与不公正型企业合规及其合规化，或者奉行基本权利与义务交换完全平等道德原则型与奉行非基本权利与义务交换比例平等道德原则型的企业合规及其合规化。同时也可根据诚信等重要道德价值原则和价值取向，将企业合规及其合规化划分为诚信型与不诚信型企业合规及其合规化，即"心口一致""言行一致"型企业合规及其合规化与"心口不一致""言行不一致"型企业合规及其合规化。当然还可根据上文所述合规结构的分析，将其划分为基本结构型企业合规及其合规化、完备结构型企业合规及其合规化与深层结构型企业合规及其合规化，以及专项合规与全面合规[①]，等等。

当然，最有理论与实践价值的分类或在于，可根据企业合规及其合规化的性质，也就是事物具有的普遍性与特殊性、绝对性与相对性、客观性与主观性，一是将其划分为普遍性与特殊性企业合规及其合规化，可具体划分为共同型企业合规及其合规化与特定型企业合规及其合规化。共同型企业合规及其合规化是指任何社会、任何合规及其合规化企业主体都应该"服从、顺从、遵从"的；特定型企业合规及其合规化则是指一些社会或一些合规主体应该"服从、顺从、遵从"的。二是可其划分为绝对性企业合规及其合规化与相对性企业合规及其合规化。前者是指任何社会、任何合规及其合规化企业主体的任何利害人己行为都应该"服从、顺从、遵从"的，后者是指一些社会及其企业主体的一些利害人己行为应该"服从、顺从、遵从"的。三是可划分为客观型企业合规及其合规化与主观型企业合规及其合规化。客观型企业合规及其合规化意味着，这种企业合规及其合规化之"规"具有客观性，是不以人的主观意志为转移的。具体是因为：对此种企业合规及其合规化之"规"的终极目的与行为事实之本性是客观的；这种企业合规及其合规化之"规"的结构是客观的，有其基本、完善与深层的结构；这种企业合规及其合规化之"规"的评价标准是客观的；这种企业合规及其合规化之"规"的制定过程是客观的，或者说，这种企业合规及其合规化之"规"的优良本性是客观的。一言以蔽之，因为这种企业合规及其合规化之"规"具有"可普遍化性"。正如黑尔所言，因为道德具有两个不可忽视的特性，"第二个特性通常被叫作可普遍化性。可普遍

① 参见谢鹏程：《从专项合规到全面合规 企业应考虑的四个要点》，载公众号"合规论道"2022 年 8 月 9 日。

化性的意思是，一个人说‘我应该’，他就使他自己同意处在他的环境下的任何人应该”。① 反之，主观型企业合规及其合规化则意味着这种类型的企业合规及其合规化所合之“规”是主观随意的，是无助于大多数企业合规及其合规化参与者、利益相关者利益或福祉总量增进的。自然而然，这种企业合规及其合规化是恶的、落后的，是不值得追求的企业合规及其合规化。

（三）启示

上文所述的企业合规及其合规化结构与类型分析的启示在于：就其结构而言，科学、优良、完备的企业合规及其合规化，其所依之“规”不是随意可以制定和约定的。或者说，企业合规及其合规化所依之“规”，不论是道德的，还是法律的，其制定或约定，一方面要基于对企业合规行为主体及其利益相关者行为心理事实如何之规律的科学认知，另一方面要基于对企业合规及其合规化终极目的的科学认知，然后在获取真理性企业合规及其合规化价值之后，还需再经过正确的企业合规及其合规化价值判断方可推导出来。

具体来说，一是对企业合规行为主体及其利益相关者行为心理事实如何之规律的认知。对合规及其合规化终极目的之认知，如果一真一假，或者同假，都不可能获取真理性的企业合规及其合规化价值，更不可能推导、制定出科学、优良的企业合规之“规”，进而通过合规化，实现企业合规及其合规化的终极目的。既无助于企业组织化创获物质或精神财富活动的低风险、可持续化发展，也无助于全社会和每个国民的利益或福祉总量之增进。二是科学优良的企业合规及其合规化，意味着其规则制定是依据终极目的道德价值、人道自由最高道德价值（平等、法治、限度与经济、政治、思想自由）、公正根本道德价值（完全平等与比例平等道德价值），以及诚信等重要道德价值制定和推导的，或者说是指这些价值实现了所合之“规”的深度“嵌入”。从根本说来，唯有合良规（良德与良法）之企业合规及其合规化，也就是企业“合道”及其合道化，才是企业合规及其合规化的最高境界。三是就其类型而言，科学、优良、完备的企业合规及其合规化，意味着这种企业合规及其合规化，既是逐渐接近或抵达共同型、绝对型与客观型的，也是不断接近或抵达良德与良法理想目标的，便是不断“合道”并合道化的企业合规及其合规化。当然也是不断接近和抵达民主型企业合规及其合规化的过程，是不断助力企业低

---

① R. M. Hare：Essays in Ethical Theory，Clarendon Press Oxford，1989，p. 179.

风险、可持续生存与发展企业合规及其合规化的过程，更是不断增进全社会和每个国民利益或福祉总量的过程，自然也是逐渐接近或抵达企业合规及其合规化基本结构型、完备结构型与深层结构型全面优化的过程，等等。

必须指出的是，理论上或许存在一个理想的企业合规及其合规化范式，但现实中并非真正存在。因此，英国法理学家哈特一再提醒人们，“只要我们想用普遍标准控制行为，规则就无法考虑事实经常难以预测的特性和相关特征的多样性，这些都是由具体情形和特定的人所带来”。① 诚哉斯言！但追求企业合规及其合规化理想目标与最高境界，既是学术发展的内在动力，也是全球化背景下企业竞争亟待回应的重要理论课题。

三、企业合规及其合规化基本路径探寻

（一）制定和拥有良规是推进企业合规化计划实施的客观前提

无论企业合规及其合规化，还是社会个体的合规及其合规化，“规”无疑都是其内容和依据，或者说，“规”之结构、类型及其性质的优劣等，都是合规及其合规化的前提和基础。换句话说，制定和拥有一套科学的良规（优良道德与良法）体系，乃是优良企业合规及其合规化计划实施的必要前提。如前文所述，由于良规不可随意制定，必须基于对社会创建规则（道德与法）终极目的的科学认知，基于对人利害行为事实如何之规律的科学认知，并通过获取真理性规则价值，再从正确的规则价值判断推导出来。从逻辑上讲，如果所合之“规”是经由这一科学规则制定方法推导的，就意味着社会创建规则之终极目的和原则（增进全社会和每个国民利益或福祉总量）、人道自由最高道德价值原则（平等、法治、限度价值与经济、政治、思想自由价值）、公正根本道德价值（完全平等与比例平等道德价值），以及其诚信等重要道德价值实现了实质性的规则“嵌入”，其科学性与优良性便经得起终极追问，据此展开的企业合规及其合规化行动计划，就可能属于内容型、实质化的，就是以良规（良德与良法等）为标准开启和实施的，便可能既有助于企业合规及其合规化直接目的的实现——促进企业组织化创获财富活动的低风险、可持续发展，也有助于企业合规及其合规化终极目的——增进全社会和每个国民利益或福祉总量的实现。反之，如果所合之“规”不是经由这一科学规则制定方法推导的，便不可能保证社会创建规则增进全社会和每个国民利益或福祉总量终极目的

---

① ［英］哈特：《法律的概念》（第2版），许家馨、李冠宜译，法律出版社2011年版，第90页。

价值、人道自由最高道德价值原则(平等、法治、限度价值与经济、政治、思想自由价值)、公正根本道德价值(完全平等与比例平等道德价值),以及其诚信等重要道德价值的实质性规则“嵌入”,其科学性与优良性便经不起终极追问,据此展开的企业合规及其合规化行动计划,便可能是形式化的,是为合规而合规,甚至是以恶规(不完备的道德与法律等)为标准开启和实施的。从逻辑上看,这种企业合规及其合规化既无法实现其直接目的——促进企业组织化创获财富活动的低风险、可持续化发展,也无法有助于企业实现其终极目的——增进全社会和每个国民的利益或福祉总量。

进而言之,企业合规及其合规化之“规”,既要有助于企业合规及其合规化的具体直接目的——低风险、可持续化等,也要有助于企业合规及其合规化抽象终极目的,即增进全社会和每个国民的利益或福祉的实现。因此,必须将企业合规及其合规化的具体直接目的与其抽象终极目的的实现有机结合起来,如果偏向任何一边,都有悖于企业合规及其合规化的初衷。现实中的一些企业合规及其合规化计划之所以没有达到预期目的,大多数就是因为没有很好地协调这两种目的,比如具有污染等负外部性的企业合规及其合规化等。当然也有一些合规及其合规化企业,是因为没有统筹协调好企业内部的低风险、可持续化等目标,或者没有统筹协调好合规及其合规化企业内部各部门之间的具体职责与目标。因此,不管如何,企业合“良规”及其基于“良规”的合规化,才是全面发挥企业合规及其合规化作用,助力企业组织化创获财富活动低风险、可持续化等发展的本真目的。

(二)达成基本共识是助力企业合规及其合规化计划实施的精神动力

思想是行动的前提,凝聚合规基本共识是企业合规及其合规化的思想前提与精神动力所在。“共识”即“社会所有群体的价值、思想、意志、愿望求大同存小异后的结合体,它反映了每一个群体的意识又不单为任一群体驱使。一个群体的诉求、个别阶层的认识是不能称之为共识的”。[①] 推而可知,所谓“合规共识”,是指不同合规主体(企业及其利益相关者)“通过理性的互动、价值的沟通在观念层面所达到的某种一致”,或者是指不同合规主体及其利益相关者之间关于合规“价值、思想、意志、愿望求大同存小异后的结合体”。但真正的“共识”,是指不同主体之间在“价值、思想、意志、愿望”方面的“共鸣”,而“共鸣”是“共识”的内核。也就

① 参见辛鸣:《以真共识求得大和解》,载《南风窗》2011 年第 1 期。

是说,如果合规及其合规化主体之间没有观念上的"共鸣",便不可能有真正的"合规共识",也不可能真正成为企业合规及其合规化行动的精神前提。问题在于,企业内外及其利益相关者,即在合规及其合规化"价值、思想、意志、愿望"等方面能否产生"共鸣",或者说企业各个利益主体能否在企业合规及其合规化中"始终保持自己的声音,不被对方占据和支配"。质言之,缺少"共鸣"的企业"合规及其合规化共识",属于"伪共识",也不可能成为真正企业合规及其合规化的思想前提,更不可能达成企业合规及其合规化间接、终极目的与直接、具体目的之有机结合。道理在于,"共识是社会凝聚和合作的社会心理基础"①。企业合规及其合规化也同理,因为"利益是人们满足一定的客观产生的需要……"②。或如马克思所言,因为"人们奋斗所争取的一切,都同他们的利益有关"③,而且"社会生活方式的多样化和价值多元化乃至价值体系的迅速变化等使得利益衡量成为必然路径";④或如亚当·斯密所言,因为"他追求自己的利益,往往使他能比在真正出于本意的情况下更有效地促进社会的利益";⑤也如桑德尔所言,因为"社会由多元个人组成,每一个人都有他自己的目的、利益和善观念,当社会为那些本身不预设任何特殊善观念的原则所支配时,它就能得到最好的安排",⑥等等。

进而言之,唯有在科学"合规共识"指导和引导下的企业合规及其合规化计划,才可能真正抵达理想的企业合规及其合规化目标与最高境界,这既有助于满足企业组织化创获财富活动低风险、可持续化等生存与发展的需求,也有助于通过企业合规及其合规化建设的推进,有效增进全社会和每个国民的利益或福祉总量。事实上,这才是科学"合规共识"的核心内容与本真诉求。所谓科学"合规共识",首先,是指合规企业内外利益相关者应该在所合之"规"的优劣判断标准方面达成基本共识,诸如在终极、最高、根本及其主要道德价值原则和标准方面达成基

---

① 参见杨宜音:《多元化、碎片化时代如何建构社会共识》,载《信访与社会矛盾问题研究》2014 年第 5 期。

② [捷]奥塔·锡克:《经济—利益—政治》,王福民、王成稼、沙吉才译,中国社会科学出版社 1984 年版,第 300 页。

③ [德]马克思、恩格斯:《马克思恩格斯全集》(第 1 卷),人民出版社 1956 年版,第 82 页。

④ 李国强、孙伟良:《民法冲突解决中的利益衡量——从民法方法论的进化到解释规则的形成》,载《法制与社会发展》2012 年第 1 期。

⑤ [英]亚当·斯密:《国民财富的性质和原因的研究》(下卷),郭大力、王亚南等译,商务印书馆 1974 年版,第 25、27 页。

⑥ [美]迈克尔·J. 桑德尔:《自由主义与正义的局限》,万俊人等译,译林出版社 2001 年版,第 1 页。

本共识，明确企业合规及其合规化的具体、直接目的与间接、终极目的。其次，是指合规企业内外利益相关者应该在所合之“良规”的制定方法方面达成基本共识，至少“良规”不是企业管理层或者外聘的“合规专家”或者企业内部的所谓“笔杆子们”“闭门”做文抄公汇编的方式达成的共识。换句话说，“良规”是合规企业内外利益相关者的合规意愿与利益诉求，特别是基于人性普遍规律，再结合企业合规及其合规化的具体、直接与间接、终极目的，根据相关国家的宪法、法律、行政法规、地方性法规、自治条例和单行条例等，然后在大量调研的基础上，经过反复研究和斟酌后制定出来的。其关键是指能在企业合规及其合规化行为原动力规律、行为目的利害相对数量规律、行为手段利害相对数量统计性规律、行为手段利害相对数量非统计性规律、行为类型相对数量非统计性规律、行为类型相对数量统计性规律①的认识等方面达成基本共识。科学“合规共识”的核心在于，能在企业合规及其合规化核心价值方面达成基本共识。当然，在企业合规及其合规化的权利主体关系方面达成基本共识同样十分重要和必要。比如，必须明确劳资之间、企业与社会及其利益相关者之间交换关系的本质：是“目的与手段”，还是“原因与结果”的，等等。

至于如何才能达成企业合规及其合规化“基本共识”，笔者认为，从根本上来说，需要一个人道、自由、平等、法治、限度、公正、民主的社会环境。因为“只有真实的公共话语才有助于形成具有普遍真理价值的共识，而只有在自由、平等、宽容、民主的政治和社会环境中，才有可能存在这样的真实公共话语”，②要达成企业合规及其合规化的“基本共识”，必须允许不同合规及其合规化声音和意见的存在，并鼓励或包容企业合规及其合规化的“逆向论证”。同理，企业合规及其合规化真理或共识的生成，只有在不断辩论中才能获得，也只有在与企业合规及其合规化的谬误或差异的共存与斗争中，才能得到最后的确立或确认。这是因为，“一方面，禁者未必正确，被禁者未必错误，我们今天禁止的所谓错误，往往便是明天的真理；另一方面，就算被禁者是错误，也不应禁止，因为真理只有在同错误的斗争中才能发展起来，没有这种斗争，真理便会丧失生命力而成为僵死的教条”。③

---

① 王海明：《新伦理学》（上），商务印书馆 2008 年版，第 582 – 627 页。

② 徐贲：《中国“共识”需要怎样的理性话语》，载爱思想网 2012 年 9 月 24 日，http://www.aisixiang.com/data/57647.html。

③ 王海明：《新伦理学》（上），商务印书馆 2008 年版，第 446 页。

(三)宏观体制规则与激励机制优化是推动企业合规化计划实施的根本之道

一般规则制定者总以为,“规范体系建立后就会自动得到遵守”,但在现实中,“即便强化监管也不能确保规范体系得到更好的遵守”。[①] 因此,如何全面推进企业合规及其合规化总体水平的提升,也就成为必须直接面对的理论与实践课题。就宏观总体影响要素而言,构建企业合规及其合规化与富裕一致、与幸福一致、与大道一致、与文化产业一致的基本规则与奖惩激励机制才是根本之道。这是因为,总体科学优良的制度规范与奖惩激励机制,不仅会从总体上决定企业合规及其合规化总体质量和水平之高低,而且会从总体上影响或决定全社会和每个国民的合规素质与品质之高低。

深究其原因,发现绝大多数企业或行为主体合规及其合规化的动力,主要来源于社会对其行为合规与违规的物质或精神奖惩。如果企业合规主体行为合规有助于其需要、欲望、目的、兴趣及其衍生品的实现,企业合规主体便会不断强化这种行为,久而久之,便会内化成一种合规品质——道德的或法的。反之,如果企业合规主体行为合规无助于行为主体需要、欲望、目的、兴趣及其衍生品的实现,甚至被无视或者处罚,或者违规者被奖励,企业合规主体便会转而无视“规则”,甚至趋向于被鼓励的“违规”行为,便会不断弱化其合规行为,久而久之,就会内化成一种“违规”的品质——道德的或法的。这个道理在墨子看来就是因为奖惩有助于行为主体抵达合规与合道。墨子说,“今若夫兼相爱,交相利,此其有利且易为也,不可胜计也,我以为则无有上说之者而已矣;苟有上说之者,劝之以赏誉,威之以刑罚,我以为人之就兼相爱、交相利也,譬之犹火之燃上、水之就下也,不可防止于天下”。[②] 质言之,“奖惩因每个人品德好坏而增进和减少其的物质利益、社会利益和精神利益,从而满足和阻碍其物质需要、社会需要和精神需要,最终可以使每个人求美德而避恶德”。[③] 企业合规及其合规化品质的培育和形成同样如此,科学优良的体制规则与奖惩激励机制是根本手段。具体来说,如果一个社会的基本体制规则优良,奖惩激励机制公正且有效,就能使企业合规及其合规化者富裕,并

---

① Tola Amodu, *The determinants of compliance with laws and regulations with special reference to health and safety: A literature review*, Research Report(No. RR638), 2008, p. 1.

② 《墨子·兼爱》(下),方勇译,中华书局2011年版。

③ 王海明:《新伦理学》(下),商务印书馆2008年版,第1685页。

获得尊严和幸福。比如实施企业合规及其合规化计划,如果有助于组织化创获财富活动的低风险、可持续生存与发展,且能获得社会的公正对待与尊重,企业合规及其合规化行为就容易被肯定和鼓励,从而不断强化企业合规及其合规行为,就会使企业合规及其合规化主体能内化成一种合规品质——道德的或法的。反之,如果一个社会的基本体制规则恶劣落后,奖惩激励机制低效且不公正,实施企业合规及其合规化者反而不能有助于企业组织化创获财富活动的低风险、可持续化地生存与发展,而且无法获得基本的尊严和幸福,就会内化成企业合规及其合规化主体的一种违规品质——道德的或法的。这是因为,一个社会的基本体制规则越优良,奖惩激励机制越是有效且公正,意味着企业合规及其合规化所合之"规"越符合合规及其合规化主体行为心理事实如何之规律,企业合规及其合规化计划便越不需要克服内在的目的与手段等意志冲突,行为主体越愿意"服从、顺从、遵从"这种良规(良德或良法),企业合规及其合规化行动推进的可持续物质与精神动力便越充裕,越有助于企业合规及其合规化直接、具体目的与间接、终极目的之实现。

进而言之,总体决定一个社会和企业合规及其合规化质量和水平的主要因素,主要表现在以下几个方面:

一是经济体制规则体系的优良性与相关奖惩机制的有效性。就经济体制而言,人类几千年的经济实践已证明,唯有优良、完备的市场经济体制,才有助于企业组织化创获财富活动的高效、可持续化运行,有助于大力发展生产力,繁荣经济与文化,直接为全社会提供丰裕的私人物质和精神产品,间接提供高性价比的公共产品或准公共产品,从而满足全社会和每个国民不断增长的"美好生活"需求。关于这个道理,亚当·斯密等经济学家早已系统阐述过。就经济奖惩机制而言,无疑属于公共产品范畴。毋庸置疑,市场经济主体基于"理性人"的自利假设,自会促进生产力的大力发展,为社会提供丰富的私人产品,但与此同时,不受约束和规范的市场经济主体的自利行为,也会加剧市场经济主体之间权利与义务分配的不公。比如垄断、寻租与腐败等现象的存在,会使一些企业和主体基于眼前的利益,通过不正当的手段,也就是通过违规、违法等不正当的手段,去谋取自身利益的最大化,催生"劣币驱良币"等"逆向淘汰"现象,从而使企业合规及其合规化主体无法助力企业低风险、可持续化地生存和发展,实现本企业利润的最大化,也无助于全社会和每个国民利益或福祉总量的增进。从逻辑上看,经济体制规则体系及其相关奖惩机制的优化,既要选择市场经济体制,相信并鼓励"看不见的手"发挥作用，大力发展生产力，也要不断优化市场经济运行规则，优化相关奖惩激励机制，为企业合规及其合规化提供低风险、可持续化生存和发展制度与机制保障，消减财富分配不公的现象，让参与合规及其合规化者能致富、可持续化生存和发展。

二是政治体制规则的优良性与相关奖惩机制的有效性。一方面，就政治体制规则的优良性而言，如果保障这个社会基本秩序的权力与非权力越合法，也就是民意基础越广泛越坚实，或者说对权力与非权力的监督和制约越能形成闭环，而且监督十分有效，从逻辑上看，在这种合法权力与非权力保障下的社会权利与义务交换规则体系便越符合公正原则，而且由于这种合法权力与非权力是经过大多数国民同意和认可的，其强制无论是暴力和行政的，还是舆论与教育的，都容易为大多数行为主体所接受，并发自内心地"服从、顺从、遵从"。按照孙中山先生的界定来理解，政治就是一种管理活动，"政就是众人之事，治就是管理，管理众人之事就是政治"。① 而"权力可以说是政治的标志"。② 因此，政治体制规则的优化意味着权力合法化的增强，以及权力监督制约有效性的提高，还意味着在这种合法权力保障下的社会权利与义务交换规则体系越公正。而且在这种完备优良的政治体制规则调节下，由于权力与非权力的获取程序合法、运用有效，且权力寻租与滥用的机会被大大消减，国民与国家之间、官员与国民之间、官员与官员之间、国民与国民之间基本权利与义务的分配和交换更公正。正如罗尔斯所言，因为"正义的主要问题是社会的基本结构，或更准确地说，是社会主要制度分配基本权利和义务"。③ 质言之，是因为"正义是一种防止人们相互伤害的权宜契约。"④另一方面，就奖惩机制的有效性而言，政治奖惩杠杆的撬动作用更加有力有效，有助于企业合规及其合规化的利害人己行为能及时获得基本的奖惩激励或惩罚，即能被公正平等地对待，享受到作为合规主体者的尊严与幸福。这是因为，奖惩机制的本质就在于公正，公正是指"同等利害相交换或等利（害）交换"，⑤即在于保证利益主体之间权利与义务交换的公正平等。因此，在这种优良、完备的奖惩机制下，企

---

① 马起华：《政治学论》，台北，台湾省商务印书馆 1977 年版，第 12 页。

② 马起华：《政治学论》，台北，台湾省商务印书馆 1977 年版，第 12 页。

③ ［美］约翰·罗尔斯：《正义论》，何怀宏、何包钢、廖申白译，中国社会科学出版社 1998 年版，第 5 页。

④ ［美］莫蒂默·艾勤、查尔斯·范多伦、《西方思想宝库》编委会译编：《西方思想宝库》，吉林人民出版社 1988 年版，第 944 页。

⑤ 王海明：《新伦理学原理》，商务印书馆 2017 年版，序。

业合规及其合规化行为将会及时受到相应的奖励与激励,其违规行为将会及时受到相应的惩罚。只有在政治欠清明的背景下,也就是在奖惩机制乏力弱化的情况下,才可能压抑和惩罚企业合规及其合规化行为,从而挫伤或打击企业合规及其合规化行为,结果背离企业合规及其合规化的初衷。换句话说,如果企业违规的行为或明或暗地被纵容和鼓励,便会诱发更多的企业违规行为,结果背离企业合规及其合规化的初衷。

三是道德规则体系的优良性与相关奖惩机制的有效性。"优良道德规则"既是符合"人性行为事实规律"的,也是符合企业合规及其合规化终极目的,更是遵从真理性道德价值,是从正确的合规价值判断中推导出来的。或者说,就其间接、终极目的来说,是有助于全社会和每个国民利益或福祉总量增进的;就其直接、具体目的来说,是人道自由最高道德价值、公正根本道德,以及诚信重要道德价值实现了企业合规及其合规化体系"嵌入"的。具体来说,道德规则体系的优良性与相关奖惩机制的有效性意味着,它是有助于企业低风险、可持续化生存与发展目标实现的。因为越是拥有人性行为心理规律基础的道德规则体系,企业合规及其合规化主体便越容易接受或"服从、顺从、遵从",并逐渐进入"合道"最高境界。反之,如果道德规则体系及其相关奖惩机制背离人性基本规律,企业合规及其合规化主体便越难接受或"服从、顺从、遵从",便无助于企业合规及其合规化行动或计划逐渐进入"合道"最高境界。例如,如果一个国家和社会将"纯粹利他"奉为最高且唯一道德原则的话,便会因为这一原则缺少客观、恒久和稳定行为心理规律的支持,难以动员更多利益相关者投身到企业合规及其合规化行动之中,最大限度发挥企业合规及其合规化建设对企业生存与发展的积极作用。因为"强制程度过高的合规要求,或将导致'只有大棒,没有胡萝卜'的异化后果"。[①] 从逻辑上讲,基于人们行为心理规律及其觉悟实际的多层次道德规则体系[②],将会大面积动员企业内外利益相关者参与到合规化建设计划实施中来,最大限度地发挥合规及其合规化对企业生存与发展的正向积极作用。而科学、有效、及时的企业合规及其合规化奖惩机制,对企业合规及其合规化品质的总体培育质效,显然毋庸置疑。

---

① See Paul J. Larkin, Jr. & John – Michael Seibler, *All Stick and No Carrot*: *The Yates Memor and Corporate Criminal Liability*, 46 Stetson L. Rev., p. 7 – 8(2016).

② 是指以"纯粹利他"作为最高道德原则,以"为己利他"作为基本道德原则,以"不损人"作为最低道德原则的道德规则体系。

四是文化产业体制规则的优良性与奖惩机制的有效性,也有助于总体上提升企业合规及其合规化的品质。因为国民总体文化水平的高低与企业合规及其合规化认知水平之间是一种正相关的关系,而且国民总体文化水平的高低是培育企业合规及其合规化品质的指导因素。而奖惩机制的有效性同样越有效越有助于企业合规及其合规化品质的形成。反之,其越乏力或无效,越无助于企业合规及其合规化品质的形成,甚至会反向强化。

在逻辑上,企业合规及其合规化奖惩机制中违规(违纪、违章、违德与违法)审查机制建设不可或缺。因为“企业仅仅建立纸面上的合规体系是没有实质意义的。这种管理体系要得到切实有效的实施,就必须建立行政监管和刑事司法上的双重激励机制”。[①] 但企业合规及其合规化奖惩也要“适度”,比如:行政法上的合规激励、轻缓与和解,应该掌握分寸,宽窄、强弱、大小、多少等;刑事法上的合规激励也要正向积极,同时引入“暂缓起诉制度,构建企业犯罪案件多元化程序处理机制”。[②] 同理,惩处也应有针对性,要有利于企业的可持续健康发展,保护企业家群体这个稀缺资源。这是因为,“合规制度本身是行政执法机构的‘胡萝卜加大棒’政策的产物,高额的行政罚款给公司运营带来了极高的成本,导致员工失业甚至公司破产,合规制度的引入在一定程度上实现了前述成本的组织化”。[③] 国外有企业合规问题研究者也因此认为,企业合规及其合规化“除了规则制定与制裁,完整的规制体系还必须包含监督要素”。[④]

(四)微观培养是提升企业合规及其合规化者个体品质的重要途径与方法

一般而言,培养是指社会将企业合规及其合规化之“规则”转化为企业内外利益相关者稳定合规心理品质的过程。如果培养是由外在的合规及其合规化企业主导进行的,即是通过言教、奖惩、身教和榜样等方式进行,便属于企业合规及其合规化教育。如果培养是由内在的企业合规及其合规化主体通过学习、立志、躬行与自省方式进行的,便属于企业合规及其合规化个体修养。事实上,不论是企业合规及其合规化教育,还是企业合规及其合规化个体修养,都是培育企业合

---

① 陈瑞华:《企业合规不起诉改革的八大争议问题》,载《中国法律评论》2021 年第 4 期。

② 李本灿:《刑事合规制度的法理根基》,载《东方法学》2020 年第 5 期。

③ John Armour, Brandon Garrettd, Jeffrey Gordondd & Geeyoung Min, *Board Compliance*, 104 Minn. L. Roard Compliance, 104 Minn. L. Rev. 1191(2020), p. 1206.

④ Margot Priest, *The Privatization of Regulation: Five Models of Self-Regulation*, 29 Ottawa Law Review, p. 238(1998).

规及其合规化内外利益相关者个体相应稳定之合规心理品质的重要途径与方法。

因此,要推进企业合规及其合规化计划或行动实现预期目的,就具体培养视角而言,包括两个方面:一方面,就其外在教育途径与方法而言,一是企业可通过“言教”的方式,向企业内部员工(管理者与被管理者)及其利益相关者传授企业合规及其合规化认识、知识和智慧,从而提高其个体利益主体者的合规及其合规认识,比如,通过官媒或企业内部媒体进行宣传、培训、对话和文艺熏陶等各种形式的教育。二是可通过“奖惩”的方式,也就是通过对合规者给予奖励、对违规者给予惩罚的方式进行教育。具体来说,是指合规企业通过对其员工及其利益相关者合规的善之行为进行奖励,对其“违规”的恶之行为进行惩罚,从而培育其追求合规德品与法品的合规教育方法。三是可通过“身教”的方式,即通过企业合规及其合规推动者自己躬行合规之“规”,从而使企业内外员工及其利益相关者遵从合规之“规”的教育方法。道理就在于,“己不正焉能正人”。四是可通过“榜样”的方式,也就是企业引导内外员工及其利益相关者模仿某些合规德品与法品高尚者,使其逐渐形成合规及其合规化的德品与法品,与其所模仿者的德品与法品接近、相似乃至相同的教育方法。

另一方面,就合规内在品质修养途径与方法而言,一是可通过引导企业内外员工及其利益相关者自己“学习”规则的途径和方式,塑造行为主体自己的合规品质(德品与法品),即可通过合规认识学习、合规感情学习、合规意志学习与合规行为学习,形成个体的合规品质。二是可通过引导企业内外员工及其利益相关者“立志”的途径和方式,即通过引导企业内外员工及其利益相关者树立做一个有合规品质愿望、目标和理想者的修养方法进行。事实上,这是一种使企业内外员工及其利益相关者的行为长期合规的根本方法,也是企业合规之外在规范(道德与法)内化为企业内外每一个员工及其利益相关者的德品与法品,从而助推企业合规及其合规化行动的根本方法。三是可通过“躬行”的途径和方式,即通过企业内外每一个员工及其利益相关者亲自践行合规计划,按照企业合规规范做事,从事企业合规及其合规化实际活动的教育方式进行。四是可通过“自省”的途径和方式,即通过引导每一位企业员工及其利益相关者“日日三省吾身”的方式进行,通过不断自我评价、监督自身合规行为之得失,从而培养企业合规及其合规化认识、感情与意志。

坦率地说,要总体提升一个社会或企业的合规品质,既需要宏观总体要素的优化(构建能使合规者可富、能富的经济体制及其奖惩机制,构建能使合规者有尊严和幸福的政治体制及其奖惩机制,倡导符合人性基本规律或觉悟层次的道德体制,并建立有效的奖惩机制,以及优化一个文化产业体制并建立有效的奖惩机制),也要重视影响企业内外每一个员工及其利益相关者个体合规品质提升具体要素的优化;既要不断提升言教、奖惩、身教和榜样等外在合规品质教育的水平,也要发挥学习、立志、躬行与自省等自我修养培育企业内外每一个员工及其利益相关者合规品质提升的重要作用。只是无论何种企业合规及其合规化品质的培育,最终都离不开合规主体"知、情、意"三大要素的全面优化。

(五)守住"合法律"底线是企业合规及其合规化实务运作的着力点

企业合规及其合规化既包含合德及其合德化,也包含合法及其合法化,而且由于理想状态下,德、法是一种包含与被包含的关系,即道德是法的价值导向系统,法是道德的具体实现与"底线"。因此对社会秩序构建的重要性与必要性而言,"法"重要于道德,应该先于道德而被关注。在逻辑上,企业合规及其合规化必须首先守住"合法律"的底线,这既是企业合规及其合规化实务运作的着力点,也是企业合规及其合规化"合道"目标的基点。毋庸讳言,"合法律"不等于"合法",前者主要是指对现行有效成文法的"服从、顺从、遵从",后者则指对道德正当性的"服从、顺从、遵从",即对"良法"的"服从、顺从、遵从",终极而言,是指对"良德"的"服从、顺从、遵从",是对道德终极目的、人道自由最高原则与公正根本原则的"服从、顺从、遵从"。

具体就法的内涵与本质而言,合法及其合法化与合法律化、合道及其合道化,一方面需要借助暴力与行政两大权力力量的强制,促使企业合规及其合规化内外主体和利益相关者的行为能符合法及其现行的有效成文法规则,并将其转化为企业行为主体内在稳定的心理法品。另一方面也需要借助舆论与教育两大非权力力量,引导企业合规及其合规化主体和利益相关者的行为能符合现行道德规则,并将其转化为合规行为主体内在稳定的心理品德。如前文所述,这既需要宏观总体要素,诸如经济、政治、道德等体制及其相应奖惩机制的优化,也需要发挥微观具体的外在合规教育与内在合规修养方法的作用。因为,企业自主参与合规及其合规化行动的内在动因,既源于对违法行为被发现和遭受法律制裁恐惧的一面,也源于内生规范义务感的原因,这是企业合规及其合规化的消极与积极两大基础所在。[①] 西门子公司等重建合规计划的实践也证明,企业合规及其合规化必须以守住“合法律”底线为基石和基点。西门子公司认为,企业合规及其合规化应包含三个主要内容:从积极层面看,要遵守法律和遵循规则,依法依规进行经营活动;从消极层面看,要避免或减轻因违法违规经营而可能受到的行政与刑事责任;从外部激励机制看,国家法律要将企业合规作为宽大行政处理和宽大刑事处理的重要依据。[②]

从根本上来说,企业合法及其合规化要全面发挥其优势功能与作用,既在于合规权力合意性的强化与提升,也能通过“闭环式”监督制衡机制将权力真正“装进制度的笼子”,即能拥有一个科学、优良、完备的合规法律体系,能使“合法律化”更接近“合法化”,继而抵达“合德化”与“合道化”的理想境界。坦率地说,这有赖于整个社会治理的现代化与文明转型,有赖于民主制的不断升级与优化,同时还有赖于非权力的合法化及其监督闭环性与有效性的保障。一句话,“合法律”是企业合规及其合规化实务运作的着力点,也是最低要求和“底线”,“合道”则是企业合规及其合规化的最高境界与理想目标。或者说,“合道”是企业合规及其合规化的理想价值导向系统,是企业合规及其合规化的价值“北极星”,“合法律”则是企业合规及其合规化的现实切入点与着力点,唯有将二者有机结合起来构建的企业合规及其合规化规则体系,才可能统筹企业和顾及其合规化的现实复杂性、实践可操作性与未来不确定性,助力企业合规及其合规化行动的动态平衡与发展,真正有助于降低企业组织化创获财富活动的系统性风险,全面发挥其助力企业经营可持续化生存与发展的功能与作用。

(六)合规人才队伍建设是企业合规及其合规化计划稳步推进的重要保障

任何一项事业的成功,不论其蓝图多么的宏伟美好,最终都需要人去推动和实施。企业合规及其合规化计划的实施,同样离不开所有参与者的共同努力与奋斗。事实上,合规人才队伍建设是企业合规及其合规化计划稳步推进的重要保障,特别是要提升整个国家企业合规及其合规化的总体水平。或正因如此,早在2007年,国内就有媒体呼吁合规人才“奇货可居”。[③] Linked In(领英)中国人才解

---

① See May P. J., *Compliance Motivations: Affirmative and Negative Bases*, Law & Society Review, p. 41 - 68(2004).

② 参见陈瑞华:《论企业合规的性质》,载《浙江工商大学学报》2021年第1期。

③ 参见程亮:《合规人才“奇货可居”》,载《人才市场报》2007年4月21日,第6版。

决方案客户成功负责人王欢在接受记者采访时,就将合规人才纳入决定中国企业能否真正“走出去”的四大决定因素之一。①

具体而言,企业合规及其合规化人才队伍建设培养目标如下:一是需要培养与企业合规及其合规化计划实施相关岗位的人才。二是需要培养政府监管一方以及负责企业合规及其合规化审查相关岗位的实际操作人才。比如工商税务、法务事前审查、事中督导与事后司法调节等岗位的人才。三是需要培养企业合规及其合规化基础理论研究类的人才。如果缺乏企业合规及其合规化科学理论指导的合规化,很容易迷失方向,或者后续发展动力不足,如缺乏信仰力量的支持等。不过,合规企业家人才的需求最为稀缺和急迫。企业家作为拥有组织化创获财富活动生死存亡权的执掌者,他们的合规及其合规化经营之“知、情、意”素质高低,直接决定企业合规及其合规化的有无和方向。具体是因为,企业愿不愿意参与合规及其合规化计划,最高权力是掌握在企业家与决策层的,他们才是企业合规及其合规化行动的领导者、主导者和推动者,其他员工及其利益相关者则是参与者。

四、中国企业合规及其合规化必须直面的问题与对策

合规及其合规化基础理论问题研究,如果不能有助于其行动计划效率的提升,其理论价值便不足称道。根据上述合规及其合规化分析思路与观点,中国企业合规及其合规化建设必须直面的主要问题与对策如下:

(一)中国企业必须直面的主要合规及其合规化问题

鉴于现实的复杂性、实践的可操作性以及未来企业生存与发展境遇的不确定性,中国企业合规及其合规化建设要实现预期效果,必须直面一些主要矛盾与问题,并以这些主要矛盾和问题为导向,给予及时的、科学的应对。具体分析如下:

1. 企业合规及其合规化基础理论研究滞后,无法为企业合规及其合规化建设及时提供足量的智力与精神支持

企业合规及其合规化基础理论研究如果长期滞后,便无法制定出优良的企业合规及其合规化所依之“规”。而且由于良规是影响企业合规及其合规化计划质量与水平的必要条件,就合规计划的质效而言,企业合规及其合规化理论研究的

---

① 参见钱颜:《加强合规人才培养 帮企业高质量发展》,载《中国贸易报》2021 年 11 月 25 日,第 6 版。

滞后，便意味着企业合规及其合规化建设难以实现降低企业经营风险，助力企业可持续、高效率生存与发展的直接目标。目前中国企业合规及其合规化基础理论研究滞后主要表现在以下三个方面：一是现行企业合规及其合规化理论的“舶来”“移植”现象十分明显，缺乏从中国企业情况出发的科学话语体系。比如缺乏中国本土企业合规及其合规化理论的“范畴、概念、原理和标准”等，其所言所论大多借助外来语汇和语法。二是现行企业合规及其合规化理论研究，更多偏重于对实际操作类的方法论思考，缺乏有深度的理论探讨和原创性成果。或者说，缺乏系统性与科学性的企业合规及其合规化理论研究成果。三是现行企业合规及其合规化理论，大多局限于“法理”视域的解读与诠释，缺少政治、经济、伦理、哲学、社会学等学科视域的探索与研究。原因既在于对企业合规及其合规化基础理论研究的重要性和必要性的认识欠缺，也在于企业合规及其合规化基础理论研究人才的缺乏、科研经费投入偏少等。从逻辑上看，据此参与和实施的企业合规及其合规化计划，理论基础比较松软，其参与者及其利益相关者的合规认识水平也不会很高，便会纠结于“合规”的合法还是合德、合法律还是合法，以及合规合法还是“合道”等问题。毋庸讳言，其很难从“合道”规则的优劣高度，去自觉地探索和思考企业合规及其合法化面临的一些深层次问题。

2. 企业合规及其合规化行动参与者以及利益相关者之间尚未达成“基本共识”

理论和思想是个体行动的前提，“基本共识”则是群体行动的前提。或者说，缺乏“基本共识”的群体行动大多是无效率和盲目的，也是不可持续的。要达成“基本共识”，如前文所述，关键在于参与企业合规及其合规化行动的各方利益主体能否基于“利益”考量，在“价值、思想、意志、愿望”等方面形成有效“共鸣”。问题是，目前大多数企业合规及其合规化行动参与者，诸如企业、员工及其利益相关者之间，基于共同利益的“基本共识”并未全面达成。一是就企业一方而言，由于独立自主运行的“工会”维权机制及其内外监督机制尚未建成有效的“闭环式”机制，客观上便无法保证企业内劳资之间权利与义务交换的完全平等与比例平等，同样不可能基于共同利益，达成企业合规及其合规化的“基本共识”和“共鸣”。二是由于宏观与微观等诸多不利因素的存在，企业与外部利益相关者之间权利与义务交换，也难以真正做到完全平等与比例平等，不可能基于共同利益，达成企业合规及其合规化的“基本共识”和“共鸣”。一句话，企业合规及其合规化行动参与者各方利益主体之间，基于“利益”考量的“价值、思想、意志、愿望”之基本“共鸣”尚未达成。自然,企业合规及其合规化行动也不可能拥有坚实的理论基础与充分的实践理由,在实际中便会制约或阻碍企业合规及其合规化计划的顺利实现,难以发挥降低企业经营风险、促进企业可持续化、高效率生存与发展的作用,从而无助于企业逐步抵达合规及其合规化的最高境界和目标——“合道”。

3. 现行企业合规及其合规化所依之“规”的科学性、优良性与完备性欠缺

“精确地说,科学是关于实际存在的事物的本质、规律、必然性、普遍性的理性知识体系,简言之,也就是关于实际存在的事物的普遍性的理性知识体系。”①企业合规及其合规化所依之“规”的科学性如果缺乏,便意味着这种“规范”并非一个拥有“普遍性的理性知识体系”。具体来说,主要表现在以下方面:一是现行企业合规及其合规化所依之“规”科学性欠缺,即现行企业合规及其合规化所依之“规”缺乏足够的“可普遍化性”,自然也缺乏优良性。从逻辑上讲,企业合规及其合规化技术层面、具体要素结构的“完备性”,也就属于次要问题和因素。导致这种现象存在的原因,既有对优良规则制定程序和方法的科学性忽视的原因,也与现行企业合规及其合规化所依之“规”的舶来性有关。毋庸讳言,目前国内企业合规及其合规化的话语体系,不是移植利益相关者国家和地区的法律与道德规范,就是从梳理国内相关法律、照抄同行企业规章制度或者是从本企业现有规章制度的汇编中来,同时也有一些是从企业内外的秀才“笔杆子”中来,等等。其明显特征就是“要我合规”。实际上那些做得比较好的企业合规及其合规化行动计划,大多是通过反复征求企业内外利益相关者意见,并在与这些利益主体反复沟通中,通过谋求基本“共鸣”和共识而获得的,因此拥有“我要合规”的良好氛围与机制②。二是现行企业合规及其合规化“规则”体系缺乏真理性的价值基础支撑。这是因为,现行企业合规及其合规化“规则”体系,既未完全将“增进企业内外每位员工及其利益相关者的利益或福祉总量”之终极价值“嵌入”合规之“规”,也未完全将人道自由最高道德价值“嵌入”合规之“规”,更未完全将公正(完全平等与比例平等)根本道德价值“嵌入”合规之“规”,同时还未完全将诚信等重要道德价值“嵌入”合规之“规”。从逻辑上讲,如果企业合规及其合规化所依之“规”不是根据科学方法制定的,而且尚未实现上述终极、最高、根本与重要道德价值合规之

---

① 王海明:《新伦理学原理》(上),商务印书馆 2008 年版,第 44 页。

② 参见郭凌晨、丁继华、王志乐主编:《合规:企业合规管理体系有效评估》,企业管理出版社 2021 年版,前言Ⅵ。

"规"的完全"嵌入",其科学性、优良性与完备性及效果便会大打折扣,也就无法全面体现企业内外利益相关者的真正诉求与真实意志,很难将这些"规则"顺利地转化为企业内外合规及其合规化计划参与者的实际行动,并形塑成企业内外各方合规行为主体稳定的心理品质(德品与法品),从而难以最大限度地发挥企业合规及其合规化行动计划的优势与作用。事实上那些内外合规及其合规化建设做得比较好的企业,大多拥有一套相对科学、优良、完备的合规及其合规化"规则"体系,比如中国的吉利集团①、日本的西门子②等企业,他们的合规"规则"体系基本是遵循科学方法和严格程序制定的,是基于企业内外利益相关者的行为心理规律与真实诉求,经过反复的讨论与沟通并寻求"最大公约数"后制定的。

4. 企业合规及其合规化总体水平的宏观体制与奖惩保障机制建设滞后,位阶不高

影响企业合规及其合规化总体水平的宏观要素有经济、道德与文化体制等方面,也有相应奖惩激励机制有效性之大小。一是就影响企业合规及其合规化总体水平提升的宏观经济要素而言,中国经济体制的"初级阶段性"比较明显。也就是说,尽管中国经济体制建设经过40多年的改革开放,有了长足的发展与进步,但客观地说,距离理想完备的市场经济体制还有差距。深究其因在于:(1)由于过去几十年计划经济惯性的影响,一些地方政府"有形之手"仍然在经济资源,包括社会各种资源配置中占据一定比例,从而消减和限制了市场主体的经济自由。(2)自由、平等、法治的中国市场经济运行规则(道德与法),特别是有效的经济奖惩机制尚未高效运转,有待进一步优化和完善。企业之间公平竞争机制还存在缺陷和不足。(3)一些官员滥用权力干预市场主体——企业的经营活动,反腐拒腐压力依然很大。毋庸讳言,这些问题的存在,都会挫伤企业合规及其合规化参与者及其利益相关者的合规积极性,消减企业合规及其合规化的优势效能。问题是,在社会主义初级阶段,如果合规者及其合规行为不能被及时鼓励和激励,合规者不论是个体还是企业,可能不会自觉自愿地合规——"服从、顺从、遵从"规则,自然也不可能助力企业的低风险、可持续发展。反之,可能诱导一些利益主体或利益相关者效仿违规者,违法乱纪,突破人伦道德底线,埋头追求自身短期利益的

---

① 参见郭凌晨、丁继华、王志乐主编:《合规:企业合规管理体系有效评估》,企业管理出版社2021年版,第109-118页。

② 参见郭凌晨、丁继华、王志乐主编:《合规:企业合规管理体系有效评估》,企业管理出版社2021年版,第155-173页。

最大化,以致长期贻害社会。

二是就影响企业合规及其合规化总体水平提升的核心道德要素及其奖惩机制建设而言,一些人的道德观有待优化,道德奖惩机制效率有待提高。早在1986年9月中国共产党十二届六中全会作出的《中共中央关于社会主义精神文明建设指导方针的决议》,就已提出了符合国民觉悟实际与行为心理事实规律的多层次道德原则体系[①]:以"大公无私"作为共产党员和社会先进分子的道德原则;以勤劳致富的"为己利他"作为大众的基本道德原则;以"不损人"作为最低的道德原则。马克思主义者也一再倡导"己他两利主义"[②]。但由于几千年儒家利他主义道德文化的顽固性与惯性使然,实际生活中主导国民道德行为的主体道德价值观,还是有悖于"爱有差等"心理行为事实规律的"利他主义",即以"纯粹利他"作为评价人们行为善恶的唯一道德标准。问题是,这种单一高标的道德原则规范违背人际利害行为事实规律。比如"爱有差等"心理行为规律,无法规范所有社会成员的日常人际行为,甚至会造就一大批伪君子,消减道德规范的人际协调功能。同时这种单一高标的道德原则规范,也与现代市场经济需要的"为己利他"道德原则相悖,而且这种单一高标的道德原则,也无视坚守法律要求之"不损人"道德底线的价值。坦率地说,如果奉行这种单一高标的道德原则与规范,不仅其规则体系的科学性与优良性大打折扣,就从其转化为行为主体合规稳定心理品质的角度看,也不可能有助于这种高标规则的高效、持续和稳定化实现。

三是就影响企业合规及其合规化总体水平提升的核心要素——文化产业体制及其奖惩机制建设而言,也存在进一步提升的空间。这是因为全体国民总体文化素质也处于"初级阶段",在客观上企业合规及其合规化各个利益主体的合规认识水平便会受到一定的制约,至少无法充分发挥合规认识在合规品质培育中的指导功能与作用。

5. 在影响企业合规及其合规化个体水平的微观效果方面,也存在问题和缺憾

一是就影响企业合规及其合规化的外在教育效果而言,必须直面以下三个问题:(1)重"言教"、轻"身教"。重"言教"即重视企业内部各种层次、类型和形式的合规化教育。比如对员工进行合规内容和要求的集中、长期的定期或不定期培训,不仅要求企业管理层与所有员工应知,而且要求能入耳、入心、入脑。对企业

---

① 参见中共中央文献研究室编:《十二大以来重要文献选编》(下),人民出版社1988年版,第1173－1190页。

② [德]马克思、恩格斯:《马克思恩格斯全集》(第3卷),人民出版社1960年版,第275页。

合规化管理团队或企业管理层的要求却相对较低,存在一定的“双标现象”。(2)重“言教”、轻“奖惩”。轻“奖惩”一方面表现为合规奖励“舍不得”,或者合规奖励的针对性不强,存在“一刀切”现象,或者奖励重精神、轻物质,高估受奖励者的道德觉悟等现象;另一方面则表现为惩罚“下不了手”,即对违规违纪的员工和下属,处理中存在用“情”太重、“心太软”等现象,不利于在企业内部建立和发挥奖惩机制的积极推动作用。(3)重“言教”、轻“榜样”。轻“榜样”既表现为所树立的合规“榜样”高大上,或者是无任何瑕疵的圣人,其现实的合规激励作用十分有限。或者说,一些企业所树立的合规“榜样”缺少广泛代表性,难以有效激励更多的企业员工与利益相关者自觉模仿和学习。

二是就企业合规及其合规化的内在修养效果而言,同样存在一些缺憾。一般来说,重视合规及其合规化“外在教育”,胜于“内在修养”。具体来说,存在以下问题:(1)目前企业合规及其合规化修养比较重视对“学习”修养方式的支持和引导,却忽视对合规者个体合规“立志、躬行与自省”修养方式的引导和激励。正如专家所言,“企业合规就是一种自我监管(self policing)机制”。① (2)就合规品质的“知、情、意”结构而言,目前比较重视合规认知品德的培养,却忽视对合规情感、合规意志品质的修养。问题在于,“个人道德认识是伦理行为的心理指导、必要条件,是品德的指导因素、首要环节;个人道德情感是伦理行为的心理动因、必要条件,是品德的动力因素、决定性因素,是品德的基本环节;个人道德意志是伦理行为的心理过程、充分且必要条件,是品德的过程因素、最终环节”。② 要提升企业合规及其合规化个体的品质水平,必须“知、情、意”三方面共同强化和努力。(3)就合规良心与荣誉培育而言,目前企业合规及其合规化建设比较重视合规荣誉教育,却忽视合规良心培育。客观上难以有效发挥良心与荣誉机制在企业合规及其合规化行动中的积极作用。道理在于,合规良心有助于合规主体遵守“规则”,即只会使合规者遵守规则,或者说不会使合规者背离规则,而且合规良心促使合规主体遵守规则是一种纯粹的、无负作用的力量,最有助于合规及其合规化行动接近合规的最高境界——合道。但合规荣誉则不一样,它是一种外在、相互的合规评价,尽管其也有助于合规主体行为合规,但同时也可能带来异化的副作用。比如诱发“伪合规”行为等,就必须要警惕。

---

① 陈瑞华:《论企业合规的性质》,载《浙江工商大学学报》2021年第1期。

② 王海明:《新伦理学原理》(下),商务印书馆2008年版,第1546-1547页。

6. 在企业合规及其合规化的实践操作视域存在的问题也不少

其主要有六点：一是重视企业“合法律”胜于“合法性”，特别是“合道”。就企业面临的生存与发展风险而言，由于违法可能给企业带来巨大风险，企业合规及其合规化重视“合法律”胜于“合法性”，包括“合道”，自有其理性、现实的理由。因为“从历史的角度看，企业合规是针对企业出现的违法违规行为而确立的一种公司治理方式”。[①] 但从企业合规及其合规化的发展态势而言，仅仅重视“合法律”本身，或将给企业带来新的风险，甚至是一些隐性风险。在庄子看来是因为，“事若不成，则必有人道之患；事若成，则必有阴阳之患”。[②] 况且，合法是大势，合道是最高境界与理想。因此，就企业可持续发展战略而言，企业合规及其合规化在重视“合法律”风险化解的同时，还必须警惕现有法律规范存在的时代局限性，以及技术性缺憾可能带来的其他经营风险等问题。从逻辑上讲，这也是企业合规及其合规化计划推动者一再呼吁保护企业和企业家的重要理由之一。这是因为，现实中并不存在完美无缺的“法律”，而且现行法律也会与时俱进。质言之，“合法律”法条的，不一定就“合法”，今天“合法律”的，明天或许“违法”。但社会拥有一个组织化创获财富的企业，培育一个企业领袖——企业家则十分困难，有时需要诸多有利条件的因缘际会与耦合。张维迎教授等经济学家一再呼吁要保护和珍惜企业家，因为“企业家精神是经济持续增长的源泉，企业家是经济增长的‘国王’”。[③] 在陈志武教授看来，则是因为“不管哪个年代，企业家对社会的贡献都非常大”。[④] 二是重视企业合规及其合规化具体、形式要素的优化，轻视企业合规及其合规化总体结构性要素的优化，即忽视企业合规及其合规化深层价值要素的优化。三是重视企业“合规”及其合规化，胜于企业合规及其合规化的“合良规”，特别是企业合规及其合规化的“合道”。“规”有优劣善恶，即“合规”与合良规与合恶规之间，也存在本质差别。即便是良规，也有高标、中标与低标的要求之别。但无论如何，唯有“合良规”才是企业合规及其合规化的正道与大道，才最有可能助力企业合规及其合规化建设抵达“合道”的最高境界，充分发挥企业合规及其合规化计划的价值优势。四是重视高标的企业合规及其合规化之“合德”，忽视低标的

---

① 陈瑞华：《论企业合规的性质》，载《浙江工商大学学报》2021 年第 1 期。

② 方勇译注：《庄子 · 人间世》，中华书局 2013 年版。

③ 《张维迎：企业家是经济增长的“国王”》，载《山东经济战略研究》2017 年第 9 期。

④ 姚赟：《对话陈志武：不管哪个年代，企业家对社会的贡献都非常大》，载《中国企业家》2022 年第 7 期。

企业合规及其合规化之“合德”。举例来说，个别企业的合规及其合规化，更多乐于用纯粹利他或者大公无私的高标道德，要求每一位企业员工及其利益相关者，比如，要求员工无私奉献，少计较个人利益，在企业热衷于倡导“白加黑”“996”的工作制等，结果使企业合规及其合规化有意无意地异化成肆意侵害员工利益、违反劳动法的“遮羞布”或说辞。五是重视企业合规及其合规化的“风险化解”功能，忽视企业合规及其合规化的“风险防范”功能。问题是，企业合规及其合规化建设的根本目的在于“治未病”，能让企业防患于未然，有助于企业低风险、高效率、可持续地生存和发展，而不是仅仅在企业遇到实际的合规风险时才想起企业合规及其合规化的经营理念。坦率地说，企业合规及其合规化不是企业低风险、可持续发展的灵丹妙药，对于那些长期违纪、违规和背道，特别是突破人伦与生命底线的企业，不可能起死回生，而且应该除恶务尽。但现实经常是，一些企业关注合规及其合规化建设，不少是在经营遇到重大问题和挫折时，才奢望借助企业合规及其合规化之手施治救命。六是相对而言，重视对“上门来”外国企业的合规及其合规化审查，忽视对“走出去”企业的合规及其合规化行动的辅导。就政府承担合规及其合规化职责者而言，重视海外“上门来”企业的合规及其合规化审查，用以防范部门或个人职务风险，或有理性的利益考量依据和理由。但就“百年未有之大变局”下中国“走出去”企业的合规及其合规化大局需求而言，对“走出去”企业的合规及其合规化服务或更为重要。对于“走出去”企业而言，重视对利益相关国合规之“规”，是基本的生存与发展之道。毋庸讳言，吉利集团等企业的合规及其合规化建设，堪称中国“走出去”企业的合规及其合规化建设成功的经典案例，其经验与智慧值得持续挖掘和借鉴。

7. 企业合规及其合规化人才队伍建设滞后，存在总体人才短缺与结构性缺陷等问题

一方面，当前中国企业合规及其合规化总体人才短缺。直到2021年3月18日，人力资源和社会保障部才会同国家市场监督管理总局、国家统计局向社会正式发布了“企业合规师”等18个新岗位，至此，“企业合规师”才成为国家认可的新职业。另一方面，企业合规人才队伍存在结构性缺陷。具体表现在以下三个方面：一是目前合规评估岗位从业者，大多是从法律、内控、风控、审计或纪检监察等部门抽调。这些被抽调的人员，虽然具备一定的法律、财务和审计等专业背景或从业经验，但与企业合规化建设评估岗位的实质性要求，还存在相当大的差距。二是政府合规审查一方和负责企业合规及其合规化评审相关岗位的人才稀缺。

比如工商税务、法务事前审查，事中督导与事后司法调节岗位也缺乏人才。三是企业合规及其合规化基础理论研究类人才同样稀缺。当然，合规企业家人才最为稀缺，因为"企业防范违法行为也罢，实施守法计划也罢，能否真正贯彻落实，完全取决于企业首脑是不是真正下了决心"。①

（二）因应对策

综上所述，企业合规及其合规化建设是一个系统化过程，中国企业合规及其合规化要实现总体推进和优化的目标，就必须坚持重要问题导向原则，通过系统化集成行动，动员企业内外各方积极力量，优化影响企业合规及其合规化的各种要素，特别是结构性要素。同时还必须清醒地认识到，"复杂性问题不能用还原论方法处理，常常成为导致管理目标难以实现甚至灾难性后果的重要因素"。② 因此，中国企业合规及其合规化总体水平的提升，也应该采用"还原论方法"，突出重点，循序渐进，瞄准重要问题，进行科学施治。至少在笔者看来，中国企业合规及其合规化计划推进，近期应以"合法律"与"合德"为主要目标，中期应以优化道德规则与法律规则为基本目标，远期则以"合道"为理想目标与最高境界。具体因应对策如下：

1. 要重视和强化企业合规及其合规化基础理论问题研究

正如恩格斯所言，"一个民族要想站在科学的最高峰，就一刻也不能没有理论思维"。③ 中国企业合规及其合规化理论建设又何尝不是如此。思想是行动的前提，企业合规及其合规化理论的科学性、客观性与真理性，直接或间接关系到企业合规及其合规化之"规"的优劣与完备程度。也就是说，如果企业合规及其合规化基础理论研究滞后，或者长期在低位徘徊，既会延误企业合规及其合规化计划启动的时机，拉低企业合规及其合规化的预期目标，更会消减企业合规及其合规化有助于企业组织化创获财富活动低风险、可持续生存与发展的优势和效能。为此，一是要重视企业合规及其合规化基础理论问题研究，以期能为企业合规及其合规化实践及时提供理论指导与智力支持；二是要加强企业合规及其合规化基础理论研究人才队伍建设，选拔热爱企业合规及其合规化基础理论研究者组建研究

---

① ［日］芝原邦尔：《经济刑法》，金光旭译，法律出版社2002年版，第130页。

② ［美］小约瑟夫·巴达拉克：《灰度决策：如何处理复杂、棘手、高风险的难题》，唐伟、张鑫，机械工业出版社2008年版，第15页。

③ ［德］马克思、恩格斯：《马克思恩格斯选集》（第3卷），人民出版社1995年版，第467页。

团队联合攻关,进行深度研究;三是要加大企业合规及其合规化基础理论研究经费投入,保障研究的可持续性与科研成果的及时转化。

2. 要主动寻找各方利益相关者的"共鸣"点,凝聚企业合规及其合规化的"基本共识"

具体来说,既要用心于如何最大限度获得企业内部员工及其利益相关者的认同与支持,特别是被管理者或者处于弱势地位者的认同与支持,也要着力建立"闭环式"的合规权力监督制衡机制,以期有效降低企业合规及其合规化权力滥用与寻租的机会,消减企业合规及其合规化权力对企业内外利益相关者权利的侵害。问题关键在于,如何促进和保证企业合规及其合规化利益主体之间基本权利与义务交换的完全平等,非基本权利与义务交换的比例平等。坦率地说,中国企业合规及其合规化权力的全面优化及其监督有效性的总体提升,就宏观而言,有待国家治理体系的全面优化;就微观而言,有待企业权力结构的全面优化,以及其内部合规权力监督制衡机制之科学性与有效性的提升。

3. 要全面优化现行企业合规及其合规化所依之"规",系统性提升"规则"的科学性、优良性与完备性

一是要遵循科学、优良规则制定的方法,即企业合规及其合规化所依之"规"的制定,既要基于对合规终极目的的科学认知,也要敬畏合规及其合规化利害行为事实如何之规律,再从人己两利的合规价值出发,经由正确的合规价值判断再推导。就其本质而言,要全面优化现行企业合规及其合规化所依之"规",就是要主动消减在企业合规及其合规化之"规"制定过程中的主观随意性,自觉扩大企业合规及其合规化计划的民意基础,争取更多合规计划参与者的支持和理解,从而化解内外利益矛盾与冲突于"未发"。也就是说,全面优化现行企业合规及其合规化所依之"规",就是要自觉强化企业合规及其合规化之"规"的客观性与可普遍化性。二是要明确将社会主义核心价值观作为企业合规及其合规化的道德价值导向系统,自觉推动社会主义核心价值观的企业合规及其合规化规则的深度"嵌入"。即必须加速企业合规及其合规化之规则的核心价值观"嵌入"企业合规及其合规化,既要有助于国家和社会的"富强、民主、文明、和谐",也要有助于"自由、平等、公正、法治"的现代社会治理价值融入企业合规及其合规化"规则"之中,同时更要有助于企业合规及其合规化参与者及其利益相关者"爱国、敬业、诚信、友善"

优良品质的培养。[①] 三是要尊重和敬畏员工及其利益相关者的行为心理规律，比如觉悟实际的差异性与层次性，不能将企业合规及其合规化行动，异化为不断给企业员工及其利益相关者提出更高道德要求、苛责其“大公无私”、无私奉献的圣人计划。事实上这样的“圣人”造就计划，不仅不可能持续和实现，反而会造就一大批合规及其合规化的“伪君子”。著名学者秦晖教授一再说，“高调再高，苟能律己，慎勿律人，高亦无害。低调再低，不逾底线，若能持守，低又何妨”。[②] 唯有这样，才真正符合企业合规及其合规化行为心理事实如何之规律，企业合规及其合规化行动方可拥有可持续发展和不断推进的动力与能量。

4. 就影响企业合规及其合规化总体水平的宏观要素而言，必须注重基本制度规则的优化与奖惩机制建设有效性的提高

一方面，要自觉推进宏观经济、道德与文化体制的优化与转型，通过建立合规与富裕一致、合规与幸福一致、合规与大道一致、合规与文化产业发展一致的自由、公正的国家治理体系，促进中国企业合规及其合规化总体水平的不断提升。一是在经济方面应注意的几个问题：(1)要坚决捍卫市场经济价值立场，不断促进中国市场经济体制的完备化。关键是必须消减政府“有形之手”对市场经济“看不见之手”的遏制与打压，比如，必须明确国有企业与民营企业在市场领域的权责界限，坚持以民营经济发展为主导的价值选择，真正发挥市场在资源配置中的主体作用。(2)要明确政府在市场经济中制定良规与市场监管的主体责任，扮演好“裁判”的角色，不能既当“队员”，又当“守门员”，同时还当“裁判员”，既不能越位和错位，也不能无所作为，甚至乱作为。(3)要尽快建立经济权力监管机制，防止资本与权力合谋对市场主体参与者及其全社会经济基础的侵害，加剧资本的经济剥削，伤害企业合规及其合规化参与者以及利益相关者的经济利益与权利。(4)要警惕传统“官本位”或“官奴制”文化对市场经济现代化进程的消极影响，汇聚企业合规及其合规化行动低风险、可持续的积极因素。道理在诺贝尔经济学奖获得者道格拉斯·C.诺思看来，文化传统、信念体系等都是“根本的制约因素”[③]。二是在

---

① 参见《社会主义核心价值观基本内容》，载《人民日报》2014年2月12日，第1版。

② 秦晖轶事：《最有思想的教授最清贫》，载微信公众号“明清史话”2018年10月5日，https://xw.qq.com/cmsid/20211004A01ORZ00。

③ “我们的文化传统，我们的信念体系，这一切都是根本的制约因素。我们必须仍然考虑这些制约因素，这就是说，我们必须非常敏感地注意到这一点：你过去是怎么走过来的，你的过渡是怎样进行的。我们必须非常了解这一切。这样，才能很清楚未来面临的制约因素，选择我们有哪些机会。”参见[美]道·诺斯：《制度变迁理论纲要》，载《改革》1995年第3期。

政治规则方面，关键是如何将权力真正“装进制度的笼子”。对此，早在2013年，习近平总书记就强调指出，要“坚持标本兼治、综合治理、惩防并举、注重预防方针，更加科学有效地防治腐败，坚定不移把党风廉政建设和反腐败斗争引向深入。”同时“要坚持‘老虎’‘苍蝇’一起打”，真正“把权力关进制度的笼子里”①。三是就道德体制而言，有待于企业合规计划参与者及其利益相关者的觉悟实际或者行为心理事实如何之规律优良“规则”的制定与诞生。或者说，有待于能将国民福祉终极、人道自由最高、公正根本与诚信等重要道德价值实质性“嵌入”企业合规及其合规化优良“规则”。一言以蔽之，有待于社会主义核心价值观的企业合规及其合规化“规则”之全面、深度“嵌入”。四是就文化规则而言，有待于全民文化素质的总体提升。或者说，有待于全社会对企业合规及其合规化重要性与必要性认识的进一步深化，增强参与企业合规及其合规化行动者的热情与自觉性。

另一方面，要通过宏观合规奖惩机制的优化，不断提升企业合规及其合规化的总体水平。宏观合规及其合规化奖惩机制建设的优化，是指有助于合规与富裕一致、合规与幸福一致、合规与大道一致、合规与文化产业发展一致的“闭环式”奖惩机制有效性的提高。宏观合规奖惩机制的优化，首先是法规类奖惩机制有效性的提高，其次才是道德奖惩机制有效性的提高。因此，既要主动梳理和用好现行有效的合规类奖惩法规与法条，也要努力创设和优化相关合规奖惩法规，力争基于“良法”的企业合规及其合规化奖惩机制的不断完善。必须强调的是，基于社会主义初级阶段的发展现实，现行企业合规及其合规化相关奖惩类法规，既带有先天性的不足，也带有时代性的局限。从逻辑上讲，由于企业及其企业家作为组织化发展经济、为社会提供物质和财富的主体，它们是一种促进社会繁荣进步的稀缺资源，应该奖励为主，惩罚为辅。在具体的操作中，一方面对企业合规者的奖励必须舍得，另一方面惩罚规制则应具体问题具体对待，不能搞“一刀切”，重点是必须守住人伦道德与保护国民生命健康的底线。唯有对那些突破人伦道德底线或危害国民生命健康的“违规”者，方可严惩不贷。除此之外，或应法外施仁，能给那些善意或无心的“违规”企业和企业家，多一些改过的机会。

5. 就影响企业合规及其合规化总体水平的微观要素角度的主要对策

一是企业合规及其合规化品质的培养，既要重视言教、奖惩、身教和榜样等外

---

① 参见习近平：《权力关进制度的笼子里》，载中国新闻网，http://www.chinanews.com.cn/gn/2021/01-27/9397755.shtml。

在教育的途径与方法,也要重视内在的企业合规及其合规化修养方法——学习、立志、躬行与自省,合力提升企业合规及其合规化参与者与利益相关者个体的合规品质。二是企业合规及其合规化品质的培养,要重视影响合规品质的“知、情、意”三大要素的同步优化,特别是不能忽视合规情感与合规意志要素的培育和优化。这是因为:个体合规情感属于动力因素和决定性要素,属于合规品质培育的基本环节;个体合规意志属于合规利害行为的心理过程,是充分且必要条件,属于合规品质培育的过程因素和最终环节。三是企业合规及其合规化品质的培养,既要重视合规良心的培养,也要重视合规荣誉的培养,特别是要重视企业合规及其合规化参与者和利益相关者的合规良心的培养,道理如前文所述。需要注意的是,合规荣誉授予和奖励必须客观真实,经得起“合规”的终极审查,特别是“合道”的终极拷问与质疑。

6. 就企业合规及其合规化计划实际推进中所遭遇的主要矛盾与问题角度的化解对策

一是就企业合规及其合规化的宏观国家治理背景而言,必须树立“合法律”不等于“合法性”与“合道”的意识,既要重视现实合规化的操作性与实效性,及时帮助企业通过合规化化解“违规”风险,也要警惕现行相关合规依据之法律法条本身存在的系统性缺陷与不足,尽力推动企业合规相关法律法规体系的创新与优化。例如,在企业家李书福看来,吉利集团必须“在遵守世界各国法律及全球合规的前提下,抢抓新发展机遇,携手上下游产业链,与行业伙伴一起为中国汽车产业转型升级、高质量发展大胆实践和探索”。① 二是既要重视企业合规及其合规化具体形式要素的优化,更要重视企业合规及其合规化系统性、结构性要素的优化。重视企业合规及其合规化基本、完备与深层结构要素的优化,必须抓住影响企业合规及其企业合规化主要因素与矛盾科学施治。既要重视深化企业合规及其合规化终极目的的认知,也要重视深化企业合规及其合规化行为事实如何规律的认知,还要重视深化企业合规及其合规化道德价值与价值判断的正确认知。三是就企业面临的生存与发展的违规违纪风险而言,化解企业经营风险固然是企业合规及其合规化建设的首要任务与目标,但从现实来看,“行政合规”应处于合规业务的首要位置,自然应是企业合规建设的重点。因为,“虽然企业合规计划的重要性毋庸置疑,但在中国法律体系语境下,企业合规关涉的其实主要是行政法问题,而不

---

① 李书福、陈秀娟:《走出一条自己的路》,载《汽车观察》2021 年第 6 期。

是至少主要不是刑法上的问题,我国应当倡导的是‘行政合规’,而不是‘刑事合规’”。[①] 同时,也不应忽视企业的“刑事合规”,因为“刑事合规是实体规则与形式规则的整体,在法定可罚性的前置领域内,确保企业的员工遵守现行的刑法规定,同时前瞻性地避免企业的刑事责任风险”。[②] 或者说,“如果企业无论如何努力都不能避免刑事责任,则其也不会有动力去进行内部制度建设”。[③] 但必须明确的是,从企业生存与发展的长远目标看,既要推动整个国家治理体系法规的创新与优化,更要着力于企业内部“规则”的系统性优化,特别是企业内部“规则”的“合道化”。因为“法律制度实效的首要保障必须是它能为社会所接受,而强制性的制裁只能作为次要的和辅助性的保障”。[④] 在某专家看来,“企业建立合规管理体系的根本目的在于预防和发现企业内部的违法犯罪行为,并形成一种遵守道德规范和遵从法律的文化”。四是就企业合规及其合规化建设的本质而言,必须重视企业合规及其合规化权力的结构性优化和监督。就前者而言,必须不断扩大合规规则的民意基础,争取更多企业合规及其合规化参与者以及利益相关者的认同和赞同。就后者而言,则要主动建立企业内部合规及其合规化权力的有效监督机制,防患于未然,以期系统性消减企业合规及其合规化权力滥用和寻租的可能性。问题关键在于,如何捍卫和保障企业员工的基本权利,特别是法定的权利,保障企业合规及其合规化参与者和利益相关者的基本权利不被侵害。从逻辑上讲,要保障企业员工的基本权利,建立闭环、有效的企业合规及其合规化权力监督制约机制不可或缺,同时现代化的工会组织建设的督导与激励作用也不应被忽视。对此,吉利集团董事长在吉利收购沃尔沃的过程中深有感触:“很多中国企业并购之前评估风险的时候,会把工会作为潜在风险之一,这完全是一种文化理念和核心价值观的差异。中国企业走出去,必须从内心接受对方这种民族的东西,倾听来自基层的声音。工会代表的是工人,他们需要的是什么? 仅仅是工作,而且他们会很好地工作,这种最基本的需求一定要把握住。”[⑤]五是要强化企业“风险防范”先于企业“风险化解”的观念,即要以“治未病”的科学理念加盟企业合规及其合规化计划,以便减少“治已病”的风险与尴尬。为此就必须直面“听任风险继续发展

---

① 田宏杰:《刑事合规的反思》,载《北京大学学报(哲社版)》2020 年第 2 期。

② 石磊、陈振炜:《刑事合规的中国检察面向》,载《山东社会科学》2020 年第 5 期。

③ 田宏杰:《刑事合规的反思》,载《北京大学学报(哲社版)》2020 年第 2 期。

④ [美]博登海默:《法理学:法律哲学与法律方法》,邓正来译,中国政法大学出版社 2017 年版,第 365 页。

⑤ 李书福:《我们不需要“狼性文化”》,载中青在线,http://zqb.cyd.com/content_3429676.htm。

而无法防范”的有组织的不负责任现象。[①] 六是要树立国内国外企业合规及其合规化并重的理念，既要重视和强化“上门来”企业合规及其合规化的辅导和服务，也要主动为“走出去”企业合规及其合规化计划及时提供有效的辅导和服务，提升在全球化竞争大局下中国“走出去”企业的生存与发展能力。

7. 要加强企业合规及其合规化人才队伍建设，重视人才队伍结构性缺陷的修补

一是要根据实际需要，用好现有合规人才，发挥其积极作用；二是要借助现有高校和社会培训机构的力量，加强日常合规及其合规化运行岗位“合规师”人才的培养，以期尽快满足企业合规及其合规化的紧迫需求；三是要重视企业合规及其合规化高层次人才的培养，特别是企业合规及其合规化基础理论研究型人才的培养；四是要加大企业合规及其合规化基础理论与实务研究的物质投入和经费保障。

结　语

总之，合规及其合规化是“世界百年未有之大变局”下全球企业谋求低风险、高效率、可持续化生存与发展的新型经营理念与实践方式。实业家吉利集团李书福一再强调，“合规是企业可持续发展的前提，是全球经济相互依存、依法竞争的关键，也是人类经济社会不断进步的游戏规则”。[②] 更有学者认为，“合规是核心竞争力”。而中外企业的合规实践则一再表明，“竞争合规”有助于“减少企业的‘非理性’”（主要是指企业因忽视竞争执法环境而导致的经营风险——笔者注）违法违规行为的“发生频率”。[③] 事实上，“合规”也是国家治理现代化不可或缺的重要手段与期待。合规及其合规化既包含合法律与合法，也包含合德与“合道”，“合道”是合规及其合规化的最高境界与理想目标。影响企业合规及其合规化水平的因素，既有宏观总体的经济、道德与文化产业因素及其相应奖惩机制的有效性等主要因素，也有微观个体的教育和修养等具体因素。但从根本来说，企业合规及其合规化之“规”的优劣，以及企业合规及其合规化参与者和利益相关者之间是否找到利益的“共鸣”并达成基本共识，才是必要前提。问题的关键在于，企业

---

① 参见张劲松：《论风险社会人造风险的政策防范》，载《天津社会科学》2010 年第 6 期。

② 叶万芳：《激荡企业元气 成就快乐人生》，载《企业文明》2017 年第 2 期。

③ See Beckenstein & Gabel, *Antitrust Compliance: Results of a Survey of Legal Opinion*, Antitrust L. J., 1982(51), p. 459 – 463.

合规及其合规化权力的合意性之大小,在于对其监督制约“闭环性”机制之有无或其有效性的大小。从理想视域来看,中国企业合规及其合规化总体质量水平的提高任重道远,既要保护好企业和企业家,也要守住人伦道德与国民生命安全的底线,要不忘初心,仰望星空,择善固执,以百折不挠的精神负重前行。

论公司法务与企业合规的关系再造

禄正平*

摘要：公司法务与企业合规是企业公司经营管理活动中涉及法律问题的一外一内两个主要方面。公司法务的核心是围绕公司产权(股权)问题，依据《公司法》《证券法》以及其他相关企业法律法规，处理公司以营利性法人资格为主所涵盖的公司外部关系以及由此衍生的公司内外部相结合的关系，其中包括公司依法经营、照章纳税，以及公司按照《公司章程》设置的法人治理结构及其运作模式以及公司应对各种纠纷的诉讼、仲裁业务等。企业合规的核心是包括公司在内的各种企业依法合规在内部规范经营管理为主而进行的企业建规立制及其监管活动，对应企业内部包括经营理念、岗位责任、劳动合同、风险防控、内部审计监管流程及其争议解决程序等的各种关系。将公司法务与企业合规的边界明确界定，阐明它们之间分工合作、相互依赖又相互支持的新型现代企业经营管理关系，有助于在建立现代企业制度、保护企业产权的同时，鼓励企业科学管理、发展创新。

关键词：企业本质　现代企业制度　公司法务　企业合规　企业刑事合规

引　言

企业合规是指企业为能够有效识别、应对、预防可能发生的合规问题而建立的公司治理体系。从直观来看，企业合规也是企业自身希望通过制定合规的经营政策来预防或制止一些违反法律的经营行为。美国早期在企业合规建设方面主要依赖于国家监管加以推行，到20世纪中叶后，又增加了企业自我监管和刑事激励监管两种方式。美国通过上述三种方式的互相配合推动了企业合规向全行业扩展。随着各国经济发展的需要，欧洲国家在借鉴美国企业合规制度的基础之

---

* 禄正平，三亚学院法学院教授。

上,建立了企业合规制度。在世界各国逐步建立企业合规制度的背景下,我国的企业合规制度也开始了本土化探索,并实现了一定的中国式创新。我国在推行企业合规本土化的过程中,关于公司法务和企业合规在公司企业中发挥的作用,学者们的分析和总结较少,企业合规的构建和公司法务职责之间是何种关系需要我们去进一步理解,才能了解我国企业合规的发展历程以及企业合规制度在未来的发展方向。本文一改现有研究中构建企业刑事合规制度的视角,通过分析国内外企业合规的发展情况,将融入公司法务的职能作用作为企业合规的比较研究对象,厘清了企业合规和公司法务之间的分工合作关系,为我国未来企业公司合规建设的优化发展提出一些参考路径。

一、从企业本质看公司法务与企业合规各自的定位

(一)企业运行的理论基础及本质

1937 年,美国经济学家科斯(R. H. Coase)发表了《企业的本质》一文,在该文中,科斯第一次全面地从企业或公司存在的价值角度,阐述了企业对于市场经济的意义。科斯对企业本质的探讨,被认为是研究企业或公司作用的开端,也是从法律层面看待企业存在和运营的理论基础。从所有生产经营活动都需要进行资源配置的角度出发,科斯认为,在完全的计划配置资源之外,存在着通过市场配置资源和通过企业配置资源这两种配置资源的方式。这两种方式的不同在于:市场是依靠价格机制达成交易,存在交易费用,即交易的成本。企业是依靠行政命令配置资源,存在着组织费用,即管理的成本。企业的存在受计划经济的影响,但又不能完全等同于计划经济,因为企业存在的本身,通过有组织的、规模化的生产经营活动,也可以降低配置资源的成本。

现代企业的运营情况告诉我们,通过企业的内部管理或命令,不仅理顺和简化了生产经营活动的流程,而且发现和发展了企业公司的生产经营规模,所以,投资者或所有人建立企业的最大原因就是通过企业组织生产经营活动有利可图。良好有序的企业内部管理减少了许多市场上的交易或者达成契约的环节,通过企业家的调配与指挥,加快了资源配置最简单有效的实现,在一定意义上取代了或者消除了市场交易的成本。至于企业与公司两个概念的使用问题,需要说明的是,公司是企业中最为常见和规范的企业模式,也是凝聚现代企业制度精华的企业组织范式。在公司之外,企业还有其他经营组织形式,比如以个体工商户为主的小微企业、企业集团的分支机构企业、农村非法人的合作社企业,等等。为了辨

识方便，我们通常将企业和公司放在一起表达，以之涵盖包括公司在内的所有企业组织形式。

（二）企业经营活动法律规制实践观察

将科斯的企业本质理论放在企业经营活动法律规制的实践中观察，我们可以假设有两种极端的情况。一种极端情况是，每项生产经营活动都由一个单独的个人或家庭来完成。比如，一个人制造一辆汽车或者其他机械产品，他需要和很多的中间产品供应商、制造商以及产品的需求者进行交易，所有的交易都要通过市场在很多主体之间进行，交易琐碎复杂，导致交易成本巨大。在另一种极端情况下，与制造汽车相关的所有生产经营活动都在一个庞大的企业内部进行，所有的汽车零部件都在该企业内生产，一部完整的汽车在这个企业内部就被制造和组装完毕，不需要通过市场进行任何中间产品或零部件的交易。于是，这个企业的规模将庞大到常人难以想象的地步，经营管理将严重依赖内部行政管理手段，难免出现管理层级叠床架屋、人浮于事、效率低下、官僚主义等"吃大锅饭"情形，契约关系、产权界定和岗位责任更无从谈起。

我国改革开放前的国有企业，特别是大型国有企业运营，采用"大而全""小而全"的经营管理模式，经济效率就比较低。譬如，长春第一汽车制造厂、大庆油田、克拉玛依油田等大型国有企业不同程度地采用政府计划指令模式管理企业内部各个环节，还承担了许多应该由政府管理部门承担的职责，运营成本居高不下，更谈不上产品的国际竞争力，这也是我国改革开放之所以必须进行的目的之一。

通过上述两种情况可以看出，完全放任的自由市场经济和离开市场经济的企业组织都不符合经济规律，真正付诸实施后便会错漏百出，贻害无穷。事实上，同一笔交易既可以通过市场的价格调整形式来完成，也可以通过企业的组织形式来实现，但最为符合经济规律的情形，则是市场与企业两种模式的紧密结合，既有商品价格的选择，也有企业组织管理模式的选择，让投资者、生产者、交易者自己作出决定。他们知道，企业和市场之所以同时并存，是因为有的交易在企业内部进行成本更小，而有的交易在市场进行成本更小。

科斯的这些观点，实际上为企业从个人独资企业、私人合伙企业、国有企业到有限责任公司，再到股份有限公司的组织模式和企业法人治理模式提供了广泛且深邃的视角。如果单纯从民商事法律上的企业或公司的"人合""资合"以及法人人格的角度看企业的组织形式，难免忽略投资者、股东或企业主投资创办企业的

"初心",即企业组织形式始终会围绕市场变化所决定的盈利最大化与成本最小化的主旨进行调整,进而也就难以对企业的设立、投融资活动、常规生产经营活动、研发活动、发行证券与上市、并购重组、终止清算或破产的真实原因及其意思表示的法律意义作出全面、准确地辨识。

(三)企业法律实务(法务)的主要工作方向

从企业法律实务的主要工作方向和内容来看,企业投资人所采取的企业法人法律主体形式及其产权(股权)构成,是企业股东或者所有人为争取最大投资收益、降低交易成本、更好地保证产品或服务的质量而存在的。选择什么样的组织机构,完全是由企业所有者视企业经营活动和市场需要而采取相应对策的结果,其目的就是使企业利润最大化。因此,企业法务活动的根本目的就是围绕明确企业公司产权的来源和构成,梳理企业法人治理的组织结构,使经营管理权力的行使和企业的具体管理在最大程度上维护并满足所有者或股东的利益。

为了保证这一根本目的的实现,企业法律实务工作需要面对并协调处理以下几层主要关系。首先,公司实际控制人或大股东与董监高管理层的相互关系以及他们与公司外部股东或社会公众股东的关系。其次,公司董监高管理层与政府监管部门的监管与被监管关系。再次,公司运营过程中与所有外部投资者、消费者、产业链上下游客户的关系维护以及争议或纠纷的协调处理,包括仲裁、诉讼等。最后,公司就纳税、生态维护、环境保护、劳动者权益保护等所承担的义务和相关权利关系。显而易见,上述关系主要发生在企业公司对外的资本运作和投资、生产经营中,是公司对外关系与相关事务的起点和最终归结点。

从企业合规的角度来看,所有的企业,不论生产和经营范围有多大,不论所产出的产品品种或服务内容多么高端和复杂,都需要在市场上购买生产经营设施、原材料或者中间产品,也都需要将自己的服务或成品提供给市场里的需求方或消费者。所有上述这些过程,都需要安排和确定企业内部的各个部门、车间、工作岗位及其职责流程或程序等来完成,这就要求企业必须制定全面和细致的内部管理规范和制度,包括经营理念、基层组织架构、财务核算、收支管理办法、质量控制、业绩审计、人力资源管理与劳动用工安排、福利待遇、奖惩规则、风险防控等,从而减少内耗,节约资源,使企业创造收益最大化。

因此,企业合规实质是企业主要对内建立内部管理、控制和各种风险防范的规则及其监管流程和发生争议时的协调解决机制。换言之,企业合规就是建立并实施企业内部管控的体制机制，使企业公司的内部管理不再是实际控制人、大股东、老板个人或者主要负责人的随意决定，而是建立在现代企业制度之上的“科学管理”。由此，企业合规也可以梳理出以下几层关系：一是全体员工将企业作为命运共同体的经营理念与身份确认的企业文化认同关系；二是企业内部组织与管理的架构和层级的责任分配、合作、信息共享、岗位监督关系；三是企业的人力资源管理和劳动用工关系，包括岗位升降、薪酬安排、员工福利和劳动契约解除等；四是企业内部生产经营活动过程的基本控制制度和经济责任关系，包括生产销售指标分配奖惩安排、安全生产责任等；五是企业员工道德风险与法律风险的控制与防范关系，其中的重点是对管理层的权力控制。将上述关系概括，就构成了企业合规的总体架构。

二、企业合规背景下公司法务功能的适度转换

（一）我国公司法务的发展

我国从20世纪80年代中期就开始着手建立以企业法律顾问为代表的企业公司法务制度，距今已有近40多年的历史。但是，那时的企业法律顾问大多是由专职律师或兼职律师兼任，企业公司自身很少有常设的法律事务部门、机构和专门的法务人员。

我国严格意义上的公司法务制度应该是从1997年原国家经贸委发布《企业法律顾问管理办法》起初创，该办法首次将公司法务制度作为一项公司管理制度予以确定。2002年，原国家经贸委联合多部委发布了《关于在国家重点企业开展企业总法律顾问制度试点工作的指导意见》，这标志着我国正式确立了公司法务制度。2004年，国资委发布《国有企业法律顾问管理办法》，进一步明确了公司法务制度的概念和职责。

随着我国《公司法》的制定、修改和不断完善，以公司产权（股权）为核心的公司治理和公司法务的重要性日渐体现，公司法务机构的设置及其日常活动，已经成为现代企业“产权清晰、权责明确、政企分开、管理科学”的基本配置之一，也是企业“依法经营、照章纳税”回归市场经济活动含义的全面延伸和拓展。从初始的法律顾问制度开始，公司法务的主要工作职责随着公司制度的不断完善和不同的企业性质与规模而有所调整，但其主要内容仍然可以归纳为以下几个方面：一是对企业管理层的法人治理结构和职责以及重大经营决策提出法律意见，即类似于提出现在流行的企业法务尽职调查报告；二是围绕《公司章程》确定的企业基本宗

旨和管理层不同的治理架构与权力,起草、审核企业内部重要的规章制度和主要权力行使安排;三是管理企业合同,参加重大合同的谈判和起草工作;四是参与企业的股份制改制、投融资、募股上市、资产重组与并购、破产重整等资本市场运营活动;五是办理企业工商登记、知识产权、技术、商誉和商业秘密保护等有关法律事务;六是开展与企业生产经营活动有关的法律咨询并对企业员工进行法制宣传教育。①

近年来,随着信息时代到来给企业经营管理带来的革命性变化,企业公司法务的上述职责和定位也随之发生了重大变化,尤其是以规范公司经营活动合规守纪的企业刑事责任合规豁免以及由此促进企业内部规章制度走向全面完善,许多大型国有企业、民营企业开始建立公司合规机构,制定相应的合规审查流程,使公司法务工作职责的范围开始收缩并重新定位,公司治理工作逐渐向企业合规方面倾斜。早在 2013 年,就有观点指出,现代公司法务的核心商业价值应当是:风险控制、竞争超越(正当竞争控制)和增值经营。公司法务需要全方位参与企业的资本运作,包括各种经营活动等,即全面改造公司法务内涵,“让公司法务管理服务于公司的商业经营,因此公司法务的所有工作都应该围绕如何为公司经营保驾护航,为公司经营保值增值,为公司竞争超越做出贡献来设计和策划”。② 这种观点早于企业合规形成相对完善的理论和实践规模之前,可以看作提出了对公司法务职责与定位进行理论改造,并从中划分出当今的企业合规职责范围。但是,公司法务既有的传统观念及其与民商法的紧密联系,使其与企业合规所要覆盖的企业经营管理所涉及的规章制度建设和监管流程,形成不可避免的矛盾。

(二)公司法务的职责范围

如果从投资者或所有人设立企业作为营利性法人或者其他非法人的市场主体的本意来看,公司法务责无旁贷地负有最大限度地从合法合规的角度维护企业所有者利益的全面责任,这也是公司法务专员或者公司律师在涉及公司生产经营、投融资、并购、破产、重整、撤销等重大事项或者决策中扮演不可或缺角色的根本原因。维护企业利益,包括各种股东(所有人)的利益,决定了公司法务的立足点主要是以公司为依托,向外处理好各种各样的关系,并努力解决其中发生的争

---

① 参见《国有企业法律顾问管理办法》(国务院国有资产监督管理委员会令第 6 号)。

② 郭建军:《现代公司法务的核心商业价值构建》,载《法人》2013 年第 2 期。

议和纠纷,其直接依据是《公司法》《证券法》以及其他相关企业法和据此产生的《公司章程》。从这一视角出发,过去在企业经营范围相对狭窄、规模有限、股东或所有人单一或较少的背景之下,内部监控管理也相对简单,尤其是国有企业,沿用传统的行政管理模式即足以应对企业的生产经营需要,而公司法务亦可将企业公司的内部规章制度建立及其监管落实收揽于其工作职责范围内。

现代企业所面临的内外部环境的变化,远远超出了公司法务最初以企业法律顾问工作模式为主的背景,这种变化包括但不限于以下几个方面:

第一,诸多大型企业实施"扁平化"的企业管理和公司治理模式,涉及跨国业务或跨行业业务的大型企业集团,更是通过设立许多经济独立或相对独立的事业部、子公司、分公司等分支机构进行业务扩张,这就使集团内部具有行业或专业特色的统一规章制度的制定、实施和监管更为重要,而普通的法律顾问或传统的公司法务殊难完成这一使命。

第二,信息时代带来的大数据统计、个性化服务、产品质量跟踪、消费者售后服务等,要求企业公司必须细化部门、岗位和员工责任制、经营目标责任制等,这些具体细致的规章制度,是企业公司基本制度的分解落实,需要企业合规部门予以协调、支持、配合。

第三,企业所属各个部门或分支机构及其派出人员的经营管理活动的复杂性、多变性、跨区域性(国际性),已经远远超出了传统民法的"代理"范畴,企业公司内部也存在经营权和管理权的"收"与"放"问题,这些需要加以制度化协调和解决。

第四,现代企业供应链和产业链延长,线上线下各种经营窗口增多,经营权利分散,更容易产生公司董监高管理层、部门和分支机构负责人、派出人员的道德风险以及由此引发的公司法律风险。这些变化促使传统的公司法务功能定位需要部分地向以内部管控为主的现代企业合规管理模式转变。由此引发我们对企业合规职责范围的认识深化。

为了适应企业所面临的这些市场和社会环境的变化,配合企业合规建设,企业法律顾问的工作职责也需要做出相应的调整:

首先,企业法律顾问可以为企业经营活动包括企业合规建设提供最新的法律咨询和支持,协助企业遵守法律规定和商业道德标准,制定合规策略和程序,并提供必要的指导和建议,监测企业合规状况并及时提供相应的解决方案。

其次,企业法律顾问还需要协助企业合规团队与监管机构进行沟通,确保企业获得有关法律和行业标准的最新消息和重要信息。企业法律顾问需要监督企业合规建设产生的监督程序和文件，压实企业所要承担的社会责任，确保企业遵守相关法规、标准和良好的商业道德，预防和管理企业潜在的经营风险。

最后，企业法律顾问在企业发生合规风险，尤其是行政合规、刑事合规风险之时，需要调动企业资源，协调监管机构、公安部门、监察机构、检察院等，就企业法人、企业主要负责人或者企业其他高级管理人员涉嫌攸关企业利益的重大行政违法行为或者经济犯罪行为进行沟通，收集有利于己方的证据，与合规部门一起共同维护企业的合法权益，共同帮助企业渡过难关，保持竞争优势。

综上所述，企业合规和企业法律顾问之间存在密切的相互关系。企业合规需要依靠企业法律顾问的支持，制定和实施合规策略和程序，确保企业在法律和监管上的合规性和遵从性。企业法律顾问则可以协助企业实现这一目标，并提供全方位的法律咨询和支持服务。

三、对企业合规部门职责和合规功能的再认识

（一）企业合规部门的职责

按照通常的解释，企业合规是指企业为了实现依法依规经营、防控合规风险所建立的一种治理机制。它所要防控的不是企业的经营风险、财务风险，也不是一般意义上的法律风险，而是因为可能受到行政处罚或者刑事追究而承担的合规风险。从客观、公允的角度和法律规制之间的联系来看，兼有商法和经济法特征的《公司法》《全民所有制工业企业法》《城镇集体所有制企业条例》《证券法》《反垄断法》《反不正当竞争法》等法律法规，以及国务院、国资委等制定的有关各类企业公司依法合规经营管理的行政规章，已经将企业合规的内容和范围，作了全面而详尽的规定。将这些法律法规、规章与企业公司设立、经营、资本运作等活动过程中所涉及的内外部关系作一个详尽的梳理，就不难看出，企业合规法律领域的出现及其规章制度制定与相关部门或机构的设置，其实和公司法务经常涉及处置的以公司民商事活动为主的业务范围，构成了一外一内的公司依法合规经营管理的两个方面：一是企业公司对外以确立明晰且确定的产权（股权）关系为核心，以此衍生出公司的法人治理结构和董监高管理层各自的权限范围，凸出了《公司章程》作为公司，尤其是上市公司的根本规则的作用，将所有涉及公司产权变动、资本运营、资产重组、企业并购等重大行为都概括其中，还连带将公司与政府相关部门的监管和纳税关系、与社会公众投资者的投资监督关系、与消费者的消费监督关系等置于公司利益的一并考虑之中。这一视角比较合理地给予公司法务全新

又切实的功能定位。

二是企业公司对内监管和风险防范主要是针对不同的部门、分支机构和员工个人，即将公司章程的一般性规定和权利分配再分解到基层，使企业公司全员为实现股东或所有人利益最大化而承担职责和提供服务。国务院国资委曾于2018年印发了《中央企业合规管理指引（试行）》，其中就央企的合规管理内容和董监高管理层的合规职责作了比较明确的规定。① 因为央企都是国家所有或者控股的企业，产权来源相对单一，这个合规管理指引相当于是国资委作为所有人代表，对全体央企在企业公司内部控制方面提出要求，目的也是让央企确保国有资产的保值增值，央企必须照办。其他企业公司可以在确定企业合规管理的职责方面参照这个指引，但是产权不同，其他企业公司也可以根据自己的实际情况，灵活设置自己企业的合规职责。譬如，华为公司就制定了自己公司特有的《华为基本法》。

从通常的情况看，无论哪一种所有制类型的企业，其合规职责都大致体现在以下几个方面：

首先，建立全面、准确而实用的企业内部规章制度。企业的内部规章制度必须符合国家有关企业公司的法律法规，并且符合公司章程。在这个前提下，企业根据自身的经营特点和规模制定自己需要的规章。华为公司在这方面的做法是：制定华为公司的《华为基本法》，确立华为的公司理念与宗旨、基本经营政策、基本组织政策、基本人力资源政策、基本控制政策和接班人政策；依据这些基本政策蓝本，各事业部或分支机构再制定本部门单位的二级政策，并向集团合规部报备。

其次，凸出管理和控制企业可能发生的各种风险。企业无论制定什么样的规章制度，实施什么样的监管流程，都应当将风险管控放在首要位置。风险管理一般包括目标确立、风险评估、风险处理和审核评价4个步骤，监控审查和沟通咨询则贯穿于其全过程。其中，风险评估是风险管理中最重要的一环，尤其是跨国公司或者有海外业务的企业集团，更要做好海外项目的风险评估。中航油新加坡公司陈九霖事件可以作为借鉴。②

最后，再好的规章制度都要认真贯彻执行才会彰显作用。恰如好的立法必须

---

① 参见《中央企业合规管理指引（试行）》（国资发法规〔2018〕106号）第5－11条。

② 参见张帆、王晓冰、李箐、傅凯文：《戍败陈久霖》，载《财经》2004年第24期。

有刚正不阿的执法和公正的司法审判辅佐实施一样,好的企业合规制度也需要辅之以监管流程才能全面落实到位,企业合规部门应该担当起日常合规巡查和督导处罚的职责。

(二)企业合规部门的功能

将企业内外部两种关系切分开来审视其互相联系,是以外部为先,内部次之。因为股东投资是企业存在的前提,处理好与大股东或所有人(或为实际控制人)的关系,是企业董监高管理层的首要任务。企业的内部治理纵有千头万绪,制定合法且合理的维护公司利益的规章制度则是基础。外部与内部两种关系之间显然存在着本质的不同:外部主要是以民商事关系为主,行政监管为次;内部则是劳动关系中的经济责任制为主,企业合规监管为次。两者之间的吻合则是企业公司或其负责人、经办人、代理人等的行为触犯相关法律法规,不仅给相对人造成民事损害,还违反了行政法规规章,可能受到行政处罚,更有甚者,由于行为具有社会危害性,还触犯了刑法,可能被追究刑事责任,这就是较为典型的刑事合规情形。在公安机关立案侦查前,这类行为一般应当纳入刑事合规的考察范围。

企业合规的效用是所有企业的实际控制人以及董监高管理层等企业家都非常关心的话题。目前检察机关比较强调合规的主要功能是防控法律风险,避免因为行政处罚或者刑事责任追究而导致企业被剥夺经营资格,遭受严厉的处罚,甚至追究刑事责任,最终导致企业走向末路。① 但是,如果把企业合规管理比作个人的健康管理,就像我们希望身体健康一样,合规管理的目的当然不仅仅是防范企业法人或其管理层刑事犯罪,还要保障企业组织始终处于和谐有序的状态,各种问题都有发现和解决的路径与办法,从而使企业得以长久持续、稳定健康地发展。

企业合规制度能够为企业的持续有效经营起到以下几点作用:

第一,合规促进企业合法权益的保障。由于企业合规是企业管理方法的一种,企业经营实现合规运行能够促使企业在合法、稳定的市场中达到经营目标,进而实现企业的稳健发展。同时,在外部层面,企业合规体系的建设还能够避免外界的不良因素影响企业发展。

第二,合规是推动企业多元化发展的重要条件。企业仅仅通过自身的累积是不能实现优质发展的,国企、央企、外资等大型企业已经在企业合规的构建上相对

---

① 陈瑞华:《论企业合规的性质》,载《浙江工商大学学报》2021 年第 1 期。

完善,中小企业要从市场中获得一席之位,必须要具备自身合规经营的治理体系基础才能吸引大型企业与之形成合作。

第三,合规制度可以促进企业形成良好的企业文化形象。以诚信为本的企业是吸引合作者的重要基础,正直良善的企业文化也能够为企业在行业当中带来为人称颂的口碑。

综上所述,良好的企业合规状况是企业在未来发展过程中的重要考察因素,犹如一个人有各项良好的体检健康指标一样,优化公司合规治理体系是所有企业需要重点关注的方向。

总之,企业合规已经成为现代企业经营管理的常态化制度建设的实践,它既包括刑事合规,帮助企业法人了解刑法规定,控制风险,预防犯罪;也包括行政(经济)合规,让企业行为符合政府相关部门包括金融、证券、市场、电力、能源、国土资源、税务、信息、网管等各个监管机构的监管要求;还包括更加广泛的公司法人治理和民商事活动中的自治管理等。每个具有一定规模的企业,无论其为哪种所有制形式,都需要全面了解其经营管理所涉及的刑事、行政(经济法)、民商事以及跨国经营的多个领域活动的相关法律规范,制定和建设适合自己企业健康持久发展的制度、监管机构和流程以及相应的企业文化。

余　论

企业合规在不同国家的运行模式均有所不同,我国虽对企业公司经营方面的法律制度制定具有一定经验,但在企业合规制度构建方面依然要学习借鉴域外的成功经验。企业合规经营的制度应该在总结国外有益经验的基础上来加深本土化改造,通过多角度地审视企业合规制度,以更加广阔的探究视角构建中国企业合规构建路径。同时推动企业合规涉及的主体之间形成合力,通过协调联动的方式共同促进企业合规制度的构建和发展。企业合规制度的构建是未来企业公司治理体系中的重要工程,需要统筹公司企业中的多项要素才能得以顺利开展。具体来看,企业合规制度的构建需当地行政机关、司法机关、监管机构等多方部门有机协调。构建企业合规体系也要综合分析企业规模、行业特点、涉案性质、合规风险等方面的因素。无论是企业自身建立合规体系还是公司的法务部门,在本质上均是为了企业经营降低法律风险,促进企业健康发展。在未来的企业合规建设中,好的公司法务也会为公司合规体系构建起到积极的促进作用,企业合规体系的构建也需公司法务团队的支持,二者相辅相成,共同促进。

企业合规不起诉司法机制助推公司治理规范化与主动化

全　亮[*]　唐政委[**]

摘要：企业合规的刑事化发展敦促企业构建合规体系，防范刑事合规风险。作为一种合规风险的预防、应对和控制机制，因其在助力企业犯罪治理和提升企业走出去的合规竞争力方面不可替代的作用，企业合规逐步成为"必需品"。而企业合规的构建离不开必要的合规激励，最高人民检察院改革试点中推行的企业合规不起诉司法机制为企业构建企业合规体系提供了强有力的动力，但如何进一步完善这种司法机制助推公司治理规范化与主动化，是改革试点亟须解决的关键问题。

关键词：企业合规　合规治理　企业合规不起诉

一、司法机制助推公司治理规范化与主动化的意义

最高人民检察院主导的企业合规不起诉这一司法机制是促进企业合规建设最有力的刑事诉讼激励机制，它不仅可以帮助企业提升合规软实力以助力企业有效应对走出国门时的域外合规风险，还能兼顾营造法治化营商环境和民营企业及企业家特殊保护的现实所需。

（一）助力企业有效应对域外合规风险

随着经济发展全球化以及中国企业搭乘"一带一路"建设快车走出国门时的

---

* 全亮，四川师范大学少年司法研究与服务中心常务副主任，四川省诉讼法学研究会常务理事，法学博士，四川师范大学法学院教授。

** 唐政委，四川师范大学少年司法研究与服务中心助理研究员，四川师范大学法学院诉讼法学硕士。

“一往”和外国企业来到中国时的“一来”，包括企业合规（Corporate Compliance）在内的各类国际贸易规则和法律规则的适用变得普适化，我国企业顺应国际规则并与之接轨成为必然。比如，湖南建工集团有限公司、中兴通讯、字节跳动等公司都曾在走出国门之时因某些合规问题遭受国外严厉制裁，特别是美国近年来利用《反海外腐败法》（FCPA）的“长臂管辖”，恶意对中国企业采取了更加严苛的执法活动，中国持续成为 FCPA 最热执法区域（见图 1）。

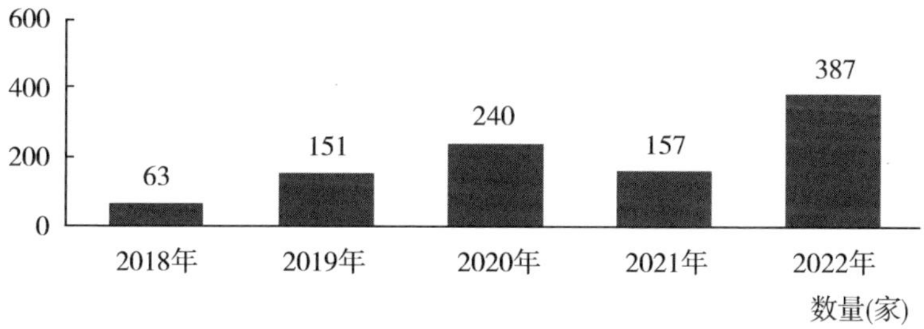

图 1　根据公开资料整理的 2018 年至 2022 年被美国以各种不合规理由制裁的中国企业（含个人）

要使我国企业摆脱上述“任人宰割”局面，必须要采取有针对性的应对举措。目前，我国企业合规构建所面临的关键问题是缺少刑事实体法和程序法激励措施以激励企业构建企业合规体系。企业合规不起诉司法机制与域外美国等国家的法人审前转处协议有类似的功效，检察机关可以与涉案企业签订“不起诉协议”，在协议内约定涉案企业支付必要的法益修复金、采取法益修复义务等的前提下附设合规整改义务，进行合规改造，使其得以“脱罪”。检察机关作为企业合规不起诉司法机制的主导者，可以依法适用其享有的自由裁量权对涉案企业予以必要的压力，使其认真履行合规整改义务，并视企业合规整改效果决定是否对其提起公诉。此后，检察机关可以联合行政执法机关和公安机关一道将该成功实现合规改造升级的企业树立为典型，通过正面宣传和政策扶持的方式肯定其合规整改的成绩，使之从企业合规不起诉司法机制中收获“合规红利”并成为“行业表率”，从而鼓励和吸引更多的企业主动加入合规建设的阵营中，形成“办一个合规案子，收一片合规建设”效应。企业合规不起诉司法机制能敦促企业甚至是整个行业与社会通过检察机关、公安机关、司法机关、行政执法机关等的“合规执法”吸取经验和教训，逐渐树立企业合规意识，建设和完善自身合规体系，有效识别、预防和制止合规风险，从而与域外其他企业和国家法律所确定的企业合规规则接轨，提升企业应对域外合规风险的合规软实力。

(二)兼顾营造法治化营商环境和民营企业及企业家特殊保护的现实所需

民营企业的国内营商环境仍有进一步改善的余地。一方面,改革开放以来,民营企业作为社会主义市场经济体制的重要组成部分得到了迅速发展,其数量已经占到了我国企业总量的九成以上(见图2),呈现出“五六七八九”的样态,[①]成为社会主义市场经济活动的重要参与者、社会就业机会的主要提供者以及国家税收收入的有力贡献者,在支持和稳定我国经济增长、促进民生改善以及社会发展方面起到了不可替代的作用。

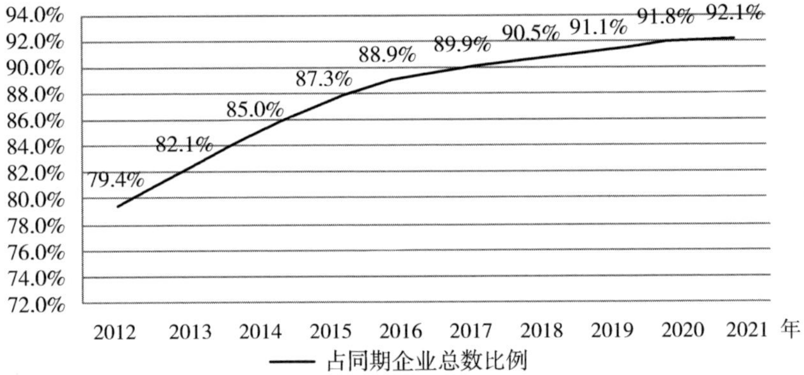

图2　民营企业占比

数据来源:国家市场监督管理总局

另一方面,由于整个社会结构正处于转型时期,造成了社会风险的激增,刑事立法活动日益频繁和活跃,犯罪圈不断扩大,给企业犯罪编织了一张严密的“犯罪网”,导致民营企业面临刑事风险高压,稍有不慎就会触碰到刑法这根“红线”。

与此同时,民营企业自身的合规意识模糊和内部合规规制欠缺、市场监督主体权力寻租等因素共同导致民营经济没有实现所谓的非公有制经济和非公有制经济人士的“两个健康”发展。民营企业“不守规矩”触碰刑罚底线,不是在犯罪

① 即民营企业贡献的税收收入占到了50%以上,生产总值占到了国民生产总值的60%以上,技术创新成果占到了70%以上,吸引了80%以上的城镇劳动就业,民营企业数量占企业总数的90%以上。参见《习近平在民营企业座谈会上的讲话》,载中央人民政府网,http://www.gov.cn/xinwen/2018-11/01/content_5336616.htm。

就是在监狱,或者就在去往监狱路上的“怪象”已经成为民营经济发展的一大障碍,这种现象严重影响了国家治理体系和治理能力现代化。① 检察机关作为司法改革的推动者和刑事诉讼程序的启动者,应当顺应企业合规刑事化这一发展趋势,主动担当,推动企业合规改革试点工作。以企业合规不起诉这一司法机制助推企业在合规的轨道上发展,也是检察机关作为司法机关的职权使然。作为刑事司法政策的制定者和刑事案件的管理者,检察机关享有的起诉自由裁量权有很强的能动性,可以通过依法灵活运用企业合规不起诉司法机制,把办案与源头治理结为一体,收“办理一案、治理一片、教育社会面”之效,发挥企业犯罪治理的“乘数效应”,兼顾营造法治化营商环境和民营企业及企业家特殊保护的现实所需,从而实现社会的综合治理,促进国家治理体系和治理能力现代化。

二、司法机制助推企业合规建设实践存在的问题

在改革试点中,检察机关主要以“检察建议模式”(相对不起诉 + 检察建议)和考察合格后不起诉,即附条件不起诉两种司法机制助推企业合规建设。上述两种司法机制虽各有其优势,但目前既无立法确定也无理论上的统一定论,且存在诸多亟须化解的问题与争议,因此选择何种机制以及如何设计构建的具体方案,成了理论和实务方面重点研究以及争论不休的问题(见表1)。

表1　最高人民检察院发布试点改革典型案例采取的司法机制

	批次			
	首批	第二批	第三批	第四批
采用司法机制类型	合规考察后不起诉	合规考察后不起诉	合规考察后不起诉	合规考察后不起诉
	合规整改量刑从轻。提起公诉并适用认罪认罚从宽制度。对公司罚金从宽,对实际控制人适用缓刑	合规考察后公安机关撤案	合规整改量刑从轻	合规考察后不起诉

① 在2019年12月1日至2020年11月30日上传的刑事判决案例中共检索出企业家犯罪案例2635件,企业家犯罪3278次。在3278次企业家犯罪中,性质明确的3265次。其中,国有企业家犯罪数为234次,约占企业家犯罪总数的7.14%;民营企业家犯罪数为3011次,约占企业家犯罪总数的91.85%。参见《企业家刑事风险分析报告(2020)》。

续表

	批次			
	首批	第二批	第三批	第四批
采用司法机制类型	相对不起诉	合规考察后不起诉	合规考察后不起诉	合规考察后不起诉
	相对不起诉	合规考察后不起诉	合规考察后不起诉	合规考察后不起诉
		合规考察后不起诉	合规考察后不起诉	合规考察后不起诉
		合规整改量刑从轻		

(一)范围界定不明而备受质疑

1. 中小微企业为主,必要性和可能性存疑

一方面,必要性问题。中小微企业自身组织架构并不合理,很多是家族企业甚至"家庭作坊",企业和企业家之间的人格、产权之间常常是混同的,即"人企合一、命运共同",根本无法充分发挥企业合规的功能,将企业和企业家进行责任切割,引入企业合规制度对其进行改造的可能性很低。所以对民营中小微企业适用企业合规附条件不起诉进行合规考察整改的必要性很低,只有诸如美国安达信公司那样的大公司涉及的大案件才有适用的必要性。相对于中小微企业,"大企业"牵涉面广,起诉以后引起的水波效应更大。企业合规附条件不起诉(包括企业合规相对不起诉)制度的适用案件范围应当有所限制,应当尽量适用在大型企业上,对于中小微企业应当慎重。而改革试点中涉及的多为基层检察机关,这些基层检察机关接触到的企业多是乡镇企业和家族企业一类的民营中小微企业,所以才出现企业合规附条件不起诉司法机制适用对象集中在民营中小微企业的现象。从长远来看,对大型企业适用企业合规附条件不起诉制度更适宜。虽然小微企业数量多,在经济社会发展中所占权重日益增加,但与中大型企业相比风险抗压力更弱,特别是那些"人企合一"的小微企业,更容易因为法定代表人这一"灵魂人物"的锒铛入狱而走向破产倒闭,所以有必要加强对其的合规治理,而且改革试点中检察机关主要以中小微企业为试点对象的做法也提供了有益经验,证明是可行的。但相比较而言,大中型企业更具有企业合规的现实诉求,对其适用合规不起诉司法机制,既可以满足减轻刑罚"水波效应"的现实需要,也符合刑法适用平等的基本诉求。只是应对大中型、小微企业应实行差异化的合规路径。

另一方面,可能性问题。企业合规作为一项耗时费力的系统性整改工程,耗

时费力,需要涉案企业和检察机关源源不断地投入的人力、物力和财力,对于涉案企业来说成本高昂且代价巨大。[①] 通常而言,在前期涉案企业要想获得企业合规附条件不起诉的机会,必须要承认司法机关指控的事实并缴纳巨额罚款,以中兴通讯合规事件为例,中兴通讯公司为了换取美国行政执法机关免予起诉的行政和解协议,付出了惨痛代价。而这些合规代价是普通中小微企业特别是民营中小微企业所不能承受的。

2. 适用对象过广,正当性和合法性不足

关于适用对象,即"双不起诉"正当性和合法性不足问题的争议依旧存在且饱受质疑。学界普遍认为当前改革试点中企业合规不起诉司法机制的适用对象过广,其适用正当性和合法性不足。以美国为首采用暂缓起诉协议制度的西方国家,奉行"严惩企业家,放过企业"的理念和做法,要求在合规案件中严惩企业有关的责任人,将检举揭发以及起诉责任人是否充分作为是否适用企业合规附条件不起诉制度的重要考量。企业也认识到了企业合规在防范合规风险尤其是刑事合规风险的重要性,将合规作为企业与员工之间、母公司和子公司之间、企业和第三方合作企业之间、企业和被投资并购公司之间的责任切割工具,建立合规风险"防火墙",并借此达到减轻处罚或者出罪的目的。实际上,不论企业和企业法人刑事归责理论如何结合并进一步发展,严惩个人都是最基本的要求,因为企业合规是企业自身的合规,既不是企业高管的合规,也不是企业员工的合规。在司法实践中,作为暂缓起诉协议和不起诉协议签订前提与重要内容的企业合规(合规计划),通常会要求涉案企业对从事违法犯罪行为的高管和员工进行有效惩戒,并将其中需要承担刑事责任的高管和有关责任人员主动移送司法机关处理,依法追究刑事责任。[②] 但在我国企业合规改革试点中,各试点检察机关却采取"双不起诉",既放过了企业,也放过了企业家。有观点认为,我国的"双不起诉"模式与域

---

① 2006 年,德国西门子公司因涉嫌海外商业贿赂而受到美国以及德国的司法机关调查后,与美国、德国监管机构达成和解协议,西门子公司为此支付了 16 亿美元罚金,其中向美国、德国当局分别支付 8 亿美元换来了执法机关的不起诉决定,与此同时,西门子公司还重组了合规团队对企业进行了数以万次的合规调查,仅调查费用一项就花费了数亿欧元。

② 2003 年 1 月,美国司法部发布了《联邦起诉商业组织原则》(汤普森备忘录),增加了对企业有关个人指控的考量因素。根据《联邦起诉商业组织原则》,检察官在开展调查过程中应考虑以下 9 项因素决定是否对一家企业提起诉讼或者协商认罪协议或其他协议:(1)犯罪的性质和严重性;(2)企业内部不当行为的普遍性;(3)企业类似不当行为的历史;(4)企业是否及时合作配合,披露不当行为;(5)企业内部是否具有合规计划及其是否有效;(6)企业的补救措施;(7)附带损害;(8)针对企业不法行为负责的个人的指控是否充分;(9)补救措施是否充分。

外"先合规"国家的成熟做法背道而驰,扭曲了企业合规制度,而且企业合规"双不起诉"可能会带来企业犯罪治理风险,会放纵企业家犯罪,不利于企业犯罪的有效治理。在他们看来,不能将企业合规直接适用到企业家身上,混淆企业和企业家的关系。对企业家适用合规不起诉司法机制违背刑法的罪责刑自负原则和罪刑法定原则,属于适用对象范围的错位。无论是"双不起诉"还是对企业家的"单不起诉",均与刑事合规严惩企业家、放过企业的基本理念相偏离,特别是"单不起诉"这种"单放"行为,更是为放过企业家的行为寻找的借口,已经构成对企业合规的滥用。这种"双不起诉"的行为,可能会使司法在处理企业犯罪的过程中过于"软弱",不仅会造成合规激励对象泛化,严重者还可能虚置单位犯罪立法。能否正确界定激励对象,关乎罪责刑相一致和平等适用刑法的基本原则,所以必须以"实质+形式"两重要件一起把握。只有当适用刑罚产生的社会治理成本高于适用合规整改成本,并且涉案企业具有合规整改可能性时,才需要以合规激励。

(二)期限受限掣肘考察效果

1. 期限过短,考察需求难满足

到底需要花费多长时间,消耗多大精力,这是学界和实务界争议的热点问题,能否回答好、解决好这些热点问题,是企业合规附条件不起诉司法机制能否发挥效用的关键。但目前考察期限受限使考察受缚,期限设置过短、考察需求难满足问题依旧突出,无法满足合规考察工作的实际所需。

站在检察机关这个角度,检察机关不仅是就案办案,还要负责协调检察机关内部和外部的合规资源。一方面,检察机关需要抽调检察机关内部的专业办案人员;另一方面,还要协调和公安机关以及行政执法主体。如果需要适用第三方监督评估机制的,检察机关还要联合专业律师、会计师、高校专家等资源,组建企业合规第三方监管委员会,就合规整改协议的拟定、考察期限的确定问题展开讨论。在涉案企业进行整改过程中,检察机关还要负责对涉案企业自己提交的定期合规整改报告或者由第三方监管委员会提交的合规考察整改报告进行审核,并组织人大代表、政协委员等主体召开听证会等耗时费力的合规相关工作。姑且不论在上述如此短暂的期限内涉案企业能否真正有效依约施行有效的合规计划,完成有效的合规管理制度和体系的建设,仅仅完成这些合规以外的附带工作就已经需要耗费检察机关大量的时间了。站在涉案企业的角度,各个试点检察机关似乎并没有区分企业规模设置相应期限的合规考察期限,这对大企业有效合规整改不利。相

较于民营中小微企业,大型企业的组织架构更为复杂,牵涉的部门、人员和事项也就更多,牵一发而动全身,所以仅仅短短几个月的整改活动不足以让这种大型企业进行合规自查。以德国西门子涉嫌违反美国《反海外腐败法》案为例,德国西门子仅仅在合规自查上就花了长达数年时间,将整改合规管理部门进行了大调整。在侦查阶段开展合规考察也面临着犯罪事实和证据是否查清的问题,涉企犯罪牵涉面广,不易侦破。

从最高人民检察院公布的典型案例试点情况来看,因为普遍是在审查起诉阶段开展合规考察活动,囿于刑事诉讼法对审查起诉办案期限的限制,各试点检察机关只能在严守法定审查起诉期间的同时(见图3),尽量从别处找时间、"抠时间",从而合法地延长企业合规考察整改的期限。

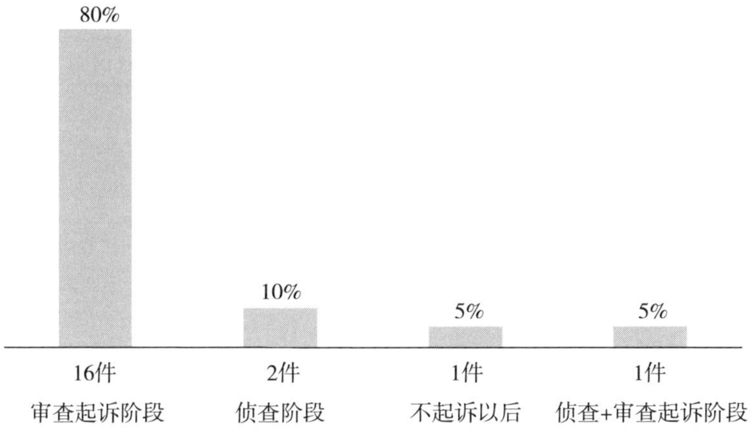

图3　最高人民检察院公布的20件典型案例合规考察阶段分布情况

尽管检察机关竭尽全力挖潜,但在法定审查起诉期间内能延长的时间也是有限的,就算那些涉案企业家没有被采取羁押措施的取保候审案件,能够争取到的最长的期限也不过12个月。在司法实践中,由于没有成文规定限制只能在审查起诉阶段才能启动合规考察程序,所以部分试点检察机关将合规考察前移,推行至侦查阶段开展合规考察工作,尽可能地为合规考察工作争取充足的时间。一方面,虽然合规考察工作属于检察机关行使司法权的职责范围,应由其和法院行使对应的权力,侦查机关没有直接权力处理合规案件,但不能据此否认侦查机关在侦查阶段乃至审判阶段开展合规考察工作的必要性。因为侦查阶段导致的程序诉累会使涉案企业积重难返,失去合规考察的可能性与动力,所以通过侦检审三机关的配合可以更及时高效地完成合规考察工作。另一方面,域内学者也普遍认为，有恰当的合规考察期限才能确保合规监管的及时有效，我国只对审查起诉和审判的期限作了限制，而对侦查的期限没有作限制。但我国侦查机关往往会在此期间内对涉案企业采取严格的具有严格期限限制的刑事强制措施，而为了贯彻少捕、慎诉、慎押刑事司法政策，司法机关应当对合规考察案件，降低侦查阶段刑事强制措施使用率，把企业合规活动延伸至侦查阶段。不过上述做法并没有明确可靠的法律规范作为支撑和指导，司法机关在实践中的操作不一，不能久行。

2. 期限不灵活，整改实效难保证

部分涉案企业设置的合规考察时长过短且比较僵化，缺乏灵活性，明显不合理，无法保证合规整改的实际有效性。企业合规附条件不起诉制度的直接目标是激励和督促企业通过合规考察整改建立起有效的合规管理体系，形成一套完整的企业合规制度，做到对企业合规风险进行及时有效的识别、预防和制止。作为一项系统性工程，合规考察整改工作必然离不开检察机关、涉案企业、各类行政主体、第三方专业组织等多主体多方面、长时间有序、实质性的全方位参与，需要有关参与主体大量人力、物力和财力的投入，因此必定成本高昂、久耗时间，而且很难克服。不同类型的涉案企业所需要的合规考察整改期限应当是有所区别的，在没有立法规范指引的情况下，如何给定一个明确的合规考察整改期限便成了学界和实务界所争议的问题。研究发现，美国等采用暂缓起诉协议制度的域外“先合规”国家一般会给涉案企业设置至少 1 年至 6 年不等甚至更长的合规考察整改期，[①]平均下来至少也有 2 年。最高人民检察院公布的典型案例中检察机关为涉案企业设置的时长，不能够完全满足涉案企业合规考察工作的需要，容易造成“纸面合规”、装点门面的合规抑或“应急式合规”。据统计发现，在四批典型案例中合规考察期最短的是 2 个月，最长也不过 6 个月，平均下来也就三四个月，而且第一批典型案例中的案例二到案例四，特别是采取企业合规检察建议模式的案例三和案例四甚至没有设置考察期限（见图 4）。

---

① 例如在“中兴事件”中，美国商务部与中兴通讯公司达成和解协议，协议从 2017 年起为中兴通讯公司设置了为期 5 年的合规考察期，还要求中兴通讯公司保留一个由美国商务部工业安全局（BIS）选择并对其负责的特殊合规协调员团队，时长为 10 年，从而实时监控中兴通讯公司遵守美国出口管制法律的情况。直到 2022 年 3 月，中兴通讯公司才拿到美国得克萨斯北区联邦地区法院判决裁定撤销缓刑刑期且不附加任何处罚。

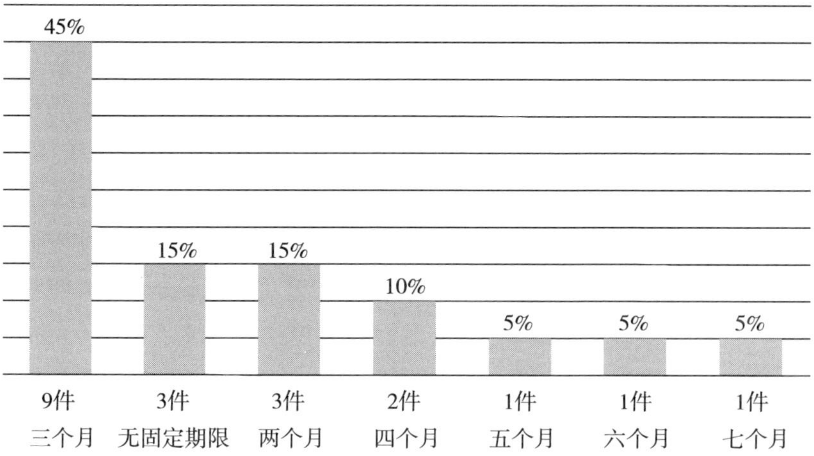

图4　最高人民检察院公布的20件典型案例合规考察期限设置情况

三、问题解决的初步建议

我国企业合规不起诉司法机制要想行之有效，达到预期的目的，应当从以下几个方面入手：

（一）企业合规不起诉司法机制不起诉模式的确定

作为一种避免风险为导向的新型公司治理方式，纸面意义上的合规不具有价值，要想激活这种管理机制，就必须赋以行政监管和刑事司法双重意义的激励，应当以合规换取宽大激励作为督促涉案企业有效合规的必要条件，即采用企业合规不起诉的“附条件不起诉模式”。也有学者指出，检察建议属于检察机关参与社会治理的一种重要方式，检察机关向涉案企业所提出的合规整改检察建议属于一种社会治理检察建议，与“附条件不起诉”模式相比，企业合规检察建议模式具有制发时间早、对象灵活的特点。不过，该学者也承认实践中可能存在检察建议质量不过关、约束力有限和持续有效的监管不足等问题。之所以会产生这样的争议，主要是因为企业合规改革本就是一场涉及面广、耗时费力的社会综合治理工程，特别是企业有效合规体系的构建，必须要检察机关和涉案企业人、财、物的投入。检察建议模式虽然制发简便，投入较少，但是却对涉案企业的法律约束力不足，并且由于检察机关对检察建议的后续落实跟进不足，涉案企业很可能以“纸面合规”搪塞检察机关，合规整改的目的就落空，涉案企业仍旧以不合规的方式继续经营，犯罪因子尚未得到有效消除，这对企业犯罪的治理与维护社会稳定都是不利的。附条件起诉模式虽然给涉案企业设定了不超过 1 年的合规考察期，但是在仅仅几个月的时间匆忙构建起来的企业合规体系，其合规的有效性仍值得商榷和进一步观察。如果超越现有附条件不起诉 1 年考察期进行合规考察则会违背“法无授权不可为”的基本要求。企业合规不起诉司法机制本质上是一种将合规作为附设条件，以涉案企业构建刑事合规计划为前提的制度，由于其对于中小微企业来说成本过高，构建难度大，所以以认罪认罚从宽制度为基础，继续完善附条件不起诉制度即可。在修订刑事诉讼法以前，可以由最高人民检察院牵头联合公安机关、市场监督管理机关制定效力等级更高的司法性指导文件，解决企业合规不起诉司法机制的于“法”无据问题。

（二）适用范围与条件的界定

1. 不严格区分企业类型与规模平等适用

企业合规不起诉司法机制对可以适用的企业类型和规模都不应当作过分严格的区分，对民营、国有的大型、中型和小微企业均可以平等适用。

首先，这符合企业合规改革试点工作的“本心”。根据最高人民检察院改革方案的规定，企业合规改革试点的企业范围包括了国企、民企、内资和外资以及大中小微企业。尽管目前支持企业合规附条件不起诉应当尽量适用于大型企业，对于中小微企业应当慎重的观点，这也是符合域外美国、英国以及法国等“先合规”国家热衷于适用在大型企业的司法惯例。因为对大型企业采取合规考察更能发挥企业合规的应有作用，更能节约司法资源，并降低起诉大企业产生的“水波效应”对企业本身以及员工、投资者等无辜第三人的不利影响。

其次，对中小微企业适用企业合规不起诉司法机制具有必要性，也有可能性。合规的多元化发展方向，要求其应当“去贵族化”，给中小微企业一个适用的机会。企业合规的本土构建，首先要面向大众，面向最广大的中小微企业，只有这样才能实现营商环境的优化。

2. 谨慎确定企业家适用企业合规不起诉司法机制

首先，企业合规是企业自身归责理论发展的必然趋势和结果，只有企业才能基于有效的合规计划享受不起诉的待遇，不可能在企业合规制度之下推论出企业合规了就可以对企业和企业家双不起诉的结论。因为企业合规从根本上讲是企业独立意志的体现，是企业通过有效的合规计划将自身可能遭遇的合规风险与员工做到彼此责任的切割,实现全身而退或者是减免刑罚的目的。

其次,相对于适用于企业家这一自然人不起诉的制度依据以及背后的理念根基不同。对于企业家,司法机关应当是基于恢复性司法理论,在涉案企业自愿认罪认罚、积极退赔退赃,有自首、立功等法定、酌定从轻、减轻处罚情节,社会危险性降低且再次犯罪的可能性较低才对其作出不起诉等宽大处理的决定。对于企业而言,主要是基于兼顾企业犯罪有效治理和企业权益有效保护的需要。通过这种合规换取刑事诉讼不起诉处理决定"奖励"激励的方式,促进企业向合规的"守法公民"转变。企业借助有效合规消灭自身的犯罪因子,不仅能促进继续依法依规经营,贡献社会价值,还能促进检察机关等司法机关深入企业内部,发现企业犯罪病灶,对症下药,在提高办案效率的同时,实现企业违法犯罪的有效治理与预防。域外企业合规附条件不起诉制度所主张的"放过企业、严惩个人"的理念与做法,就是贯彻的上述理念。

(三)规范且灵活设置考察期

1. 规范设置一年到三年的考察期

有学者认为应当设置1年以上5年以下的合规考察期限。也有学者主张设置6个月以上3年以下或者2－5年的合规考察期限。还有学者主张将合规考察期限确定为刑事诉讼期间中止或者中断的事由不计入办案期限并设置1年以上4年以下的合规考察期,交由检察机关裁量适用,以此满足合规考察的实际需要。本文以为,应当设置1年以上3年以下的合规考察期限。

首先,小微企业可以为6个月以上1年以下。小微企业内部治理结构较为简单,寻找导致违法犯罪行为发生"病因"的难度较小。其次,中型企业可以为1年以上2年以下。中型企业相对于大型企业治理结构而言要差一些,但同小微企业相比更完善企业合规整改"自愈"的能力要更强,所以合规整改难度介于大型企业和小微企业之间。最后,对于大型企业可以考虑设置为1年以上3年以下。大型企业不仅要达到企业合规有效性的基本标准,做好眼前的合规整改工作,实现合规从轻或者合规出罪,从而在合规中重生,实现目前违法犯罪行为的补救与预防,还需要从长远打算,将合规计划转化为合规文化,实现动态合规。

2. 对合规考察期限进行柔性调整

为了兼顾检察机关等司法机关的办案需要以及保障涉案企业有充足的时间制订有效的合规计划进行有效的合规整改,应当以企业合规整改能力为基础,并遵循比例原则,依照涉案企业规模、涉案罪名等综合研判合规整改难度以确定合规考察期限。合规监督期限应当既有底线,也有上限,并在此底线和上限的范围内作柔性规定。因为无论是中小微企业还是大型企业的合规评估期限都不是固定不变的。除了严守底线以外,检察机关还应当适时调整合规考察期限,在因案明规和听取专业第三方监督评估机制以及行政执法机关等专业建议的基础上,实时对合规考察期限进行缩短或者适当延长,做到适时合规。

结　语

从2018年“企业合规元年”到2020年“企业合规不起诉元年”,再到2022年“企业合规强化元年”,我国逐渐实现了从被动合规到主动合规的嬗变,这既是我国应对和帮助中国企业走出国门时遭遇合规制裁风险挑战的一种针对性策略,也是我国检察机关充分发挥“能动检察”这一最新司法理念。以合规为契机更新企业犯罪治理手段,采用企业合规不起诉司法机制助推公司治理规范化与主动化最优路径与必然结果。但也需注意企业合规不是企业违法犯罪治理的“万金油”,其只是目前众多企业违法犯罪治理手段中的“最佳实践”。我国在助推公司治理规范化与主动化的过程中,需要警惕万能合规的陷阱,不应把企业合规视为当下乃至以后企业违法犯罪治理的绝对手段,而应以企业合规附条件不起诉制度的构建为契机,立足我国既有法制基础,继续探索企业违法犯罪治理的多种路径。同时,作为一项司法改革,应当警惕“改革木桶效应”影响,推动刑事一体化发展,加快刑事实体法单位归责理论和程序法综合配套制度措施的构建与完善,并使之与域外合规法律法规体系对接。只有这样,企业合规不起诉司法机制助推公司治理规范化与主动化的完善与发展才能行稳致远。

企业合规建设中行刑衔接路径探析

徐忠云* 崔 健**

摘要：自最高人民检察院推动合规试点至今已两年有余，随着合规工作的深入开展，前期完全由检察机关主导的合规体系已愈发“独木难支”，在横向上加强与行政机关的协调沟通，在纵向上完善与司法、执法、行业监管部门的携手共管，多维度推进企业合规的溯源治理，搭建起全面细化、可操作性强的“行刑衔接”路径是合规制度进一步发展的必然选择。但目前由于检察机关与行政机关双方在合规启动阶段职责划分不清，加之在合规考察标准及后续跟踪回访方面缺乏具体规定，办案程序上“衔接断层”的现象还时有发生。因此，只有立足于整体全面把握企业合规，搭建衔接信息共享平台，形成行政部门提前介入机制，并针对中小企业制定有差异化的“行刑衔接”合规审查标准，建立企业合规结果互认制度，才能持续优化“行刑双向衔接”，让合规建设成为企业犯罪预防和惩治的新的最有力的方式。

关键词：企业合规　行刑衔接　合规审查标准　后续考察监督

一、问题的提出

2020 年 11 月 9 日是全国消防日，但就在这样一个极具警示和教育意义的日子，浙江省衢州市某氟硅材料有限公司却发生了严重的火灾，大火燃烧了两天才被彻底扑灭，固体废弃物的燃烧对当地和周围地区的环境造成了一定影响。经事后调查，涉案公司曾因违反《水污染防治法》《建设项目环境保护管理条例》等法律法规有过三次环保处罚记录。那么对于这样一类有着行政违法记录的企业，作

---

* 徐忠云，浙江省衢州市人民检察院第二检察部主任。

** 崔健，浙江省衢州市人民检察院第二检察部检察官助理。

为国家法律监督机关的检察院应当如何充分发挥自司法体制改革以来愈发重要的社会治理参与职能,实现行政处罚到刑事合规的有效过渡?另外,在检察机关决定采取附条件不起诉,以及启动第三方监管人机制时,如何充分运用行政主管机关监督审查的前置性和专业性,实现对检察机关执法活动的充分延续?如何通过明确行政监管部门在企业合规中的法律职责,细化与司法机关衔接的程序和规则,最大程度保证涉案企业合规整改的效果,避免出现“软约束”和“纸面合规”等装装样子的情形?这些问题如今已成为企业合规建设在全国铺开这一现实背景下检察机关监督履职的重要课题和研究面向。针对此类涉案企业,自 2020 年 3 月起,最高人民检察院在疫情大背景下本着支持和保护中国民营经济的考量,积极将办案职能向社会治理方面延伸,先后启动了两批企业合规改革试点工作,创造性地将合规建设作为涉企刑事案件起诉及量刑的重点考量要素,使之成为依法对涉案企业或负有责任的自然人作出不起诉等从宽处理的附带要求。同时,在这两年的改革试点过程中,通过与行政主管机关以及企业法务合规部门的密切合作,使检察机关可以采取制发检察建议、附条件不起诉、参与企业托管与重组程序等多种方式,以“监管者”的身份,从事前、事中、事后等多个角度引导企业的规范运作。[①] 这种将“严管”与“厚爱”相结合、多元化的救济渠道相对比单一的经济类制裁措施及对企业主要负责人施加自由刑等事后惩罚性措施,无疑更有利于让企业“活下来”“留得住”“经营得好”,持续性常态化的监管制度的确也更有助于预防犯罪的再次发生。

但正如某氟硅材料有限公司的例证,在司法实务中监管不力是企业违法犯罪发生的一个重要原因,大部分涉企违法案件也是由行政违法转化而来的“行政犯”与“法定犯”。相对宽松的行政审查环境及不完善的行刑衔接制度,让部分一味追求利益最大化的企业不断铤而走险,野蛮生长,最终走上了犯罪的道路。在具体办理涉企案件以及对企业合规计划履行情况的考察中,由于不同行业企业的合规计划设计千差万别且极为专业,所涉及的行政规范和行业规章更是时有改废且数量庞杂,在这种非对称的信息环境下,检察机关受限于专业知识及司法资源,更需要在涉案企业的行为定性、侦查引导、技术性证据审查、合规计划科学性判断以及合规整改结果验收等多个方面与行政监管部门积极对接。事实上,当前由最高人民检察院牵头,全国各级检察机关正在对建立行刑双向衔接机制进行积极的探

① 参见陈瑞华:《刑事诉讼的合规激励模式》,载《中国法学》2020 年第 6 期。

索。2021 年 10 月，最高人民检察院发布了《关于推进行政执法与刑事司法衔接工作的规定》(以下简称《行刑衔接工作规定》)，立足检察监督职能搭建行刑衔接桥梁。该套衔接机制既包括基于检察监督保证行政机关发现的违法犯罪事件能够顺利地移送公安侦查并交由检察院审查起诉的“行刑衔接”，也包括在进入司法环节，检察院在作出相对不起诉决定后需要给予行政处罚的，可以通过提出检察建议保证行政处罚不会畸轻畸重的“刑行衔接”。同年 6 月出台的《关于建立涉案企业合规第三方监督评估机制的指导意见(试行)》(以下简称《合规指导意见》)则通过设立“第三方监督评估组织”，将这套衔接机制落实到了企业合规建设和评估管理工作之中，利用行政监管人员的专业力量对涉案企业合规计划构建履行进行指导监督，并对最后的整改结果和处理方式进行评估验收。尽管如此，在我国企业合规行刑衔接过程中，仍存在诸如在合规建设中检察机关与行政机关的职责范围界定不清、行政处罚与刑事量刑的归责考量冲突，以及是否存在多重评价和双重处罚、检察机关合规考察过后如何优化行政机关的日常监管流程等较多问题，下文笔者将结合自身在基层检察机关的工作经历，从明确合规建设行刑衔接机制的意义、剖析行刑衔接中的现实问题以及结合域外经验展望合规行刑衔接的未来发展三个方面来对我国的行刑衔接路径构建提出自己的设想与考量。

二、涉案企业合规行刑衔接机制建设的意义

(一)行刑衔接是中国特色企业合规制度的核心

通过对国外涉案企业合规制度的学习分析不难看出，英、美、德、法等传统大陆法系国家在设置企业犯罪刑罚时，往往是定性不定量的，所以可以将企业的行政违法行为直接入罪。但我国在考虑企业行为是否应受刑法处罚时则需要考虑违法获利的数额大小及违法行为的情节轻重，即《刑法》分则中对企业诸多构成“行政犯”的情形进行了数量方面的明确规定，因此部分学者认为我国涉企案件的刑罚标准需要达到“前置法定性与刑事法定量的有机统一”。[①] 从司法实务上看，最高人民法院、最高人民检察院和公安部也一直致力于细化各类犯罪尤其是行政犯的入罪标准，先后于 2008 年、2010 年和 2012 年出台了 3 部“刑事案件立案追诉标准”，进一步明确各类犯罪尤其是企业法人犯罪这种“行政犯”的立案追诉标准。如果我们细化考察《关于在行政执法中及时移送涉嫌犯罪案件的意见》《关于加强

---

① 储槐植:《刑事一体化与关系刑法论》，北京大学出版社 1997 年版，第 271 页。

行政执法机关与公安机关、人民检察院工作联系的意见》《行政执法机关移送涉嫌犯罪案件的规定》等上百部规范性文件，可以看出几乎所有的企业类违法犯罪都有行刑衔接的司法解释及行政规章予以调整。由于企业犯罪大多均兼具行政违法性与刑事可罚性，加之我国行政犯"定性加定量"的判断标准，使我们必须从"行刑"实体衔接的角度来探讨企业合规，才能保证涉案企业在行政处罚与刑事量刑的归责上的统一，避免出现"有罪不移""以罚代刑""以刑代管"等乱象的发生，[①]从而为企业因履行合规计划减免刑事责任提供法理依据。

（二）行刑衔接是合规建设的前提基础和最终落脚点

2022 年 4 月最高人民检察院联合其他 8 部委共同出台的《涉案企业合规建设评估和审查办法（试行）》第 2 条明确指出，"对于涉案企业合规建设经评估符合有效性标准的，人民检察院可以参考评估结论依法作出不批准逮捕、变更强制措施、不起诉的决定，或者向有关主管机关提出从宽处罚、处分的检察意见"。可见，行刑衔接是整个企业合规建设的基础和前提。虽然有效的合规计划及其实施是检察机关衡量一个企业是否应受到刑罚的重要标准，但作为企业在面对刑事指控时的抗辩资本以及运用刑事法律标准来准确识别、评估和预防自身法律风险的关键手段，从实践的角度来讲，合规计划的履行并不直接表现为对刑法的遵从，而更多表现为对行政法规、行业标准及社会伦理等制度中命令性或禁止性规范的遵守，因此行刑衔接存在自然且必要的法律基础。另外，在合规考察的过程中，作为"主考官"的第三方监督评估组织实质上是一个在检察机关主导或推动下，吸收了包括市场监管、环境资源保护、税收管理、国有资产管理、工商联、司法行政等机构参与的合规监管考察联合领导机构，为保证评估的真实性、有效性，使最后的刑事处理意见有的放矢，必须依靠行政监管部门的专业知识对不同的涉案企业进行个别化、差异化的审查。只有各单位根据《合规指导意见》按照职权分工审查并组织联席会议进行联合调研、信息共享，建立统一的考察判断标准形成统一意见，共同进行合规验收工作，才能真正推动企业合规建设落实落细。[②] 最后，在合规不起诉决定作出后检察机关仍然可以向有关主管机关提出从宽处罚、处分的检察意见。检察机关对于被纳入合规考察程序的企业采取出罪措施，仅仅意味着放弃追究其

---

① 参见陈文兴：《刑事合规与行政合规衔接机制研究》，载《民主与法制》2022 年第 19 期。

② 参见赵旭光：《"两法衔接"中的有效监督机制——从环境犯罪行政执法与刑事司法切入》，载《政法论坛》2015 年第 6 期。

刑事责任，而其需要承担的其他责任并不会因此“一笔勾销”。出罪的原因主要是其在涉案后进行了有效的合规整改，消除了企业的管理漏洞和治理缺陷，之后能够有效地预防同类犯罪的发生。如果行政监管部门也放弃对其违法行为的惩罚，则会大大降低企业的违法成本，让合规成为企业逃避责任的手段。因此作为检察机关刑事监管措施的延伸，为优化整体市场营商环境并保证企业后续长期稳定和可持续的发展，行刑衔接也是目前企业合规建设的最终落脚点。①

（三）行刑衔接有利于保证行政处罚与刑事归责的统一

正如前文所述，检察机关作出不起诉决定后，往往会采取检察建议、检察意见等方式建议行政机关对涉案企业从宽处罚，但根据目前的司法实践来看，行政处罚与刑事归责仍存在一定的考量冲突。由于缺乏合规制度建构履行对企业刑事责任和行政责任的减免作用的细化规定，且检察机关与行政机关双方也没有处罚手段配合原则和处罚结果互认原则，出现了检察建议缺乏刚性以及行政机关后续处罚畸轻畸重的现象。值得欣慰的是，一些基层检察机关在办案中已经充分认识到了“合规出罪”后行刑衔接工作的重要意义。以浙江省地方基层检察院为例：衢州市人民检察院联合市财政局、市司法局、市工商联合会等十余司法行政机关出台的《关于建立涉案企业合规第三方监督评估工作机制的意见（试行）》第18条就明确规定，“对涉企刑事程序终结后，认为需予以行政处罚的案件，人民检察院应将合规考察副本移送相应行政机关，并视情以检察建议或其他适当方式，建议行政机关对涉案企业减轻或免除处罚，行政机关对企业合规情况和检察机关建议进行评估后，原则上应对涉案企业减轻或免除处罚”。宁波市人民检察院在《关于建立涉罪企业合规考察制度的意见（试行）》中也规定，“被不起诉的涉罪企业需要给予行政处罚的，检察机关应当提出检察意见，连同不起诉决定书一同移送有关主管机关处理，并要求有关主管机关及时通报处理情况”。可见，基于前期第三方合规监管小组的密切配合，检察机关已经与行政主管部门对企业合规计划的完成情况及所造成社会危害的弥补程度达成了一定的共识，有效建立起了合规结果的互认制度，从而有利于行政处罚与刑事归责的有机统一，避免了多重评价和双重处罚对企业合规建设积极性的打击。

---

① 参见最高人民检察院涉案企业合规研究指导组编：《涉案企业合规办案手册》，中国检察出版社2022年版，第12页。

三、实务中行刑衔接所面临的主要问题

（一）合规启动阶段检察机关与行政机关职责划分不清

在最高人民检察院目前颁布的涉案企业合规检察改革规范性文件中，除最开始设立的《合规改革试点工作方案》外，其余4部针对的均是涉案企业合规计划履行考核中第三方评估机构的人员选任和具体考核评估实施细则，主要为企业合规考察验收上的行刑衔接工作提供了具体指引，在合规启动阶段检察机关与行政机关的职责划分则鲜有规定。例如，在合规考察对象的准入方面如何做到有效的行刑衔接就亟待研究。不是所有的企业犯罪类案件均能适用刑事合规改革，例如：对于个人为进行违法活动而设立的公司，在企业设立以后以实施犯罪为主要活动，以及涉嫌危害国家安全、恐怖活动等情况就不能适用企业合规，一些明显因单位职工或管理人员个人行为导致的单位犯罪，可以清楚地实现责任切割的，也无须适用企业合规。另外，根据我国试点地区的实际案例，被纳入合规考察的涉案企业在经过半年至一年的合规考察期后，绝大部分都获得了轻缓量刑、不起诉或是建议行政主管机关减轻或免除处罚等宽大处理意见。因此，什么样的企业可以纳入合规考察的范围，针对不同功能性质、不同经营业务和不同规模大小的企业是否以及应当如何设置差异化的准入门槛，都是值得思考的问题。在部分地方试点中，检察院在考虑对涉案企业实施合规考察制度前，一般要征求其相关主管行政机关的看法，根据其专业判断和企业早期是否有其他行政违法行为以及其严重性和社会危害程度，进行综合性决策，这也是我国刑事诉讼中专门机关决策模式的必然要求。比如，辽宁省人民检察院甚至赋予了行政监管机关在企业合规准入方面的一票否决权。但是，检察院具体应采取何种方式征询行政机关意见，被征询的行政机关可以获得哪些案件信息，又应在多长期限内以何种方式进行回复，这些衔接配合问题均有待细化规定。[①] 另外，检察院虽是涉案企业合规改革及第三方监督评估机构建立的主导者，但行政机关与其并无职权隶属关系，也没有配合刑事执法部门处理犯罪案件的法律义务。因此，目前检察机关通常只能在作出不起诉决定之后，依法向行政部门提出检察建议，而且主要针对的是事后处罚的部分，这就削弱了刑事合规对企业犯罪的事前警示和预防的作用。不过，在这种

---

① 参见李奋飞：《涉案企业合规改革还需强化“刑行衔接”》，载《检察日报》2022年5月11日，第3版。

附条件不起诉的情形下，涉案企业为了获取刑事减免优惠，在考核期较短的情况下，也主要是对自身架构体系中的刑事风险点进行整改，通常只能做到"去犯罪化"方面的改造，即便设立了有行政公益性的专项合规计划，也很难真正做到刑事合规和行政合规的有效衔接，难以对企业的违法犯罪进行统一预防。

（二）合规适用阶段缺乏可衔接且科学化的审查判断标准

要想通过改革试点促使涉案企业"真整改""真合规"，重要的前提条件就是要保证合规适用阶段第三方评估组织、人员可以做到"真监管""真评估"。自试点改革以来的两年多的时间，各地方基层检察机关虽然出台了不少规范文件，但是尚未能根据我国中小微民营企业占比较大的实际情况，形成切实可行的差异化规范考察标准。部分地方文件只是参考模仿国外针对规上企业的合规标准，套路性地要求涉案企业提交包括合规组织架构、合规管理章程、合规审查体系、合规风险预警及应对、违规行为留痕上报、合规文化培养等一系列外在合规表现，且这些制度安排多围绕涉案企业的刑事违法行为进行"去罪化"改造展开。正如本文开篇所举的某氟硅材料有限公司的例子，很多企业在真正犯罪之前往往已经出现了较多违法行为，正是这些"小节"（行政违法行为）未能及时阻断，以至于酿成"大错"（刑事犯罪行为）。因此，"第三方组织"监管下的专项合规，应基于行刑衔接的处理原则建立行政合规和刑事合规的双向审查机制，尽可能预防前置行政违法行为的发生。① 另外，很多检察机关在设置合规审查标准时也未能充分区分和重视不同企业的差异性。不同规模、类型的企业，对合规的需求不同，承载力也有差异，不能一把尺子量到底，一套标准全适用。反观目前部分检察机关设置的合规考察标准，只注重外部考察项目的条分缕析，而未能和行政主管部门密切配合，真正将合规考察与公司管理结合在一起，甚至部分地区以"合规独立"为由另起炉灶，让本就人员资金困难的中小微企业背负庞大的运行负担和经济成本，使合规审查拖累企业发展，造成本末倒置。

（三）整改验收阶段如何联合行政机关进行后续考察缺乏规定

对企业合规整改工作的考察验收直接关系着涉案企业、企业家能否获得不起诉或从宽处罚的优惠结果，绝大部分企业会尽全力配合第三方评估机构的工作，

---

① 参见谢鹏程：《论涉案企业合规从宽检察改革的内在逻辑》，载《民主与法制》2021 年第 12 期。

以求最终能顺利通过考核,而对于企业合规计划的持续运行和整改效果的长效保持的关注度则没那么高。分析各地检察机关的《企业合规建设、评估和审查办法》,我们也不难发现,不同于国外可以持续数年的驻企合规监管员制度,我国企业基于附条件不起诉的合规整改期限多设置为3-6个月,期限届满后第三方组织就需要对企业进行终期考察并形成相关报告。此时企业相对完善的合规治理体系可能刚刚建好,甚至其对外公布的合规举报渠道都还没有接到过一次举报,而碍于刑事诉讼的期限,第三方组织必须给出一个节点性考察结论,但对于企业合规制度能否在后续长期运行中真正发挥作用的考察其实才刚刚开始。[①] 目前,在不起诉决定作出后的行刑衔接规定还主要集中于由刑事处罚向行政处罚的合理转化这一方面,笔者认为,后续对企业合规整改落实情况的持续考察可能更应是检察机关和行政主管部门关注的问题。实际上,最高人民检察院其实已经关注到了这一问题,在最新发布的第二批企业合规典型案例中的"深圳X公司走私普通货物案",就分享了深圳市人民检察院在整改验收结束后为确保合规整改的持续性,继续组织第三方工作组对涉案企业进行为期一年的回访考察。但笔者认为,对于这样一种涉及较多部门且具有一定"临时搭班"性质的第三方组织,要长期点对点地考察一个企业合规整改的保持情况显然不太现实,还是需要通过明确相关行刑衔接规定,交由其原本的行政监管部门接棒完成更为适合。

四、企业合规建设行刑衔接路径探索

(一)搭建衔接信息共享平台形成行政部门提前介入机制

通过上文对企业合规建设全过程的问题分析,我们不难发现涉企犯罪,尤其是经济类的"行政犯"成因复杂,涉及诸多社会类、系统性的综合问题,单靠刑事法律的"孤军作战",难以取得良好的社会治理效果。并且由于检察机关缺乏必要的专业知识和力量,涉案企业刑事合规过程也离不开行政监管部门的有效参与。有效参与的前提就是信息共享,2021年8月中共中央、国务院印发的《法治政府建设实施纲要(2021—2025年)》就指出,要"完善行政执法与刑事司法衔接机制,加强'两法衔接'信息平台建设,推动信息共享机制化、案件移送标准和程序规范化"。对应到合规监管领域,就是要在当前数字化改革全面铺开的大背景下,检察机关

---

① 参见秦长森:《企业合规的刑事化发展方向与具体路径》,载《民主与法制时报》2021年12月10日,第6版。

应当根据相应法律规范，通过明确在合规监管领域建立起信息共享机制，提高司法、行政资源的利用效率，为合规工作开展提供信息支撑。① 具体来说，在刑事合规的启动阶段检察机关就应充分发挥主导作用，通过信息共享平台构建行政部门提前介入机制。在厘清双方职责边界的前提下，有针对性地邀请行政监管部门的专业人士，来确定涉案企业是否需要开展合规考察；组织联席听证会议，听取行政监管部门对企业自身经营情况、有无行政违法前科劣迹、社会贡献程度等的相关说明，初步达成对合规整改评估标准的“行刑协同”，进而为之后第三方监督机构如何进行科学的合规考评作出符合企业实际的判断。

（二）针对中小企业制定有差异化的行刑衔接合规审查标准

中小企业一直是我国经济的重要组成部分，在司法实践中涉企犯罪也以中小企业为主，虽然在公布的两批典型案例中各地检察机关已经认识到合规建设需要“量体裁衣”，但检察和行政机关在适用第三方监督评估机制对其进行整改有效性评估的过程中，还没有一套针对中小企业的合规审查标准为评估工作提供参考。② 不过，值得注意的是，2022 年 5 月 23 日，我国中小企业协会发布了《中小企业合规管理体系有效性评价团体标准》（以下简称《中小企业标准》），并于 2022 年 7 月 1 日生效，其虽然不是检察机关或其他有关国家部门出台的法律法规，但对中小企业合规管理体系的建设和评估有着相当的指引作用。检察机关可以以此为契机，充分学习理解《中小企业标准》，根据企业的经营规模、业务范围、行业特点、合规风险水平等因素针对不同的企业和专项合规要求，设立有差异化的合规审查标准，真正让合规监管考察体系与企业现行内部管理体系相匹配，避免合规建设成为企业发展的负担。这就离不开与企业管理层及其行政主管机关的密切配合，尤其是在合规适用阶段，由于合规管理体系的建设与执行是一个动态循环的过程，检察机关在其中不宜参与过深，其更应侧重于做一个组织推动者，主要负责审查企业的合规申请和最后根据合规监管委员会的审查验收报告作出是否出罪的判断。至于如何从管理学的角度，考量整个体系的科学性和合理性，如何将合规管理体系拆解为员工方便理解、企业可以落实的操作要点，如何培训宣传合规文化，如何妥善处理企业违法行为所造成的社会影响等问题，则应参考《中小企业标

---

① 陶朗道：《民营企业刑事合规的解构与展望》，载《浙江工商大学学报》2021 年第 1 期。

② 参见孙振江、陈广计：《中小微企业合规改革第三方监督评估机制的构建与完善——基于郯城县人民检察院企业合规改革试点的实证考察》，载《河南警察学院学报》2022 年第 3 期。

准》,本着行刑衔接的处理原则,在检察机关的组织下积极邀请行政机关、律所、会计师事务所等三方专业性机构,联合公司管理层共同出台考评落实细化规定,最终以评促建、推动中小企业合规管理体系建设。

(三)持续优化"行刑双向衔接"做好合规办案"后半篇文章"

《行刑衔接工作规定》发布后,"行刑双向衔接"这一执法新理念逐步替代了之前完全由检察机关主导,要求行政执法机关移送涉案企业信息的单向规定,明确了检察机关与监察机关、公安机关、司法行政机关和行政执行机关协调配合的必要性。笔者认为,该项制度规定应进一步着眼于企业犯罪行为,通过考量企业"行政犯"的特殊性更好地服务于我国的合规制度改革。因为涉企类案件具有"行刑衔接"的天然优势,但同样存在一定程序衔接方面的问题。从行政机关移送涉案企业、合规建设程序启动这一"行刑衔接"角度来看:一方面,企业类犯罪案件的证据收集和前期的侦查专业性较强且相对复杂,公安机关需要得到行政机关的技术支持才能高效处理;另一方面,企业犯罪案件往往对社会公共利益有较大影响,检察机关在决定是否将涉案企业纳入考察范围时,应与行政机关积极配合对企业经营情况、违法记录、影响范围等因素进行充分调查。当然,这里也存在程序衔接上的问题,即在案件移送公安、检察机关之前,行政执法机关能否对企业实施行政处罚,若科处相对严厉的行政处罚是否会影响企业后续刑事合规建设的积极性。从检察机关办案权的延伸,保证合规建设不会成为降低企业违法成本的"免罚金牌"这一"行刑衔接"的角度来看:在检察机关作出不起诉决定后,如果相关检察建议缺乏刚性或监管部门不考虑刑事合规阶段企业的整改成果,一律对涉案企业作出严厉的行政处罚,势必会影响企业后续贯彻合规计划的决心。因此,根据"双向衔接"的原则要求,可以通过建立"行刑联合办案小组",充分发挥检察机关的法律监督职能提前介入案件侦查,要求行政机关不得先行作出处罚决定,而应联合公安机关共同调查;通过"合规联席听证制度"充分听取行政机关对涉案企业问题的分析及处理意见,并在检察建议上进行一定程度的反馈。在最终处理结果的衔接问题上,则可以考量建立企业合规结果互认制度,提前联合行政机关根据涉案企业整改情况、补救措施、社会影响等内容确定后续行政处罚的措施和强度,提高检察建议的合理性和刚性,让积极整改的企业可以获得可靠稳定的心理预期。最后,为发挥好办案后的社会宣传和引导作用,真正做好合规办案的"后半篇文章",检察机关还应联合当地行政主管部门定期汇总并发布本地域范围内企业违法犯罪的典型案例,对典型案例中的重点领域企业经营风险点进行深入剖析,以“案例教育+法律引导”的方式帮助企业快速识别出其发展过程中可能产生的新风险点,以适应不断变化的监管和执法情况。在加强企业合规文化和员工合规意识培养方面,检察机关还可以主动联合行业行政主管部门、行业协会以及第三方专业性机构等主体加强对企业刑事合规建设的针对性培训,通过专家授课、以案释法、有针对性地开展预防警示教育等形式,增强企业对刑事合规重要性的认识及自我刑事合规意识。

结　语

当前,合规改革已成为检察机关服务市场经济发展的重要切口,通过办好每一个案件营造“亲清型”政商关系,打造法治化营商环境,促进企业规范发展,已成为每位检察人的共同愿景。但作为一场国家层面的制度创新改革,检察机关继续“单打独斗”明显已经力不从心,在全国政法领域全面深化改革的大框架下,只有通过“行刑衔接”让司法、执法、行业监管部门携手共管、接续履职,才能让涉企合规建设完成从事后合规向事前合规、被动合规向主动合规、强制合规向自愿合规的转变,最终将预防责任内控化、制度化地由企业承担,实现对频发性重点犯罪的一般性预防,才能真正从源头上预防企业违法犯罪行为的发生。

企业合规评价体系问题研究

牛文杰[*]　周　湘[**]

摘要:随着全球经济一体化及复杂多变的国际国内环境变化,合规在国内国际双循环相互促进新发展格局下,是企业发展不可或缺的治理新模式。目前企业合规问题研究聚焦于刑事“合规不起诉”,除此之外,还广泛涉及行业准则、国际商事习惯、商业道德。因而合规评价体系是考察企业合规管理形式与实质辩证统一的重要方式,其有利于推动企业主动优化内部治理,实现高质量发展。围绕企业是否可以被评价为合规,现从形式合规和实质合规两方面就合规评价进行解构,分析企业合规管理依据、企业合规行为和企业合规激励存在的问题,构建企业内部性和外部性评价的合规评价体系。

关键词:形式合规　实质合规　企业合规评价

引　言

近年来企业合规成为社会热点议题。党的二十大报告提出的坚持高水平对外开放,加快构建以国内大循环为主体、国内国际双循环相互促进的新发展格局,使企业在面临复杂多变的外部环境时,更加注重高质量发展,树立了从盈利竞争发展转向合规发展的新理念。近年来国家对与企业相关的《反垄断法》《反不正当竞争法》《反洗钱法》的修订,以及加强对滴滴、阿里、腾讯等企业的监管及处罚,反映出国家正在加强企业合规经营环境建设。特别是最高人民检察院开展的企业合规改革试点,其所试行的“合规不起诉”外部激励机制,为企业的生存发展留下了一定空间,但也受到“违法不担责”的诟病。事实上,在最高人民检察院企业合

* 牛文杰,法学博士,海南自贸港合规研究院助理研究员。

** 周湘,三亚学院法学院本科生。

规改革试点前,一些优质企业内部已经建立了完备的合规管理体系,为企业在国际市场开展业务赢得了良好的声誉。企业合规原本是公司治理的内部事项,在引入外部激励机制后,企业合规与否的评价便与企业是否承担责任或减免责任直接相关。因此,研究评价企业合规问题本身是讨论企业合规开展的前提,然而现有的研究却较少地关注到这一问题,更多的则是从反腐败、反垄断等专项合规入手,以及企业经营管理全过程的"大合规",其涉及法律法规、行业准则、国际商事习惯、商业道德等多方面的内容。这就有必要对评价企业合规问题进行解构和建构,从形式合规和实质合规两方面对企业合规评价体系进行探讨。

一、企业合规评价体系的解构

形式和实质是企业合规辩证统一的两方面。理想状态下企业形式合规,实质也合规。然而,实际上多数企业合规仅有其一,比如形式合规的形同虚设,不能有效预防和化解风险,导致实质不合规;抑或企业为节省合规管理体系建设成本,忽略形式合规,但严格生产经营管理而达到实质合规。因而,评价企业合规也需要从形式和实质两方面去解构。

(一)形式合规

形式合规是指企业根据合规管理的需要,依据企业合规管理体系标准,结合企业自身规模大小、组织结构、资源资金、管理制度等方面的实际情况,制定有效的合规方案、组织构架、合规执行计划等而形成被外部激励机制所评价的对象。因此,企业制定的有效合规管理体系,包含了企业管理、风险防控、资金审计、人员管理、机构设置等多个方面,是评价企业是否合规的构成要素,从而成为企业合规的形式评价标准。这也就意味着企业被评价为"合规",就必须在其内部治理时体现出这些要素。具体而言,这些合规评价要素可以分为防范机制和应对机制两方面。防范机制主要是从风险识别与评估、违规举报、合规管理、合规培训、合规文化环境等企业规章制度入手,建立起一套合规预防风险和监督审核体系。应对机制则是在违规行为发生、风险产生之后,及时有效地开展内部调查、进行合规惩处、采取有针对性改进措施等合规处置措施,尽最大程度避免损失或降低损害后果,从而形成风险处置的合规体系。

由于企业自身情况的差异,合规与盈利经常会出现冲突,并不是所有的企业都能够建立起完备的合规管理体系。合规要素在形式上的欠缺无法实现合规防范机制和应对机制对风险的有效预防，当企业涉案后，也只能通过涉案企业第三方评估机制推动企业完善合规管理体系的构建。《合规管理体系　指南（GB/T 35770－2017）》为企业合规的形式要素提供了可参考的范本，比如指南采用组织决策的分析框架，将治理机构、最高管理者、合规团队、管理层、员工等纳入合规体系的构成要素，其有助于企业管理者根据自身业务类型、治理结构、商业模式、企业文化等，评估企业所面临的经营风险、财务风险、法律风险，从而任选有效的合规要素，构建内部治理的制度规范，形成合规评价体系。

此外，除了企业内部合规评价，还有外部监管机关对企业合规管理体系的评价。比如，企业面临的监管处罚风险、单位犯罪刑事责任风险和国际组织制裁风险等。这些外部评价主体主要是行政机关、检察机关、独立监控人，但也会因为合规义务来源、合规评价标准、合规人员评价能力的差异，而存在合规评价效力分歧、合规评价标准混乱、合规评价效力互不认可等问题。因此其形式合规主要体现在以下三点：检察机关涉案企业合规第三方监督评估机制的运行程序、行政机关监管责任的行刑衔接制度规范、独立监管人作出的合规评估报告。

（二）实质合规

实质合规是指企业在通过严格的经营活动管理后，要求企业从事生产经营活动的各类行为需要符合法律规范、商业习惯、社会道德等要素，以避免因行为不当而对企业造成经济、名誉、口碑等损失。相比而言，形式合规是合规要素和合规管理标准对企业行为的被动引导，即要求企业参照合规管理要素去构建合规管理体系；而实质合规则是企业自我管理的优化，是企业为维护企业利益而主动采取的风险防控措施，其取得了合规的实际效果。比如，目前在企业治理领域广泛适用的 ESG 评级体系，即环境、社会和公司治理。

实质合规的核心在于合规义务。《合规管理体系　指南（GB/T 35770－2017）》提到合规义务包括合规要求和合规承诺，这些要求和承诺表现为法律法规、监管规定、行业准则、商业惯例、道德规范等载体方式，体现为合规是一种利他性管理。企业应当向利益相关方承担合规义务，例如监管机构、客户、员工、商业伙伴、竞争者等，因此，企业需要放弃部分业务机会或者承担更高的管理成本。但是由于企业的目标是追求效益最大化，企业也必然要求其商业伙伴和员工的行为合规，比如反商业贿赂专项合规，企业既要注意员工行贿受贿行为，也要关注商业伙伴的违规行为。

实质合规的义务履行还需要有良好的合规文化建设。《合规管理体系　要求及使用指南(ISO 37301:2021)》认为合规文化是体现价值观、道德准则和信仰的组织存在,并与组织的结构和控制系统相互作用,从而产生导致合规结果的行为规范。合规文化的相互作用是在企业不同层级中形成相对稳定的共识,以便企业管理者协调各种资源,分配与整合各部门间的利益,实现良好的治理,对外表现出特定的企业文化,从而收到良好的社会评价,形成企业的文化自信,构成促进企业合规发展的内生动力,实现企业的社会责任和时代责任。

二、企业合规评价体系存在的问题

(一)企业合规管理依据存在的问题

目前,企业合规管理体系的构建依据有国务院国有资产监督管理委员会(以下简称国资委)发布的《中央企业合规管理办法》、国家发展和改革委员会(以下简称发改委)等发布的《企业境外经营合规管理指引》,以及国家质检监督检验总局和标准委联合发布的《合规管理体系　指南(GB/T 35770－2017)》,这 3 种合规管理模式的设计有所差异。其中,国资委指南明确了不同部门的合规管理职责;国家发改委指引将合规管理机构划分为决策层、管理层、执行层 3 个层级,并专门描述了合规管理机构的组成;标准委合规指南则采用组织决策的分析框架,将合规管理机构分为治理机构和最高管理者、合规团队、管理层、员工,这就使形式合规的样态也有所不同。

首先,形式合规的要素与合规管理实践存在差距。企业在履行合规义务时,构建合规管理体系的形式合规要素往往与合规管理实践不完全匹配。企业自身的风险管理、盈利模式、商业决策和价值取向,直接影响到企业经营成本与效益的权衡,多数企业会优先考虑更简洁高效的实质合规。这就导致在企业合规管理体系评价时,企业内部的合规要素不符合外部激励机制的要求,而被评价为“不合规”。

其次,除了《中央企业合规管理办法》对中央企业具有拘束力,《合规管理体系　指南(GB/T 35770－2017)》等标准性文件不具有强制力,只是合规指引框架。不同企业所面临的具体合规风险仍然是存在差异的,基于业务类型、公司治理结构、商业模式乃至企业文化的不同,企业并不能完全按照《合规管理体系　指南(GB/T 35770－2017)》等标准进行合规治理,因此,不同的企业可能会在不同领域仍具有违规、违法乃至犯罪的可能性。①

最后，企业规章与合规管理要素之间存在冲突。企业合规组织机构的设置，需要协调企业各部门之间的职能，使原有企业规章中对组织机构的设置作出重新安排。但由于合规管理流程构建不科学，其与业务部门的融合不足，导致部门信息的重合从而增加合规成本，②因此业务部门需更加注重其工作目标的实现。在合规管理部门与业务部门的职责分配中，如果与法务部门、财务部门、审计部门存在目标的重合，容易引起部门关系不协调，降低企业的生产经营效率。

（二）企业行为合规存在的问题

企业行为合规体现出的是实质合规，也是防控合规风险的治理源头。根据企业生产经营活动的各种行为，可以将企业合规行为归纳为以下几类：一是日常行为合规，主要包括资格资质合规、财务合规、税务合规等；二是关联行为合规，指生产经营业务第三方关系往来涉及的合规问题，包括供应商的产品质量合规、仓储物流合规、消费者权益保护合规等；三是专项合规，比如数据安全合规、反垄断合规、反商业贿赂与反腐败合规等，涉及《企业境外反垄断合规指引》《反贿赂管理体系（ISO－37001）》等标准。

企业作为以营利为目的的商事交易主体，其价值导向直接影响到经营行为的风险。首先，一些企业决策者偏好高收益的商事习惯规则，进而影响企业行为游走在灰色地带而获利，往往忽视实质合规。一旦监管机构介入开展实质性监管审查，则会牵扯出大量的法律纠纷、行政处罚、刑事涉案、国际制裁等问题。其次，企业高管作为企业决策的主要执行者，对企业生产要素及其资源的调配有较大的话语权，其行为也具有一定的合规风险，比如股权变动、关联交易、职务侵占等。最后，负责具体业务的员工行为，存在商业贿赂、不正当竞争、数据秘密泄露等合规风险。由此可见，无论是企业决策者还是企业决策的执行者，合规与否的关键在于这些行为是否为企业带来了风险。

评价企业行为有主观和客观两方面的构成要素。比如深圳某公司进口榴莲，委托深圳、珠海两地的 S 公司代理报关。在报关过程中，由 S 公司每月发布虚假“指导价”，X 公司根据指导价制作虚假采购合同及发票用于报关，报关价格低于

① 陈瑞华：《有效合规管理的两种模式》，载《法制与社会发展》2022 年第 1 期。

② 王玉、李麒：《国有企业合规管理的现实问题与体系构建》，载《中共山西省委党校学报》2021 年第 6 期。

实际成本价格，是故意规避法律的行为，如果X公司在发布指导价时因为疏忽而公布错误的价格，则构成过失行为。为了确保企业合规整改效果，避免“纸面合规”“形式合规”，深圳市宝安区人民检察院受深圳市人民检察院委托，于2021年6月向宝安区合规委提出申请，宝安区合规委组织成立了企业合规第三方监督评估工作组，对X公司合规整改情况进行评估验收和回访考察。① 由此可以发现，企业行为合规的关键在于企业的合规意识。企业决策者、高管和员工价对利益的价值观错位，是企业故意规避法律、商业贿赂、不正当竞争行为的主观诱因，也容易造成企业合规纸面化、形式化。

（三）企业合规激励存在的问题

企业合规激励有行政监管合规激励、刑事合规激励、反制裁合规激励等，这种激励机制的目的在于使企业在面临严苛处罚时能“起死回生”，激励企业主动加强合规体系建设而创造更大的社会价值，最终实现企业违规行为与社会经济效益创造的“功过相抵”。对此，企业合规评价存在正向激励和反向激励两个维度。

国家将合规计划的有效性及实施的程度作为衡量一个企业是否应受惩罚的合理标准。② 企业建立或完善自身的合规计划、构建合规管理体系落实企业合规整改方案等便成为政府监管部门评价是否减免对企业处罚的标准。合规激励是基于社会经济高质量发展的要求，在企业违规违法行为与社会经济效益之间协调的正向激励机制下，企业的违法行为是客观存在的法律事实，评价其行为应当依据法律法规、规章制度、行业准则等要素，对于企业如何承担违法责任的判断标准也应当符合现行有效的法律规范，而非社会经济效益权衡的结果。因此，法律依据的缺失是企业合规评价正向激励机制面临的最大问题，特别是如何处理企业“合规不起诉”激励机制与《刑事诉讼法》法定不起诉、酌定不起诉以及存疑不起诉法律规定的关系，直接影响到企业“合规不起诉”的合法性基础。这就难以使企业主动开展合规管理体系建设，从而也无法充分发挥合规激励机制的作用，推动企业实质合规。

相反，如果企业未能落实合规整改计划或者怠于建立合规管理体系时，则要

---

① 参见最高人民检察院：《企业合规典型案例（第二批）》案例五，载最高人民检察院官网，https://www.spp.gov.cn/spp/xwfbh/wsfbt/202112/t20211215_538815.shtml#2。

② 参见［美］菲利普·韦勒、万方：《有效的合规计划与企业刑事诉讼》，载《财经法学》2018年第3期。

承担原本应当承担责任的不利后果，这是一种反向激励机制。但需要注意，这里的不利后果并非由“不合规”所带来，比如在刑事激励机制中，无论是作为责任刑还是预防刑的考量因素，企业不合规都不是能构成加重处罚的理由。[①] 在刑事合规领域，检察机关虽在改革试点中探索出合规不批捕、合规不起诉、合规宽缓量刑建议等多种激励方式，但企业在减免刑事责任后，依然面临行政责任问题，比如处罚企业缴纳罚款、责令停产停业、列入黑名单等。这些对企业生产经营的限制性措施实质上也会限制企业创造更大社会经济效益，有悖于企业合规的目的。因此，反向激励存在行政监管合规激励、刑事合规激励、反制裁合规激励机制的责任减免衔接的问题。

三、企业合规评价体系的建构

如上文所述，形式合规和实质合规是评价企业合规的两个方面，优良的企业合规体系是形式合规与实质合规的有效结合，但也存在合规管理依据、企业合规行为、企业合规激励方面的问题。所以，构建企业合规评价体系需要从内部合规与外部合规两个方面去考察。

（一）企业合规内部性评价

内部性评价是企业内部合规治理的情况评定。《合规管理体系　要求及使用指南（ISO 37301：2021）》指出，“最高管理者应按计划定期评审组织的合规管理体系，以确保其持续的适用性、充分性和有效性”。其中，适用性主要是考察合规管理体系文件和制度的可行性、适当性以及落实情况；充分性是审查实施合规管理体系的条件、保障、能力是否充分；有效性主要审查是否形成合规文化，获得持续发展的能力。企业作为生产经营业务的行为组织体，其行为的合规程度反映出内部治理的良好与否，无论是企业的高管还是员工，都应当体现出这种良好治理的合规性。

首先，实质合规对内部性评价要求企业内部组织管理的高效运行。企业的组织管理具有全方位、多层次、多角度的特点，需要企业内部各方面积极有效地协调配合。企业合规并不是为了预防和降低企业风险而增加管理成本和程序，而是通过合规管理优化企业的内部治理，实现优质、高效、安全发展，为企业根据市场发

---

① 参见李本灿：《刑事合规的制度边界》，载《法学论坛》2020 年第 4 期。

展动态，及时转变企业发展战略，适应市场的变化需求提供保障。因而需要考察企业是否建立完备的合规管理体系、配备专业的合规岗位及人员、制定内部合规管理规章。

其次，合规意识是内部性评价的考虑。企业高管、员工及其商业伙伴之间的信任关系、沟通机制、工作程序等能够体现出企业的合规意识，表现为一种良好的企业文化，能够在内部道德层面规范每个员工的行为，反映出在生产经营过程中长期反复实践的交易规范、决策方式与商业价值观、社会责任等商业习惯规则。因此，评估企业自身所形成的商事习惯是否有违背普遍适用的国家标准、行业准则、国家法规、国际商事习惯是至关重要的。

最后，企业内部治理与外部环境变化的应对也是内部性评价的考量。企业合规风险大多来源于与外部的业务往来，而纷繁复杂的外部环境变化存在大量的不可控因素，比如，作为合规义务来源的行业标准、技术指标、法规政策的变动，这就需要企业不断地调整内部治理的结构、模式、方案，并优化企业内部规章制度、战略目标和管理模式等。因此，需要考察企业是否具备内部治理动态调整机制，通过合规计划、应急预案、风控措施等，从形式合规对企业内部合规予以评价。

（二）企业合规外部性评价

外部性评价是企业监管机关或第三方机构对企业合规情况进行评估，以判断是否可以启动外部激励机制。比如最高人民检察院等 9 部委发布的《关于建立涉案企业合规第三方监督评估机制的指导意见（试行）》，推行涉案企业合规改革试点工作，强调第三方考察评估意见的重要作用，构成检察院办理涉企犯罪案件依法作出批准或者不批准逮捕、起诉或者不起诉以及是否变更强制措施等决定，提出量刑建议或者检察建议、检察意见的重要参考。

然而，2022 年《中小企业合规管理体系有效性评价（T/CASMES 19 - 2022）》、《企业合规管理体系有效性评价指引（T/CEEAS003 - 2022）》团体标准，以及国际标准化组织推出的《合规管理体系　要求及使用指南（ISO 37301: 2021）》并不具有重要参考的效力。但从形式合规的角度来看，这些标准涉及的合规管理要素，却又是企业制订合规计划、搭建合规管理体系所不可或缺的。因此，企业合规外部性评价需要加强合规管理依据的效力，涉及行政监管机关、检察院、第三方组织等外部评价主体视具体情形而对有关合规的法规立改废释。

当然，外部性评价的目的是通过刑罚、行政处罚、制裁等责任负担的压力，推动企业开展合规治理。企业治理体现出决策层、管理层、执行层的行为交互,包含决策、授权、指令、审批、监督、执行等"自上而下"的治理流程。① 在诸如制定行业强制标准、合规管理体系硬性指标等加强合规管理依据效力的同时,也要充分考虑企业作为商事私主体的意思自治,平衡好法律规范的强制力与企业经营自主之间的关系,不能过多地对企业生产经营行为进行限制。企业生产经营的风险是商事活动客观存在的风险,合规并不能完全消除诸如投资失败、经营不善、产品失去竞争力等商业风险,需要从合规管理体系的形式要素方面指引企业如何预防风险,以及从违规责任减免的外部激励措施去推动企业实质合规,进而促进企业良好、有序、稳定地发展,推动社会经济良性运行。

综上所述,企业合规需要从内部性评价和外部性评价去构建,以合规机构设置、合规风险防控、合规文化建设等企业合规管理体系构成的各项形式要素为抓手,重点培育企业的合规意识,以外部激励机制为压力,推动企业优化内部治理体系,落实生产经营行为实质合规,内外统筹,形式与实质并重,为企业高质量发展保驾护航。

结　论

合规作为企业治理的优选方式,能够有效调整以往依赖于事后处罚的规制模式,能够将预防违法犯罪行为的关口前移,促使企业在经营过程中树立起风险意识。② 但企业合规不仅局限于刑事"合规不起诉",还涉及行政监管、国际制裁、商事习惯等多方面。企业合规近些年引起的热议,反映出企业合规正在成为一种探索中的企业治理新模式,如何对企业合规进行评价关乎企业合规的有效性。目前针对国企、大型民营企业、中小微企业等企业合规管理体系评价标准不统一,缺乏有效的拘束力情况,企业合规是企业在面临纷繁复杂多变的国内国际环境时不可或缺的制度保障。因此,在当下以国内大循环为主、国内国际双循环相互促进的经济发展新格局下,需要从企业内部和外部性两个维度构建企业合规评价体系。

---

① 参见王峰、王潜:《企业刑事合规的构建原理和实践方案》,载《上海法学研究》集刊 2022 年第 12 卷。

② 参见王文华、魏祎远:《互联网平台企业反腐败、反洗钱合规机制构建初探——以 G20 为视角》,载《中国应用法学》2022 年第 1 期。

企业合规不起诉改革:功能定位与纠偏路径

王海英*

摘要:企业合规不起诉制度适用对象的争论对我国单位犯罪认定理论造成了冲击。我国传统单位犯罪认定理论及双罚制的惩治方式无法解决对单位不起诉的情况下严惩个人的法律正当性的问题。企业刑事合规的功能定位应当是"放过企业、严惩个人",在此基础上将合规整改作为责任人从轻、减轻处罚的情节和适用缓刑的条件。坚持企业独立意志理论,将单位意志作为判断单位犯罪的核心要件,区分单位意志与个人意志,从而将"单位责任"与"单位成员责任"进行分离是对这个问题最好的解决方案。

关键词:企业合规不起诉　单位犯罪　责任分离　刑罚体系　第三方托管

引　言

自 2020 年 3 月最高人民检察院开始试点实行的"企业犯罪相对不诉适用机制改革",对促进企业合规守法经营起到了激励作用,也是实现企业治理现代化的有效举措。在试点实行初期,2021 年 6 月 3 日最高人民检察院发布的 4 起企业合规改革试点典型案例,多是轻微单位犯罪案件,有 3 起是对企业和个人均作了不起诉处理,有一起是对个人适用了认罪认罚从宽制度,法院最终对个人判处了缓刑。司法实务中对企业合规的适用多采取了"放过企业也放过个人"的模式。

2021 年后的重大单位犯罪案件适用合规不起诉制度催生了分案处理机制,即将犯罪单位与责任人分案处理。有学者批评分案处理违反了单位犯罪的基本原理。[①] 我国传统的单位犯罪认定理论以及单位犯罪双罚制的惩治方式均是以自然

---

* 王海英,中南大学法学院博士研究生。

① 参见陈瑞华:《企业合规不起诉改革的动向和挑战》,载《上海政法学院学报(法治论丛)》2022 年第 6 期。

人的行为和意志寻找单位的归责根据，[1]个人责任视为单位责任的组成部分，这就导致了传统单位犯罪理论无法解决对单位不起诉的情况下，严惩个人的法律正当性。因此，到底如何解决企业合规不起诉适用对象的难题，是我们仍要面对的理论课题。

具体而言，该制度的功能定位还不明晰，制度的具体适用对象在理论和实务中仍存在较大争议，这一问题势必会影响该制度的有效运行。因此，在理论上澄清企业合规不起诉制度的适用对象，明确其功能定位，探究其与我国单位犯罪的立法如何相容，并给出纠偏路径，有着重要的意义。

一、企业合规不起诉制度适用对象的争论

关于企业合规不起诉制度的适用对象，其功能定位到底是“放过企业也放过个人”还是“仅放过企业，严惩个人”，理论上大致有 3 种观点。一种观点认为，适用对象应严格限定于企业本身，理由如下：第一，企业合规制度引入刑事法的初衷是避免企业自身的风险，区分企业责任和个人责任，其“本质是抑制企业犯罪的药方，而不是保护高管的机制”。[2] 第二，对企业责任人也适用合规不起诉，可能会动摇我国刑事实体法和程序法的立法根基，对已经构成犯罪的企业通过合规不起诉的适用最终使其受到无罪处理，不符合我国罪刑法定和罪责刑相适应原则。[3] 比如当企业涉嫌贿赂等单位犯罪时，涉案金额一般比较高，不属于轻微刑事案件，若企业负责人可以通过事后的合规计划获得不起诉的待遇，而自然人悔罪却难以获得不起诉的待遇，这种做法可能有违刑法的责任原则和法律适用平等原则。[4] 第三，企业与自然人适用不起诉的理论基础不同。合规不起诉的理论基础是企业犯罪治理理论，与传统上重公权力打击的惩治理念不同，强调通过合规建设预防企业犯罪。对个人不起诉的理论基础主要是恢复性司法，通过适用不起诉使其更容易改过自新、回归社会。[5] 另一种观点认为，“放过企业，严惩自然人”的制度设计可能难以为我国所采纳。理由在于：第一，按照我国的单位犯罪制度，对单位内部直接责任人追究刑事责任的前提是单位构成犯罪，若单位不构成犯罪，对直接责

---

① 参见陈兴良主编：《刑法总论精释》，人民法院出版社 2016 年版，第 557 页。
② 陈瑞华：《论企业合规的性质》，载《浙江工商大学学报》2021 年第 1 期。
③ 参见陈瑞华、李玉华主编：《企业合规与社会治理》，法律出版社 2021 年版，第 54 – 55 页。
④ 参见黎宏：《企业合规不起诉：误解与纠正》，载《中国法律评论》2021 年第 3 期。
⑤ 参见李玉华：《企业合规不起诉制度的适用对象》，载《法学论坛》2021 年第 6 期。

任人定罪判刑就失去了依据。[①] 第二,对于中小微企业,企业的架构可能并不完备,所有权和经营权并未分离,企业的直接责任人员多是法定代表人或实际控制人,起诉企业的自然人会影响企业的正常运营和存续,导致企业合规不起诉的制度价值落空。第三,在司法实务中"公安机关对单位犯罪案件的侦办存在重自然人、轻单位的问题"。[②] 还有一种折中的观点认为,"应当坚持单位与责任人二元化模式,以起诉必要性为标准,综合考量责任刑、预防刑和企业合规所承载的社会公共利益三个因素,类型化地处理放过企业和严惩责任人的关系"。[③] 这一主张的理由在于:一是满足合规考察期限的需求。合规考察期限需要较长的时间,因企业的合规整改而延长责任人的审查起诉期限有违法之嫌。二是单位合规责任和成员罪过责任的独立性为分案处理提供了理论基础。[④]

上述几种观点的共同点在于都肯定了企业通过合规作为起诉激励方式的正当性,不同之处在于对这种起诉激励能否适用于自然人的观点相左。三种观点实则表明不同的刑事立法价值取向:第一种观点体现了对刑法基本理念和原则的维护,合规不起诉的适用要与刑法的平等适用原则、罪刑法定原则相契合。第二种观点则体现了功利主义刑罚观,旨在避免企业责任人被定罪导致企业无法继续经营的后果。折中的观点则体现了维护刑法基本理念、原则和刑罚功利主义的平衡。但是折中的观点从必要性和法律依据来阐释其可行性,对单位与责任人二元化模式的正当性分析不足。对企业合规适用对象的分析,需要立足于我国的法律规定和司法实践,探寻更为有力的法理根基。

二、企业合规不起诉制度的功能定位

功能主义是一种社会学方法,其主张在一个基于共识而建立的相对稳定的社会系统中,系统所需要实现的内容可以从其所实现的功能分析中得出。[⑤] 功能主义者认为法律是一种整合机制,是一种应对危机社会基本凝聚力的紧张或者冲突的处理方式。[⑥] 企业合规不起诉制度在我国的引进,本身蕴含着协调国家、政府、

---

① 参见陈兴良等:《刑法纵横谈》,法律出版社 2003 年版,第 306 页。

② 陈瑞华:《企业合规基本理论》,法律出版社 2021 年版,第 361 页。

③ 李勇:《涉案企业合规中单位与责任人的二元化模式》,载《中国检察官》2022 年第 12 期。

④ 参见李勇:《涉案企业合规中单位与责任人的二元化模式》,载《中国检察官》2022 年第 12 期。

⑤ 参见许中缘:《论〈民法典〉的功能主义释义模式》,载《中国法学》2021 年第 6 期。

⑥ 参见[英]罗杰·科特威尔:《法律社会学导论》(第 2 版),彭小龙译,中国政法大学出版社 2015 年版,第 74 页。

社会、企业利益的制度价值。在其与实定法秩序不能达成共识时,我们需要从制度的功能定位出发,探寻相应的协调规则以实现其功能。因此,企业合规不起诉制度的构建与运行,首先需要确定该制度的功能定位,在功能定位的指引下重构单位犯罪认定理论,进而使理论服务于制度功能的实现。

(一)合规不起诉的制度功能是让企业重生

企业合规不起诉的制度功能主要是通过推进企业合规建设让企业重生,避免企业因涉案而无法继续经营,这符合我国对民营企业所采取的并合主义刑罚理念。"因为有犯罪并为了没有犯罪而科处刑罚"是并合主义刑罚理念的经典表述。[①] 刑罚的正当化根据一方面是为了报应,另一方面是为了实现一般预防与特殊预防。就涉罪企业的刑事责任而言,一方面,良好的企业合规计划意味着企业合规后的可责性降低,特殊预防的必要性降低,影响预防刑,故可以减轻免除刑罚处罚。[②] 另一方面,合规不起诉符合我国现有的企业犯罪治理模式。让企业建立合规机制、接受监督评估等措施可以实现一般预防的目的。传统的惩罚威慑式的惩治方式可能导致企业难以存续,也难以消除企业的再犯可能性。通过对企业犯罪实施轻缓的惩罚措施,可以最大可能地挽救企业,促进企业可持续发展。

(二)合规不起诉制度的功能应区别于认罪认罚从宽制度

合规不起诉与认罪认罚从宽都是宽严相济、少捕慎诉慎押的刑事司法政策,但二者的制度目标不同。认罪认罚是《刑事诉讼法》总则的规定,是被告人的权利,应平等适用于所有犯罪主体,包括单位。"认罪认罚从宽追求的是诉讼效率,以诉讼经济为原则,目的是解决案多人少的矛盾,推进繁简分流,合理配置司法资源",[③]其制度目标并不是预防企业犯罪。我国企业合规不起诉改革的初衷就是激励企业进行合规进而达到预防企业犯罪的目的。国外企业合规制度是作为企业涉嫌刑事犯罪的抗辩事由,将有关刑事责任风险转嫁由不合规的员工个人承担的一个激励机制。我国也有学者主张将有效的刑事合规表明刑法从对企业及员工

---

① 参见张明楷:《刑法学》(第5版),法律出版社2016年版,第506页。

② 参见李勇:《检察视角下中国刑事合规之构建》,载陈瑞华、李玉华主编:《企业合规与社会治理》,法律出版社2021年版,第229页。

③ 李勇:《检察视角下中国刑事合规之构建》,载陈瑞华、李玉华主编:《企业合规与社会治理》,法律出版社2021年版,第234-235页。

的全面否定转为仅对自然人犯罪行为的单独否定,主张以自然人犯罪论处。[①] 通过合规激励企业守法经营的目标以企业责任人合法合规履职为前提,若对企业和责任人适用双不起诉,这无异于告诉负责人,在经营活动中即便有违法行为导致企业涉嫌刑事犯罪,也可以跟着企业"沾光",责任人履职的责任心可能会大打折扣,这与合规不起诉制度的初衷背道而驰。

(三)合规不起诉的适用应考虑功利主义刑罚观与刑法适用平等原则的均衡

合规不起诉制度也有为了国家利益、社会利益而对企业轻惩罚的功利主义刑罚观色彩。根据英国法理学家边沁的古典功利主义,刑罚的根据是社会民众的最大幸福。一般预防和改造是功利主义惩罚论者视为最重要的利益。[②] 对企业的犯罪行为实施严厉的惩罚不仅会损害企业和员工的利益,而且会损害国家和社会公共利益。但合规不起诉制度的适用要考虑对刑法基本原则、价值的维护,而不能肆意破坏,这也是对法治的维护。

如前文所述,如果对企业和直接责任人员适用双不起诉,有违刑法的责任原则和法律适用平等原则,可能导致该制度成为企业责任人员逃避刑事责任的"保护伞"。此外,我国单位犯罪本身入罪的门槛比个人犯罪要高,而刑罚比个人犯罪要低,即单位犯罪中直接责任人的刑罚已经比个人犯罪要轻,如果企业合规因直接责任人员的身份作用而对其从宽,将进一步加大刑法适用的不公平性。因此,"放过企业也放过企业家"的模式很可能因为缺乏刑罚适用的公平性而被老百姓口诛笔伐。可以将企业合规情况作为企业责任人员从轻处罚的情节,这样,既有利于实现功利主义刑罚观和刑法适用平等原则两种不同价值取向的平衡,又有利于在司法实践中把握统一的案件裁判标准,对合规案件作出类型化的处理,防止司法裁量权的恣意,而且将合规整改作为责任人量刑考量情节有利于维护刑法适用平等原则。"责任人员作为刑事合规的辅助性参与主体,其在企业合规过程中所作出的努力,表明其愿意接受处罚,刑罚的特殊预防功能已经实现,可以获得从宽处罚。"[③]

---

① 参见陈卫东:《从实体到程序:刑事合规与企业"非罪化"治理》,载《中国刑事法杂志》2021 年第 2 期。

② 参见张文显:《二十世纪西方法哲学思潮研究》,法律出版社 2006 年版,第 407 - 408 页。

③ 吴澍农、黄美华、王德明:《企业刑事合规的宝检模式——以企业犯罪相对不起诉适用机制改革试点工作为视角》,载陈瑞华、李玉华主编:《企业合规与社会治理》,法律出版社 2021 年版,第 247 页。

综上所述,将合规不起诉制度的适用对象限定于企业,同时可以给予自然人量刑上的优厚待遇,既不会破坏刑法的基本原则理念,也符合企业合规不起诉制度的初衷。

三、现行单位犯罪认定理论对企业合规不起诉功能的制约

如前文所述,企业合规不诉改革的定位应当是"放过企业、严惩个人",但我国司法实践的适用并非如此。实际上,这是由于我国单位犯罪认定理论是以个人主义哲学为基础建立的单位犯罪认定理论,这与合规不起诉制度之间存在无法调和的冲突导致的。

(一)以个人主义哲学为基础的单位犯罪认定理论

1. 建立在个人主义哲学基础上的单位犯罪

立法之初,学界关于法人刑事责任的法理根据存在否定说和肯定说两种立场。否定说认为,法人不具备意志和意识能力,法人刑事责任与个人责任主义的刑法基本原则相矛盾。肯定说认为,法人与自然人一样具有整体意志,通过决策机关表达,具有承担刑事责任的能力。我国刑法学界关于单位刑事责任的争论实则是受到个人主义哲学和团体主义哲学的影响。在个人主义哲学视角下,法人团体的社会价值遭到否定,坚持以个人为本位出发解释法人刑事责任。例如,法人拟制说受到康德个人主义哲学思想的影响,坚持只有自然人才有法律上的权利。随着现代化生产的发展,法人成为实际生活的需要,团体主义法律思想盛行,法人实在说强调团体不同于个人的独立的价值,承认法人独立于自然人的意志。但是"二者都承认法人具有超越自然人的价值目的,但其实现必须依靠法人成员的行为与意志"。我国单位犯罪的立法体现的是法人拟制说与法人实在说的综合立场,但是仍然偏重从个人主义哲学视角解释单位犯罪。《刑法》第 30 条规定了单位承担刑事责任的范围,第 31 条规定了单位犯罪以双罚制为基础,以单罚制为辅的处罚原则,《刑法》第 30 条、第 31 条的解释结论是,我国刑法中的单位责任以自然人责任为前提,只有特定的自然人实施犯罪才可能成立单位犯罪。以法人实在说为前提肯定法人犯罪的成立,同时根据法人拟制说解释法人整体意志的成立,几乎不承认单位的独立行为和独立意志。

2. 以个人为中介的单位归责理论

受个人主义哲学的影响,我国单位犯罪归责模式以自然人为中介。根据《刑

法》和最高人民法院《关于审理单位犯罪案件具体应用法律有关问题的解释》的规定,以单位名义实施犯罪,违法所得归单位所有的,是单位犯罪。上述条文的规定比较概括,缺乏明确性。理论界对单位犯罪的代表性观点是,“单位犯罪是指公司、企业、事业单位、机关、团体为本单位谋取非法利益或者以单位名义为本单位全体成员或多数成员谋取非法利益,由单位的决策机构按照单位的决策程序决定,由直接责任人员具体实施,且刑法明文规定单位应受刑罚处罚的犯罪”。单位犯罪是单位本身的犯罪,但具体犯罪行为依赖于其成员而存在。没有自然人主体也不可能有单位犯罪。[①] 从通说来看,理论界虽然认为单位犯罪是自身的犯罪,但其刑事责任的追究仍需要通过对自然人行为、意志的判断来实现。综上所述,我国传统的单位犯罪归责理论将个人责任视为单位责任的组成部分,将企业成员的责任与企业责任捆绑在一起,单位犯罪中追究个人刑事责任以单位构成犯罪并被追究刑事责任为前提,[②]如果单位可以不起诉,作为单位责任组成部分的个人也应该不起诉。在这一传统归责理论下,单位的意志并非考量因素,故企业是否有合规计划并不会影响定罪量刑,这就阻碍了合规机制的功能发挥。

3. 以个人刑事责任为基础的单位惩治方式

第一,以个人责任为前提导致企业合规不起诉的制度功能与刑罚总则双罚制的规定相违背。如前文所述,我国的单位犯罪的惩治方式是以双罚制为主,如果对单位都不判处罚金或者没有判处刑罚,那么在对单位犯罪中的单位适用合规不起诉的情况下,对单位中的个人起诉,与我国刑法总则的规定相违背。

第二,以个人责任为基础的单罚制导致企业合规不起诉存在制度困境。在适用单罚制的案件中,仅处罚直接负责的主管人员和其他直接责任人员,是否可以对企业适用合规不起诉制度。

比如,在《刑法》规定的过失型事故犯罪中,第 135 条规定的“重大劳动安全事故罪”、第 161 条规定的“违规披露、不披露重要信息罪”、第 396 条规定的“私分国有资产罪”等单罚制罪名,是否可以适用企业合规不起诉制度。有学者认为单罚制案件在程序上企业不会被列为刑事被告人,因此对企业进行合规考察有违反罪刑法定原则之虞。但在实体法层面,企业本身是犯罪主体,从合规治理的目的出发,也应对之进行监督考察。[③]

---

① 参见张明楷:《刑法学》(第 5 版),法律出版社 2016 年版,第 135 页。

② 参见陈兴良等主编:《刑法纵横谈》,法律出版社 2003 年版,第 306 页。

③ 参见周振杰:《企业合规的刑法立法问题研究》,载《中国刑事法杂志》2021 年第 5 期。

由此来看，上述三个基础理论问题已经严重制约了企业合规不起诉制度的发展。

（二）实践的困境

国外企业合规制度本身是基于大型企业犯罪而兴起的一项制度，在西方国家，企业经营权与所有权是分离的，企业负责人多是职业经理人，合规中严惩个人并不会导致企业陷入群龙无首的境地。我国情形相反，我国大多数是中微小企业，企业治理结构单一，经营权与所有权合二为一，企业股东一般就是企业的负责人，合规计划的实施以及企业的可持续发展极大程度上依赖于负责人，“放过企业，严惩个人”将会导致企业合规后面临群龙无首的困境。因此，“放过企业，严惩个人”如何做到既不影响企业合规计划的实施也不影响企业合规以后的可持续发展，是我们必然要面对的理论课题。

四、我国单位犯罪认定理论的纠偏路径

按照企业合规不起诉的功能定位，单位犯罪理论的发展需要解决的是单位犯罪中单位和自然人责任如何分离的问题。

（一）企业合规不起诉视角下重构单位犯罪认定的理论争鸣

针对传统单位犯罪归责理论的缺陷，关于企业合规与单位犯罪的认定，学者们提出了组织体责任论、新组织体责任论、企业独立意志论、企业文化责任论、客观的中心归责论等方案。

1.企业组织体责任论与新组织体责任论

组织体责任论提出将单位责任与个人责任二元化，适用不同的原则进行判断。主张组织体责任论的学者提出，“如果法益侵害结果的发生与企业合规治理缺陷存在因果关系，且企业没有辩护理由的情况下，企业需要承担刑事责任”，[①]即单位担责的实质是对其义务的违反。新组织体责任论是组织体责任论与同一性原则的结合。论者认为，单位对其所属成员负有监督管理和防止运营风险发生的义务，单位领导集体的监督管理责任就是组织责任，在对领导集体监督管理责任

---

① 周振杰：《企业合规的刑法立法问题研究》，载《中国刑事法杂志》2021年第5期。

的判断中,合规计划的建立和有效运行是核心标准。①

2. 企业独立意志论与企业文化责任论

企业独立意志论主张从单位自身行为上确立单位的独立意志,只有单位存在独立的犯罪意图或者对单位内部员工的行为存在失职或过失责任时,才能追究单位的刑事责任。② 企业独立意志论区别于传统建立在自然人责任基础上的企业归责论。还有学者主张借鉴美国的企业文化责任论,主张判断企业是否对员工行为承担责任。首先,需要判断企业内部是否存在促进企业成员违法犯罪的文化;其次,需要判断该文化是否确实促进了企业成员的犯罪行为。这些学者认为应当将企业合规建设作为企业文化建设的一部分,并将其作为判断企业刑事责任有无和大小的依据之一。③

3. 客观的中心归责论

客观的中心归责论主张放弃在单位犯罪中添加故意或过失的要件,只考虑某一危害后果能否归责于单位,不再考虑导致这个后果的行为是否基于意志自由。对单位刑事归责主要考虑两个方面:一是单位对特定义务的违反,二是将危害结果与单位建立起紧密关联。如果公司的合规建设及运行机制是健全的,就说明其内部治理结构和运营方式是健全的,可阻却对公司的刑事归责;反之,则可能导致对公司的刑事归责。④

我们认为,客观的中心归责论放弃了企业违法和有责层面的考察,将客观的归责等同于刑事责任,陷入了客观归罪。组织体责任论认为法人犯罪就是法人自身的犯罪,法人的刑事责任是法人的整体责任,这一观点是正确的。但是该理论认为法人意志是自然人意志的转化,又使法人刑事责任依赖于自然人刑事责任,仍无法解释法人的独立刑事责任问题。新组织体责任论兼容组织体责任论和同一性理论,有替代责任色彩,难以为企业的独立意志判断提供判断标准。因为公司文化过于模糊,在证明标准上难以举证,以企业文化作为归责基础在司法实践中难以把握。⑤ 企业独立意志论主张从企业自身意志来判断刑事责任的归属,解决了企业刑事责任与自然人刑事责任的判断基础,也将合规计划作为判断企业意

① 参见李本灿:《单位刑事责任论的反思与重构》,载《环球法律评论》2020 年第 4 期。
② 参见陈瑞华:《合规视野下的企业刑事责任问题》,载《环球法律评论》2020 年第 1 期。
③ 参见黎宏:《企业合规计划与企业刑事责任》,载《法学杂志》2019 年第 9 期。
④ 参见时延安:《合规计划实施与单位的刑事归责》,载《法学杂志》2019 年第 9 期。
⑤ 参见时延安:《合规计划实施与单位的刑事归责》,载《法学杂志》2019 年第 9 期。

志的标准,具有合理性,但是该理论需要进一步阐明区分单位意志和个人意志的方法。

(二)以单位责任与单位成员责任二分法破除理论困境

1.单位承担刑事责任的法理根据:单位意志自由

从对罪过心理事实进行非难的前提分析,意志自由是前提性根据。“意志自由是我们对罪过心理事实进行规范评价的哲学基础。”[①]在故意犯罪中,犯罪人基于自由意志决定实施犯罪行为,是其承担刑事责任的原因。在过失犯罪中也一样,行为人疏忽大意的过失和过于自信的过失都包含着行为人的自由选择。意志自由是自然人承担刑事责任的根据,同样也是法人承担刑事责任的根据。

从法律规范角度来分析,单位意志是构成单位犯罪的核心要件。学理和司法实践中对单位犯罪的构成要件已达成共识,即以单位的名义实施、体现单位意志、为了单位的利益或者利益归属于单位。“为单位谋取非法利益”只是为了区分单位犯罪与单位内部成员的犯罪,在犯罪构成中,为了谁的利益或者利益归属于谁只是犯罪的动机或目的问题,不影响犯罪构成及刑事责任的归属。体现单位的意志必然涵盖了是以单位的名义实施的这一要素。因此,单位犯罪认定的核心标准就是单位意志。

2.区分单位责任与单位成员责任

在单位犯罪中,基于意志的独立性,单位成员承担刑事责任应不必然以单位承担刑事责任为前提。例如,单位犯罪后被注销,单位成员仍要被追究刑事责任。

例如,我国在司法实践中已经出现了单位责任与成员责任相分离的做法。最高人民法院于2001年下发的《全国法院审理金融犯罪案件工作座谈会纪要》明确了对未作为单位犯罪起诉的单位犯罪案件的处理原则。比如,检察机关不补充起诉单位,人民法院对被起诉的自然人应依法按单位犯罪中的直接负责的主管人员或者其他直接责任人员追究刑事责任,并应引用单位犯罪有关条款。上述纪要的规定为“放过企业、严惩个人”提供了单位与单位成员进行分离处理的参考。

3.单位意志的认定

那么如何区分单位责任与单位成员责任呢?区分单位责任与单位成员责任在具体操作上可以从意志因素和行为因素两个层面进行分析和确定。单位负责

---

① 陈兴良:《刑法哲学》(上),中国政法大学出版社2009年版,第70－71页。

人按照单位决策机构和程序进行的决策行为、单位授权一般从业人员在授权范围内从事的行为、单位决策机构的行为和公司章程制度规定的行为都是单位意志的体现。具体来说:

第一,要区分判断单位负责人的行为是否代表了单位整体意志,不能当然地认为单位负责人的意志就是单位意志的体现。司法实务中常将单位负责人的意志认定为单位意志,比如法定代表人的行为,其认为法定代表人具有将自然人意志上升为单位意志的身份基础。随着企业经营规模的扩大,单位领导决策向分工决策模式转变,议事决策程序层级越来越多,分工越来越细,单位负责人的意志就不一定能代表决策机关的意志。此种情形下要考虑两个方面:(1)认定单位意志时,必须考虑单位本身的特征,包括公司规模、公司章程、实际控制人、单位的决策机构、决策程序,要根据这些因素的不同分别进行考量。[①] 只有当单位负责人的个人意志是按照单位章程、决策程序体现出来时,才能将个人意志上升为单位意志。(2)利益是否归属于单位可以作为区分是单位意志还是自然人意志的标准。在利益归属于自然人的情况下,排除单位意志的成立。

第二,单位授权一般从业人员在职权范围内从事的行为应视为单位意志的体现。这种情形可以参照民法的相关规定进行解释。单位与一般从业人员之间构成委托代理关系,根据我国《民法典》第162条的规定,代理人在代理权限内,以被代理人名义实施的民事法律行为,对被代理人发生效力。例如,《最高人民法院、最高人民检察院、海关总署关于办理走私刑事案件适用法律若干问题的意见》第18条规定,以单位的名义实施走私犯罪,由单位集体研究决定,或者由单位的负责人或者被授权的其他人员决定、同意的可以认定为单位走私犯罪。

如果单位一般从业人员超越职权范围,以单位名义为了单位利益实施了犯罪行为,能否代表单位意志?我们认为是否定的。因为超越职权的行为不能体现单位的意志,应认定为个人行为。如果单位事后进行追认的情况下,也不能将危害结果归责于单位。原因在于:其一,犯罪行为是犯罪故意支配下的行为,如果犯罪行为实施时单位并不具有犯罪故意,根据行为与责任同时存在原则,就不能将犯罪行为认定为单位犯罪。其二,为单位谋取利益只是单位犯罪的一个特征,其虽然是区分自然人犯罪与单位犯罪的重要考量因素,但不是绝对标准。单位犯罪的

---

① 参见万志尧:《单位犯罪宜更审慎认定——从“单位意志”与“责任人”入手》,载《法律适用(司法案例)》2019年第4期。

成立必须以体现单位意志为前提。

第三,单位决策机构是产生单位意志最直接的机关,例如有限责任公司的董事会、股份有限公司的股东会等。单位决策机构包括最高权力机构、最高管理机构和执行机构。[①] 公司章程和公司制度规定的行为应认定为单位意志行为。公司章程一般规定了公司的经营范围、公司机构及其产生办法、职权、议事规则等,是关于"公司的组织结构、内部关系和开展业务活动的基本准则"。[②] 公司制度包括公司的财务会计制度、管理制度、业务操作规程等。公司制度一方面可以作为认定单位故意犯罪的基础,另一方面可以作为单位是否构成过失犯罪的判断依据。比如,单位人员在业务活动中造成重大财产损失或人员伤亡时,是否能将危害结果归责于单位,这就需要从各单位的管理体制、业务操作规程等制度入手判断。在单位负有监督义务的情形下,单位如果没有相应的监督管理体制或者监督管理体制存在缺陷,就应承担刑事责任。[③]

第四,单位行为是单位整体性意志的体现和实现。[④] 单位行为表现为经单位负责人或单位决策机构决定,由单位成员以单位名义实施的为刑法所禁止的行为。[⑤] 单位犯罪和自然人犯罪在客观方面的根本区别就是单位犯罪行为是在单位意志支配下实施的整体性行为,而自然人犯罪则是在个人意志支配下实施的个人行为。

据此,自然人冒用、盗用单位名义或者未经单位内部决策机构批准而实施的行为,违法所得由实施犯罪的个人私分的,都不属于单位行为,应认定为自然人犯罪行为。

综上所述,坚持单位责任和单位成员责任二分法,在双罚制的情形下,企业责任和个人责任各自独立。那么,对于单罚制罪名的企业是否可以适用合规不起诉?对这一问题的回答,首先要回到对单罚制中单位是否构成犯罪的判断上。单罚制中的单位是否应当承担刑事责任,学界存在两种观点:一种观点认为刑法没有针对单位规定法定刑,说明单位本身不构成犯罪;另一种观点认为单罚制只是基于特殊的刑事政策因素考量而没有对单位规定相应的刑罚,是对

---

① 参见陈兴良主编:《刑法总论精释》,人民法院出版社 2016 年版,第 579 页。

② 沈四宝、沈健:《公司章程在新〈公司法〉中的重要地位与作用》,载《法律适用》2006 年第 3 期。

③ 参见杜文俊:《单位人格刑事责任论纲》,载《社会科学》2007 年第 10 期。

④ 高贵君主编:《毒品犯罪审判理论与实务》,人民法院出版社 2009 年版,第 95 页。

⑤ 参见李桂红:《单位犯罪中单位行为与单位意志的认定》,载《当代法学》2006 年第 4 期。

单位的特殊豁免。[①] 笔者认为，需要结合我国刑法分则对单位犯罪的不同规定进行分析。我国刑法规定的单罚制的单位犯罪有4种情形：第一种是虽以单位名义实施，但并非为单位谋取利益，比如《刑法》第396条规定的私分国有资产罪、私分罚没财物罪。第二种是单位过失犯罪中仅处罚相关责任人员，比如重大劳动安全事故罪、工程重大安全事故罪。第三种是虽然属于单位犯罪，但因处罚单位会损害无辜者的利益，所以只处罚直接负责的主管人员和其他责任人员。比如，《刑法》第161条规定的违规披露、不披露重要信息罪。第四种是因处罚时单位可能已经不存在，导致处罚目的落空，故只处罚自然人。比如，《刑法》规定的妨害清算罪、虚假破产罪。我们认为，单罚制的单位犯罪是否可以对企业适用合规不起诉，首先需要判断犯罪行为是不是基于单位意志实施。如果是基于单位意志实施的犯罪则可以归责于单位，单位从实体上是犯罪主体，可以对其启动合规计划。比如，重大劳动安全事故罪、工程重大安全事故罪。但如果犯罪行为只是被刑法分则描述为单位犯罪，但体现的是个人意志，则其实质上是自然人犯罪，就不能对企业适用合规计划。比如，私分国有资产罪、私分罚没财物罪以及违规披露、不披露重要信息罪。因此，对单罚制罪名需要结合不同罪名进行判断。

（三）完善罚金刑与行政处罚的衔接机制破除实践困境

要完善我国单位犯罪的刑罚体系，明确单位犯罪罚金刑幅度，并且要关注罚金刑与行政处罚的衔接，为企业适用合规提供威慑背景。我国罚金刑对企业合规威慑不足之处体现在两个方面：一是对犯罪单位的处罚方式单一，缺少资格刑和其他附加刑，面对复杂的单位犯罪难以实现刑罚目的。《美国模范刑法典》规定了取消公司营业资格和限制公司营业活动的资格刑可以给我们启示。[②] 二是罚金刑的力度不够，单位犯罪中多数罪名没有规定罚金的具体数额幅度。无限额罚金的规定方式导致司法裁量权过大，司法实践中常常出现罚金刑的适用与罪责不相适应的情况。

对企业适用合规不起诉并不是一放了之，而是让企业通过建立合规机制，缴纳罚金来换取宽缓处理。相较于面临行政处罚的企业，合规不诉的企业付出的代价应更大才符合基本的公平正义。因此，首先，对适用合规不起诉企业判处的罚

---

① 参见王拓：《废除“单罚制”恢复“双罚制”的本来面貌》，载检察日报网2020年7月23日，http://newspaper.jcrb.com。

② 参见李玉华：《我国企业合规的刑事诉讼激励》，载《比较法研究》2020年第1期。

金应高于因相同罪名面临行政处罚的企业。我国单位犯罪罚金刑应在考虑行政罚款的基础上对罚金数额作出幅度、比例、倍数上的规定，降低因司法裁量权过大导致的刑罚适用不公现象。其次，针对单位犯罪设置资格刑，应与行政处罚法所设定的处罚种类相衔接。《行政处罚法》第9条规定了资格剥夺的处罚种类，包括暂扣许可证件、降低资质等级等，单位犯罪的刑事处罚体系可以借鉴行政处罚的资格剥夺种类进行规定。唯有对构成犯罪的单位处以各种资格刑，使其遭受重大的经济损失、交易机会损失或社会声誉损失，单位犯罪才有可能得到真正的遏制，通过合规换取宽大刑事处罚的激励机制才能真正激活。[①]

此外，要探索企业托管方式的健全发展，破除实践困境。检察机关、行政机关、行业组织要通力协作，探索企业合规不起诉与企业托管的结合方式。[②] 检察机关在启动合规不起诉制度时可以作为委托主体，行政机关要发挥规范、协调、监督作用，对受托方进行监督，但是规范依据、托管方案等具体制度需要我们进一步探索，以解决企业合规不起诉之后的可持续发展难题。

---

① 参见陈瑞华：《企业合规基本理论》，法律出版社2021年版，第246页。

② 参见吴澍农、黄美华、王德明：《企业刑事合规的宝检模式——以企业犯罪相对不起诉适用机制改革试点工作为视角》，载陈瑞华、李玉华主编：《企业合规与社会治理》，法律出版社2021年版，第249－250页。

检察机关在企业合规中的主导作用*

杨　帆** 　徐梦翔*** 　张仪烁****

摘要：企业合规制度的改革探索对检察机关的司法理念和工作机制产生了重大影响。在这一背景下，检察权的发展进一步巩固了检察机关在企业合规中的主导地位。社会治理参与的角色定位、国家权力制约的原则遵循、公共利益维护的目标追求，是检察机关在企业合规中发挥主导作用的逻辑证成。但检察机关的主导在当前企业合规实践探索中存在一定的问题，主要包括检察机关在企业合规中的指引不足、对涉案企业合规整改考察的主导有待加强、自身监督属性体现较弱等。为此，检察机关需要进一步加强其引领、控制和监督企业合规的改革探索与实践运用，更好地实现其在企业合规中的主导作用。

关键词：企业合规　检察机关　检察主导　不起诉裁量权　企业犯罪

2019年，时任最高人民检察院检察长张军在《最高人民检察院工作报告》中首次提出"人民检察院在刑事诉讼中应发挥主导责任"。并且，检察机关在刑事诉讼中的主导作用不仅体现在庭前，也体现在审判阶段，还体现在执行阶段。① 同年，最高人民检察院第一检察厅厅长苗生明亦指出，"'主导作用'主要表现在：一是追诉标准的主导。二是证明活动的主导。三是程序选择的主导"。② 因此，检察机关的主导作用不应局限于审前阶段，而应当延伸、贯彻于整个刑事诉讼程序的

---

* 本文系2022年国家社科基金一般项目《"慎诉"视域下不起诉的范式改造研究》（项目编号：22BFX054）的阶段性成果。

** 杨帆，博士，广东外语外贸大学法学院教授。

*** 徐梦翔，硕士研究生，广东外语外贸大学法学院。

**** 张仪烁，硕士研究生，广东外语外贸大学法学院。

① 参见张军：《关于检察工作的若干问题》，载《国家检察官学院学报》2019年第5期。

② 苗生明：《新时代检察权的定位、特征与发展趋向》，载《中国法学》2019年第6期。

始终。同时,在检察机关加强主导责任背景下,检察权也出现了程序性权力下降和实体性权力上升的变化趋势。[①] 检察机关应当在刑事诉讼中发挥主导作用,是基于刑事诉讼模式转型的深刻认识,同时也带来围绕该问题所展开的主导作用类型区分、发挥方式、规范路径等系列问题。审视当前的企业合规改革探索可以发现,检察机关在当前企业合规的主导中还存在指引不足、对涉案企业合规整改考察的主导有待加强、自身监督属性体现较弱等问题。注重检察机关程序性权力与实体性权力的充分互动,加强检察机关在企业合规中的强制性侦查措施审批、不起诉裁量权的独立适用和保障程序公正的法律监督,能更好地实现其在企业合规中的主导作用。

一、检察机关在企业合规中发挥主导作用的逻辑证成

(一)社会治理参与的角色定位

检察机关主导企业合规有助于社会治理的参与。在不同历史时期,不同的法律制度创设与发展都是适应时代需要,以当下的价值观念对法治建设提出可以满足统治阶级利益的要求。在国家治理体系和治理能力现代化发展过程中,检察机关作为国家政治体制改革和司法体制改革的重要参与者之一,应充分考虑时代要求、现实要求、制度架构等因素,不断对角色定位和自身价值重新考虑、塑造,推动法治现代化进程。我国国家治理体系和治理能力现代化发展的目标之一在于回应当前基本人权保障的呼吁。检察机关也不再将自身作为犯罪的追诉主体,而是转型为社会公共治理的参与主体,通过公私协力模式与被治理主体达成协定,维护包括企业与有关方在内的社会主体权益,共同实现社会健康发展的良好目标。因此,检察机关的角色定位也相应发生改变,检察主导从形式主义转变为实质主义,法律监督内容与范围随之拓展。为推动检察机关参与社会治理,非刑罚的犯罪治理模式——企业合规制度得到引入,协商型司法的公私协力模式被检察机关植入刑事司法理念当中,涉案企业的合规体系完善或建立程度成为检察机关适用不起诉裁量权的重要依据。权力不同功能亦不同,刑罚手段与非刑罚手段在社会治理的方式和手段上有着本质区别。赋予检察机关启动、建议和适用有关程序的

① 参见路旸:《"检察主导"的内涵辨析、权力构成与实践趋势》,载《中国政法大学学报》2021 年第 3 期。

权力,[①]促使检察机关在企业合规中发挥主导作用,成为其社会治理角色定位的价值选择。

(二)国家权力制约的原则遵循

参与企业合规中的国家机关不仅包括检察机关,还包括公安机关和审判机关,而由检察机关主导企业合规有利于制约其他国家机关的权力。国家机关的权力之间形成协调和制约,注重制度的制衡,使得权力结构实现科学布局。[②] 国家权力制约的原则遵循成为检察机关在刑事诉讼中实现主导作用的现实需要。在我国司法实践中,对于宪法所规定的"分工负责、互相配合、互相制约"原则,一直以来是"互相配合"出现得较多,"互相制约"出现得较少。国家机关的权力行使边界式微,使国家治理体系和国家治理能力的现代化发展进程受到阻碍。

为规范企业合规中公权力机关的职权行使,检察机关通过行使起诉权影响着刑事诉讼中每一个决定的权力。[③] 但检察机关不仅承担审查起诉职能,并且也有权指导、引导侦查,决定审判的范围和导向,因而其属于刑事诉讼程序中强势的角色。[④] 在企业合规的改革探索背景下,检察裁量权和决策权出现相应的扩张。检察机关因此可以通过法律监督保障诉讼活动的合法性,有条件和能力促使公安机关和审判机关履行企业合规措施适用的职责。为此,刑事司法应在打击犯罪和避免被追诉主体遭受侵害之间实现平衡。现代刑事诉讼精神要求检察机关体现制约性权力和权利保护性权力,但当前检察机关的职能行使还需要在这两方面得到强化。检察机关在侦查阶段适用企业合规措施,并实现分工负责、配合制约的遵循,也是对"权力监督和制约原则"这一基本原则的实践拓展,有利于强化制约性权力和权利保护性权力的行使。[⑤] 因此,为实现检察机关在刑事诉讼中的主导作用,可以通过羁押必要性审查、支持涉案主体权利救济等方式,加强检察机关对侦查权和审判权的制衡,削弱侦查权当前的强势地位,实现刑事司法中的被追诉人

---

① 参见赵恒:《论检察机关的刑事诉讼主导地位》,载《政治与法律》2020 年第 1 期。

② 参见李永忠、董瑛:《苏共亡党之谜:从权力结构之伤到用人体制之亡》,商务印书馆 2012 年版,第 135 页。

③ [美]艾瑞克·卢拉、玛丽安·L. 韦德主编:《跨国视角下的检察官》,杨先德译,法律出版社 2016 年版,引言第 3 页。

④ 闫召华:《检察主导:认罪认罚从宽程序模式的构建》,载《现代法学》2020 年第 4 期。

⑤ 董坤:《检察机关在侦查阶段推进企业合规的路径探索》,载《苏州大学学报(哲学社会科学版)》2022 年第 4 期。

权利保障。在企业犯罪追诉程序中，通过检察主导，使国家机关之间的权力制约原则遵循一以贯之，有助于维护企业合规开展的程序公正，避免企业权益受到损害。

（三）公共利益维护的目标追求

检察机关追求公共利益维护这一目标意味着其职权行使需要聚焦于公众最关心的议题。[①] 在我国，检察机关主导企业合规符合其维护公共利益的目标追求，可以使社会治理从惩治犯罪类转向企业刑事法律风险的防范和法益的修复，提升企业利益的保护力度。国家监察体制的改革使检察机关失去了对职务犯罪的侦查权，但检察机关仍然可以通过对审查批捕、不起诉裁量权、程序监督等职权的行使在职务犯罪的规制中发挥更为客观、公允、公益的作用，以维护法律权威、诉讼参与人的合法权益以及社会公共利益。

一方面，企业合规的出罪机制与风险防控等特点为企业利益的维护提供了可行性路径，而企业利益在相当程度上凸显社会公共利益的面向。企业利益不仅关乎企业自身是否存续和发展，更与居民就业、地区经济发展、政府税收息息相关。因此，涉案企业的发展需求和权益保护理应得到重视。检察机关在主导企业合规不起诉裁量权行使时，可以不再将涉案企业作为被追诉人，而是作为协商性治理的参与主体，对涉案企业的合法权益、合理诉求予以考虑。另一方面，涉案企业犯罪后的法益修复是社会公共利益保护的重要内容。检察机关在适用企业合规措施时，除了听取律师和社会相关方的意见外，还需要将涉案企业是否达成合规整改协议、赔偿被害人损失或者补救社会损害等情况，作为不起诉决定或从宽处罚的重要考虑因素，确保企业合规开展结果具备实效性。这意味着检察机关在企业合规中主导并适用合规不起诉裁量权或者量刑优惠方案时，至少需要对涉案企业和社会公共利益进行适当的平衡。公共利益维护的目标追求使检察机关在企业合规中发挥主导作用具有逻辑必然性。

二、检察机关在企业合规中发挥主导作用存在的问题

（一）检察机关在企业合规中的指引不足

检察机关在企业合规中的主导作用有多种呈现方式，指引为其中的一种方

① 叶日者：《当好公共利益“守护人”》，载《人民日报》2019年6月25日，第5版。

式。当前检察机关在刑事司法证据和行政执法证据的衔接、企业的事前合规建设、公安机关的侦查开展这三方面的指引均存在不足。

第一,在行政执法取证的衔接方面,部分行政执法证据移送检察机关审查起诉时存在证据缺失、证明效力不足、取证不规范等问题。我国企业犯罪很多首先是由行政执法机关在监管过程中发现,并由行政执法机关移送至公安机关立案,经侦查后再由检察机关审查起诉。行政执法机关在将涉嫌犯罪的企业违法案件的线索和证据移交公安机关过程中会涉及证据转化问题。有部分公安机关及其工作人员为降低工作强度、提高效率,存在径直将行政执法证据作为刑事证据使用的情况,有意无意地忽视了对行政证据在刑事诉讼中取得证据资格的审查。由于行政执法和刑事司法性质并不相同,在证据标准上,行政执法和刑事司法两种案件也会存在差异。[①] 因此,检察机关在企业合规的主导作用实现中需要进一步做好行政执法证据的衔接以及引导公安机关做好取证工作。

第二,检察机关对涉案企业的事前合规建设指引较弱。尽管我国部分国有企业和大型企业很早就开始在企业内部建立完善的企业合规体系,但是仍然有大量的中小型企业不具备独立建立企业合规体系的能力和经验,也缺乏相应的意愿和企业刑事法律风险规避的认识。[②] 企业在违法犯罪发生前的企业合规体系称为事前合规,在违法犯罪行为发生之后,事前的合规体系可以作为违法犯罪行为发生的抗辩事由,或者作为检察机关作出不起诉决定的适用依据。检察机关在企业合规中实现主导作用时还需要加强对事前合规指引的重视,尤其是对于中小型企业而言。

第三,检察机关对公安机关侦查阶段适用企业合规措施还需进一步引导与规范。一是在强制性侦查措施方面,由于公安机关在企业犯罪侦查中会对涉案企业采取限制人身自由,对涉案企业的财产采取搜查、扣押或冻结等强制性侦查措施,这不可避免地会对涉案企业的经营状况造成负面影响。即便后续企业进入到企业合规的司法程序当中,并被适用了企业合规不起诉,其在侦查过程中被采取的强制性侦查措施也仍会对其造成不可逆的负面影响。在企业合规改革探索背景下,为维护涉案企业权益,加快其生产经营恢复,检察机关有责任和义务引导和规范公安机关对涉案企业适用强制性侦查措施。二是在企业合规侦查阶段的启动

---

① 参见李惠宗:《行政法要义》,台北,元照出版有限公司2013年版,第279-280页。

② 参见朱文瑞、陈姗姗:《检察机关在刑事合规中的功能与定位》,载《湖北警官学院学报》2021年第5期。

方面，目前企业合规的启动主要在于审查起诉阶段，侦查阶段的适用有所不足。原因在于检察机关引导公安机关对企业合规的理解和参与有限，公安机关对企业权益乃至公共利益的保护意识不强。比如，张家港市检察院经办的“张家港S公司、睢某某销售假冒注册商标的商品案”，2021年2月，张家港市检察院受张家港市公安局邀请派员介入侦查，经过调查了解之后对睢某某经营的S公司启动了企业合规，并在6个月的合规整改成功后要求公安机关对该案撤案处理。[①] 事实上，该案已经过几年的侦查，但因证据不足无法进入审查起诉阶段，属于典型的挂案。且该案是在最高人民检察院开启企业合规改革试点后的近一年时间里才由公安机关邀请检察机关介入侦查，检察机关在其中的反应相对滞后，未能及时主动地对涉案企业启动企业合规。

（二）检察机关对涉案企业合规整改考察的主导有待加强

在检察机关对涉案企业的不起诉裁量权行使过程中，涉案企业的合规考察主导还需要由检察机关提升控制力度，注重审查整改结果，加强主导作用。涉案企业合规不起诉裁量权核心环节之一是企业的合规整改实效，而合规考察又是其中的重中之重。尽管合规考察是以第三方监督评估组织（以下简称第三方组织）参与的方式进行，但事实上，应由检察机关通过主导第三方组织考察进度的方式，随时了解涉案企业合规整改实施的具体情况，适时督促并针对不规范情况作出检察建议，避免出现“纸面合规”、“形式合规”和“虚假合规”的现象。[②] 因检察机关法律地位使然，除检察机关之外，任何主体都无权在企业合规的评估监管和不起诉决定的作出上扮演主导性角色。但从当前企业合规的改革探索来看，部分地区检察机关对企业合规不起诉裁量权的独立性主导作用还有待加强。2021年3月，最高人民检察院出台《关于建立涉案企业合规第三方监督评估机制的指导意见（试行）》，多个试点单位对第三方评估监管展开了探索。其中张家港市检察院牵头的合规监管委员会先后制定了《合规工作指引》《合规监管人遴选管理办法》《合规分级评定办法》《合规有效性审查办法》等相关配套制度，对第三方监督评估机制展开了探索。但张家港合规监管委员会的参与主体并不限于检察院，其主要协调联络工作是由市工商联负责。由此可见，张家港市检察机关在涉案企业合规整改

① 参见《最高人民检察院关于印发〈涉案企业合规典型案例（第二批）〉的通知》。

② 参见周新：《涉罪企业合规不起诉制度重点问题研究》，载《云南社会科学》2022年第2期。

考察中的主导作用的发挥存在不足。

(三)检察机关在企业合规中的监督属性体现较弱

检察机关对企业合规的主导所行使的职权之一还在于法律监督,但当前出现了其监督属性体现较弱的问题。

第一,检察机关对公安机关的监督不足。其一,检察机关的法律监督是刑事诉讼程序中最有效的纠错手段,但监督实效性不足,存在监督的形式化与走过场现象,不具有终局或实体处理的效力。[①] 在侦查阶段,检察机关监督侦查行为主要是通过非法证据排除的方式,但该方式所针对的情形十分局限,对违法行为缺乏有效的处理手段。其二,除监督公安机关的侦查过程程序是否符合规定外,为防止公安机关对企业犯罪侦查程序不公正不规范问题的出现,检察机关对公安机关的监督还应当注意其强制性侦查措施的滥用。其三,检察机关监督视野可能会脱离刑事拘留行为。由于刑事拘留启动方式自主性较大,且缺乏外部审查,其中容易出现不当扩大适用对象、决定作出任意性强、随意延长拘留期限等违规行为。

第二,检察机关未能重视刑事执行的监督。传统的刑事执行检察监督在于刑罚执行的监督,不针对不起诉决定作出的后续执行,不起诉裁量权作出后的检察监督存在空缺,因而有必要将非刑罚执行纳入检察监督范围当中。当前的检察监督主要集中在涉案企业合规整改的第三方监管评估上。在美国,司法部在处理因合规计划而产生的争议时,往往听从独立监管人的判断。[②] 我国也有类似情况的出现。例如,北京市检察院第二分院经办的"王某某泄露内幕信息、金某某内幕交易案",检方要求第三方组织参照检察建议和相关合规指引对被告人王某某担任副总经理的 K 公司整改情况进行评价。第三方组织对 K 公司的合规整改工作逐项拆解评分,并出具了合规考察报告。最终由市检察院二分院举行听证会进行公开验收,经现场听证员同意通过了 K 公司的合规整改验收。[③] 本案中检察机关的参与度相对较低,由第三方组织负责涉案企业的合规整改评估监督,而检察机关则是以通过第三方组织出具《工作周报》《定期书面报告》的形式了解整改情况,

---

① 参见王桂五主编:《中华人民共和国检察制度研究》,中国检察出版社 2008 年版,第 190 页。

② See Deferred Prosecution Agreement at 16, United States v. Aibel Group, Ltd., No. 07 – CR – 005 (S. D. Tex. Feb. 6, 2007), Visited site: http://www. justice. gov/criminal/fraud/fcpa/cases/aibelgrp/02 – 0607aibelgrpagree. pdf.

③ 参见《最高人民检察院关于印发〈涉案企业合规典型案例(第三批)〉的通知》。

未能深入企业考察了解，其监督职责履行不足。

第三，涉案企业救济性权利行使缺少支持。涉案企业在企业合规的刑事司法程序中处于弱势地位，并且一直处于公安机关公权力行使的笼罩之中，尤其是在容易被采取强制性侦查措施的侦查阶段。企业合规的实践探索在研究发挥检察机关主导作用时，多是关注检察机关如何适用企业合规不起诉裁量权、引领侦查和行政执法的证据衔接、合规整改考察的主导等，而谈及企业的参与权利较少，对企业独立地位和自身权益的关注较弱。[①] 目前，当涉案企业在侦查阶段遭遇企业合规的程序适用不公时，很难通过救济性权利的行使获得检察机关的帮助，无法维护自身权益和表达意见。在应对公安机关的超比例原则职权行使问题上，当前所采取的手段主要是检察机关的主动监督，但如前文所述，检察机关的监督效力也相对有限。在侦查程序中，辩方监督侦查工作的意愿更强，也往往更加了解其是否具有规范性。[②] 因此，企业救济性权利行使的加强与完善有其必要性。

综上所述，检察机关在企业合规中的主导作用发挥存在指引不足、监督属性体现较弱的问题，加之企业合规制度本身尚处于实践探索阶段，检察机关的主导作用还需加强已成为必然选择。

三、完善职权行使，加强检察机关在企业合规中的主导作用

（一）加强检察机关在企业合规中的引领型主导作用

1. 引导行政执法取证与刑事司法证据的衔接

为加强企业合规中检察机关的引领型主导作用，同时也为应对行政执法取证与刑事司法证据衔接不畅的问题，检察机关可以通过制定类案证据标准、审查运用证据，就案件的走向、证据的收集、取证的要求等引导侦查机关补充侦查、搜集证据、完善事实。[③] 此外，检察机关还可以利用与行政执法机关的沟通机制，与行政执法机关交流证据采集的问题，说明刑事证据的要求和证明标准。由于行政执法证据与刑事证据的获取存在程序规定和证明标准的差异，检察机关还应当坚持程序正义和实质正义的统一，并根据刑事证据的规范要求进行全面审查，防止瑕

---

① 参见谭世贵、陆怡坤：《优化营商环境视角下的企业合规问题研究》，载《华南师范大学学报（社会科学版）》2022 年第 4 期。

② 参见秦宗文：《"检察机关刑事诉讼主导责任论"辨析》，载《法治现代化研究》2020 年第 3 期。

③ 参见刘传稿：《发挥主导作用 做优刑事检察工作——专访最高人民检察院第一检察厅厅长苗生明》，载《人民检察》2020 年第 3 期。

疵行政证据被直接转化成刑事证据，从而降低刑事诉讼风险。①

2. 指引涉案企业事前合规的构建

为筑牢企业刑事法律风险防线，检察机关需要在企业合规的主导作用实现中支持、帮助和指引企业建立合规体系。当企业自身存在资金和能力不足等情况时，可以向检察机关发出协助申请，寻求专业性帮助与建议；也可以由检察机关主动发现企业的合规体系不完善不健全问题，向企业发出相应的检察建议或主动约谈，督促企业建立合规体系，防范刑事法律风险。

3. 引导侦查阶段企业合规措施的适用

在侦查阶段，检察机关可以引导公安机关参与企业合规程序，使公安机关减少逮捕、羁押、扣押和冻结等强制性侦查措施的适用，为涉案企业建立或完善企业合规体系创造空间。具体措施如下：

一是减少逮捕、羁押等措施的适用。涉案企业的经营管理者在犯罪追诉中可能会被羁押。刑事诉讼的基本人权之一是不受不必要的逮捕、羁押的权利。检察机关可以通过公民人身自由限制措施的司法审查实现人权保障功能。② 为此，最高人民检察院确立的羁押必要性审查机制能减少涉案企业经营管理者的人身自由限制，降低审前羁押率，可以作为检察机关实体处分权的一种，其审查结果不再是"建议"释放或变更强制措施，而是具有直接决定权。③《关于建立涉案企业合规第三方监督评估机制的指导意见(试行)》明确，企业合规第三方监督评估机制管理委员会选任组成的第三方组织，在合规考察期满后提交的合规考察报告可以成为检察机关作出是否批准逮捕的重要材料，同时也可以作为羁押必要性审查的参考材料。羁押必要性审查可以保障检察机关有权作出强制措施的决定、撤销及变更。对于企业犯罪案件，其社会影响性和社会公众关注度相对较高，因此也可引入羁押必要性的公开听证程序，将涉案企业经营管理者的审前羁押置于司法控制内。

二是减少扣押、冻结等措施的适用。为此，检察机关在侦查阶段可以引导公安机关正确或减少适用强制性侦查措施，尽量避免涉案企业因犯罪追诉而遭受损失，及早通过企业合规恢复涉案企业的正常生产经营状态。涉及涉案企业财产权

---

① 参见征汉年：《国家治理现代化视野下生态环境检察的功能价值研究》，载《河南社会科学》2021年第3期。

② 参见朱孝清、张智辉主编：《检察学》，中国检察出版社2010年版，第234-235页。

③ 参见林喜芬：《论中国羁押审查制度改革的四重逻辑》，载《法学家》2016年第6期。

利的搜查、扣押等强制性侦查措施审批权可以交由检察机关行使。相较于涉案自然人而言，涉案企业的财产权对企业自身意义较大，实体类企业流动资金有限，充足的现金流可以保障企业生产经营的有序运转，否则会产生不利的连锁反应。我国当前的搜查、扣押强制性侦查措施的适用采取的是行政机关的内部审批模式，该模式导致犯罪嫌疑人的财产权利在犯罪追诉中处于弱势地位。一直以来，检察机关对批捕权的适用非常谨慎，如果将审批权交由检察机关，检察机关也会慎重对搜查、扣押措施进行严格审批，当其符合特定条件时才允许适用。在办理企业犯罪案件时，检察机关在必要时应当主动提前介入，并对涉案企业的合规建设情况、合规意愿等因素进行考察，及时对强制性措施作出相应的调整。

(二)加强检察机关在企业合规中的控制型主导作用

检察机关所拥有的不起诉裁量权可以决定企业犯罪案件是否进入不起诉程序。在对涉案企业合规整改的考察上，检察机关负责选任第三方组织并对评估的程序与结果有把控与认定的职权。

1. 主导合规整改考察

涉案企业在合规不起诉阶段进行合规整改需要接受第三方组织的评估与监管，检察机关在其中的控制型主导作用体现为对第三方组织评估与监管的程序决定和结果裁断。在程序决定上，尽管涉案企业合规整改交由第三方组织进行评估，但并不意味着检察机关不参与其中。在结果裁断上，检察机关应当拥有合规有效性认定与否的决定权，对涉案企业合规整改之后的第三方组织评估结果有权进行确认，并根据第三方组织提供的评估报告和意见作出是否不起诉的决定。第三方组织是涉案企业合规整改的评估与监管主体，检察机关通过结果审查，确认最终结果，并出具决定性意见。评估报告与意见也仅作为检察机关作出不起诉决定的参考依据，同其他要素和标准一同纳入考虑范围当中，由检察机关在法律框架下最终作出不起诉决定。[①] 涉案企业合规第三方组织监督评估的全流程应按照职责分工，围绕以检察机关为主导的核心展开。

2. 把关企业合规实效

若检察机关要加强企业合规中的主导作用，就应直面企业合规放纵犯罪、违

---

① 李本森:《认罪认罚从宽制度中的证据规则:检讨与重构》，载《浙江工商大学学报》2020 年第 1 期。

反罪刑法定原则等质疑，需要注意合规整改的严厉性和实效性。[①] 企业合规的核心在于通过涉案企业的合规整改修复已破坏的社会关系，恢复社会公共利益因涉案企业违法犯罪行为所造成的损害，合规整改结果应能够具备实质性的预防刑事法律风险功能。检察机关需要判断涉案企业在合规整改考察期限内是否履行了相关义务，是否较好地建立或完善了合规体系，才对涉案企业作出不起诉决定。当涉案企业履行完毕相关义务之后，实现合规整改的实效，才能获得合规不起诉的决定。同时，我国检察机关也可以在合规考察和不起诉决定作出之后，对企业进行查访，帮助企业持续完善合规计划。[②] 时任最高人民检察院检察长张军指出企业合规改革中企业要“真整改”“真合规”。[③] 涉案企业的合规整改实效之所以为当局所重视，根本原因在于其关乎企业合规实践探索的正当性基础。只有通过检察主导把关好合规实效性，企业合规的改革探索才能获得更为充分的正当性。[④]

（三）加强检察机关在企业合规中的监督型主导作用

作为法律监督机关，检察机关有权监督侦查工作的规范开展、刑事执行的有效性，还可以通过支持涉案企业救济性权利的行使，拓宽监督渠道，形成并加强检察机关在企业合规中的监督型主导作用。

1. 推动刑事执行的有效落实

为贯彻最高人民检察院的检察主导责任理念，需要实现企业合规刑事司法程序的全方位、全过程、全阶段的检察主导，不仅包括侦查、审查起诉和审判阶段的检察主导，还应注重执行阶段的检察主导，主要表现为刑事执行的检察监督。

一是刑事执行的检察监督应当注重创造涉案企业回归市场的可能性。在德国，自然人犯罪的刑事执行将其再社会化的实现作为首要考虑对象。[⑤] 对于涉案企业而言，再社会化也意味着促使企业能够回归市场竞争当中，通过合规整改改造生产经营方式，防止社会公共利益再次因企业的违法犯罪行为而遭受进一步损害。

---

① 刘艳红：《企业合规不起诉改革的刑法教义学根基》，载《中国刑事法杂志》2022 年第 1 期。

② 奚玮：《论企业合规刑事化试点中的检察监督》，载《政法论丛》2022 年第 1 期。

③ 参见徐日丹：《坚持能动履职全面提升法律监督质效》，载《检察日报》2022 年 1 月 18 日，第 2 版。

④ 刘艳红：《涉案企业合规建设的有效性标准研究》，载《东方法学》2022 年第 4 期。

⑤ 参见余辉、冯卫国：《20 世纪以来的德国刑事执行改革——以行型社会化为导向的探索》，载何勤华主编：《外国法制史研究》（第 8 卷），法律出版社 2005 年版，第 336 页。

二是检察机关的刑事执行监督在企业合规背景下需要引入参与型和协商型的监督理念,贯彻双赢、多赢和共赢的理念,重视协商、合作与社会公共利益的修复。通过刑事执行阶段的协商,推进涉案企业合规体系的完善与建立,防范涉案企业的刑事法律风险。对此,刑事执行检察监督不宜采取过于强制性的手段,而应采用检察建议等相对轻缓化的方式督促企业填补经营管理的制度漏洞。此外,还可以加强检察机关与涉案企业之间的沟通,创造交流机会,让双方充分表达意见。执行的协商能够实现检察机关与涉案企业之间的积极合作、良性互动、利益共赢。

2. 加强企业犯罪的侦查监督

企业犯罪交由公安机关侦查,由公安机关移送至检察机关审查起诉,在检察机关审查认定其符合合规不起诉条件时,可以推动涉案企业进入企业合规程序。但对公安机关的侦查权如果不加制约,会影响企业合规程序的正当与规范实施,因此,检察机关有必要完善对企业犯罪侦查的监督机制。

第一,增强监督刚性。检察机关的法律监督权需要转化为实体处分权,增强法律监督的刚性,检察机关对于非法的侦查行为有权作出实质性的决定和处分。检察机关对侦查活动的违法行为应当拥有制裁建议权,以此有权督促侦查机关落实纠正。为此,对不同类型和程度的程序违法行为,认定和评价标准应当得到统一。[①] 诚然,企业合规的改革探索意味着要对涉案企业采取宽缓的处理态度,但并不意味着放纵犯罪。如果公安机关在侦查阶段就对涉案企业不当地适用了宽缓的企业合规措施,检察机关可以通过退回补充侦查的方式,督促侦查机关对涉案企业进行侦查并移送审查起诉,在审查起诉阶段认定是否予以合规考察,经评估后再决定是否起诉。[②]

第二,提升监督力度。为实现这一目的,检察机关可以实行检察官派驻公安机关执法办案管理中心的方式,与公安机关共享办案数据,为侦查的监督提供数据支持,同时对侦查活动的潜在违法违规情形构建规范程序。企业合规的实现方式之一在于对企业犯罪进行非罪化处理。为制约公安机关权力,需要发挥检察机关对法律适用、证据审查判断的专业性层面的侦诉同向,防止犯罪追诉的入罪偏

---

① 参见陶建平:《非法证据的前端治理——履行刑事诉讼主导责任的检察立场》,载《人民检察》2020 年第 16 期。

② 参见孙国祥:《企业合规改革实践的观察与思考》,载《中国刑事法杂志》2021 年第 5 期。

向以及公安机关的打击犯罪倾向合流同化。[①] 检察机关可以通过驻场的方式对侦查行为进行实时监督，依靠监督的实体处分权纠正偏重打击所产生的负面影响。同时，检察机关还应当对刑事拘留时间的延长建立备案制度，以加大对违法拘留的纠正力度。[②]

第三，检察机关需要深入涉案企业考察了解合规整改情况，加强监督职责履行。以往刑事执行的检察监督主要在于执行合法性的监督，随着依法治国理念的逐渐深入，社会公众对刑事执行的检察监督提出了更高的要求。检察机关除合法性监督之外，还要对刑事执行的正当性予以监督。

3. 支持涉案企业的申诉救济

在企业合规中实现检察机关监督型主导作用的背景下，需要支持涉案企业及其辩方申诉救济的权利实现。涉案企业有条件和机会行使申诉救济的权利，可以调动其反映问题的积极性，从而降低检察官自行筛查信息的成本。为此，检察机关需要在侦查过程中提升检查频率，接受涉案企业及其经营管理人员的意见反馈，防止强制性侦查措施的过度适用以及非法证据的收集。事实上，国家公权力机关需要多关注企业的声音，了解企业自身的需求，不能为了完成自身工作指标和任务而要求企业负担过多不必要的成本。因此，检察机关在发挥其自身主导作用的过程中，除与其他国家机关注重沟通与衔接之外，还需要多与企业交流，定期走访企业，发现企业在合规整改中存在的问题，了解其需求和在企业合规刑事司法程序中所面临的困难，支持其行使申诉与救济权利，并及时为其提供指引和帮助。

① 参见龙宗智：《检察官客观义务论》，法律出版社 2014 年版，第 173 页。

② 参见姜学厚：《公安机关刑事拘留强制措施的检察监督路径》，载《中国检察官》2017 年第 13 期。

企业合规改革视野下检察建议前置机制完善建议*

李佳林** 钟可心***

摘要:在我国各地检察机关积极探索企业犯罪刑事合规不起诉制度本土化的过程中,出现了以认罪认罚制度、附条件不起诉制度以及相对不起诉制度3种不同出罪通道的具体路径。在处理轻微案件时,相对不起诉路径在我国当前法治环境下具有明显优势,其中检察建议的灵活运用能够充分发挥其指导机能,在该路径中具有承上启下的重要地位,是合规协商的主要手段。从我国刑事合规的实践探索来看,合规监管型检察建议在刑事合规程序中存在前置、后置两种模式,其各自使用条件、运行机制、法律效果并不相同。在检察建议前置的路径中,同样存在出罪通道过窄、考察期限过短等实际问题,为保障刑事合规制度的科学性与出罪依据的正当性,应适当延长检察建议考察时间等相关规定,将拓宽附条件不起诉作为企业犯罪出罪的程序性出口。

关键词:刑事合规　企业犯罪　检察建议　相对不起诉

引　言

现代社会,企业作为市场主体,是社会经济运行的重要载体,承担着重要的社会责任。在现代社会的经济管理中,由于经济活动的复杂性及经济活动刑事法网的严密性,企业活动极易越过法律红线触犯刑法。在传统法律法规"重打击""轻预防"的环境下,将触犯刑法的涉罪企业统统纳入刑法的打击领域,不仅

* 本文系2022年度四川省哲学社会科学重点研究基地——四川省犯罪防控研究中心科研创新项目"企业刑事合规检察建议研究"(项目批准号:FZFK22-09)的阶段性成果。

** 李佳林,四川省成都市新都区人民检察院第三检察部检察官助理。

*** 钟可心,西南政法大学人工智能法学院硕士研究生。

无法保护和挽回社会公众损失的利益，还将导致认定为犯罪的企业信誉降低、无法上市等负面影响，其引发的“水波效应”极有可能对更多无辜第三人的利益造成严重损害，比如美国安然和安信达事件给美国经济带来的巨大负面影响。

在此背景下，美国众多司法工作人员、法律学者开始探求处理企业的第三条道路。在经历各方力量的交会与博弈后，最早是1991年《美国联邦量刑指南》引入了“有效的合规计划”这个概念，将合规计划作为企业的刑事责任轻重、是否予以暂缓起诉的一个核心标准，还将企业合规与企业刑事责任直接关联起来，并逐渐发展为以暂缓起诉协议（DPA）和不起诉协议（NPA）为基本形式的企业出罪机制，这标志着企业犯罪规制领域法律变革的开端。通俗来讲，所谓刑事合规，是指为避免因企业或企业员工相关行为给企业带来的刑事责任，国家通过刑事政策上的正向激励和责任归咎，推动企业以刑事法律的标准来识别、评估和预防公司的刑事风险，制定并实施遵守刑事法律的计划和措施。[①] 由于能够同时做到整改、惩罚企业而又不将企业逼入绝境，刑事合规机制被认为能够起到结合维护社会经济秩序与发挥刑法机能交汇点的支撑作用，避免刑法的广泛打击造成社会经济的二次伤害，而影响到更多无辜第三人的合法权益。

对于我国而言，刑事合规建设的起步较晚，引起我国政府对刑事合规关注的原因可以归结于我国企业在境外遭受的打击以及疫情影响下国内经济形势的持续低迷。比如，2018年中兴事件与华为事件的相继爆发，我国政府意识到此类由大型跨国企业合规问题引起的争端甚至可能演化为国际纠纷，全球合规的大背景倒逼着我国不断推出企业合规相关研究及相关政策。为了建立健全中国本土的刑事合规机制，2020年3月，最高人民检察院开展第一期企业合规改革试点。2021年3月，最高人民检察院扩大试点范围，在10个省份61个市级检察院、381个基层检察院开展第二期试点工作。2022年4月，最高人民检察院正式宣布在全国检察机关全面推开企业合规改革试点。张军检察长强调，“原则上有条件的县级检察院，今年都要大胆探索，尝试办理几件企业合规改革案件”。由此可见，我国的刑事合规建设在未来一段时间内将高速度、大广度落实到全国各地，刑事合规将成为我国企业出罪的重要机制。

---

① 参见孙国祥：《刑事合规的理念、机能和中国的构建》，载《中国刑事法杂志》2019年第2期。

一、我国企业刑事合规模式的现状考察

检察机关作为企业刑事合规制度的核心，充分发挥指导合规、预防犯罪的机能，以自身刑事诉讼程序衔接者、中立者、监督者的主导地位，帮助企业诊断风险，消除制度隐患，改善经营模式、商业模式。以比较法的视野来看，自20世纪90年代美国将企业合规用于实践以来，其对刑事合规机制在司法程序中的运行方式进行了深入探索，在实践过程中，掌握追诉权的检察机关无疑是作为该机制运行的支点与核心而存在。比如：美国检察机关会根据企业建立合规计划的情况，来决定是否对其提起公诉；在美国确立的暂缓起诉协议制度（DPA）和不起诉协议制度（NPA）中，检察机关依然是作为监督、指导、建议的主导者协调整个机制的运行。

究其原因，首先，在传统司法系统的三大机关中，侦查机关已经具备了一定的立案裁量权，若将侦查机关设计为企业出罪的第一道关口，会在极大程度上导致案件信息无法在司法机关内部流转共享，进而引起应诉不诉的情况发生。其次，法院所具有的审判权在程序上过于后置，难以进行审判后的合规监管，在合规建设有效性检验上难以落实，而检察机关处于司法系统运行的中轴位置，作为刑事诉讼程序的纽带，是出罪机制最佳的落点。[①] 但检察机关通过办理案件参与企业合规建设也具有被动性，其与企业并非管理与被管理的关系，不能以行政管理的方式处理二者之间的关系。再次，检察机关不能勒令企业进行合规建设，这源于检察机关对其追诉权的自我约束。最后，企业刑事合规对检察队伍明显有更高的工作要求，对检察机关也是一场考验。[②] 在综合考虑之后，我国推进刑事合规建设的过程同样是以检察机关入手，以检察院试点探索作为刑事合规建设的第一步，充分利用好检察机关的法律监督权能，以实现多层次高质量的公平正义。

最高人民检察院《关于开展企业合规改革试点工作方案》强调，试点必须坚持“严格依法有序推进”这一基本原则。以部分试点单位发布的规范性文件以及最高人民检察院发布的典型案例、指导性案例为观察样本，可以发现在我国各级检察机关的积极探索中催生了大量的本土刑事合规方案，从适用合规出罪的案件范围到具体的程序适用都表现出了差异化尝试。关于实践中出现的不同落实方案，具体有直接引入暂缓起诉协议、通过相对不起诉、附条件不起诉以及认罪认罚从

---

① 参见谢登科：《集权与制衡：论附条件不起诉中的权力配置》，载《中南大学学报（社会科学版）》2016年第1期。

② 参见陈瑞华主编：《企业合规基本理论》，法律出版社2022年版，第269页。

宽处理机制4个不同路径的方案，而在当前出现的实践方案中，有的路径暴露出了其原生的违法性问题，在我国现行的法律框架中难以找到其对应的框架基础。

2021年5月13日，张军检察长在江苏省张家港市调研时强调，改革试点工作绝不能逾越法律和政策界限。这就决定了部分地方试点单位推行的企业犯罪暂缓起诉协议制度不可取。在当前的实践探索中形成了以认罪认罚制度、附条件不起诉及相对不起诉为基础的3种方案，关于3种不同方案的前路探索，国内学者进行了大量讨论。

（一）认罪认罚制度路径

在我国合规试点案例的基础上，有学者提出将企业刑事合规内嵌于认罪认罚从宽制度，并以不起诉作为突破口，激发企业生存欲望，督促企业进行合规建设。与之类似的是，有学者将企业刑事合规建设看作是企业独立人格所"作出"的认罪认罚，并将其按照合规计划的构建时机分为"事前合规"型认罪认罚及"事后合规"型认罪认罚。此种方案虽解决了附条件不起诉的适用法律依据问题，但以认罪认罚制度吸收刑事合规必将催生新的矛盾，其实现可能性、法律适应性、逻辑正当性都存在难以解决的问题。

首先，从其实现可能性来讲，《刑事诉讼法》第15条规定，"犯罪嫌疑人、被告人自愿如实供述自己的罪行，承认指控的犯罪事实，愿意接受处罚的，可以依法从宽处理"。虽然通说认为这里的"从宽"处理既包括量刑从轻也包括相对不起诉，但认罪认罚仅能作为适用相对不起诉的一种缘由或参考依据，真正落实到不起诉决定上依然需要将案件具体情况与《刑事诉讼法》第177条第2款之规定进行对比，只有满足相对不起诉条件的案件才能作出不起诉决定，在制度设计上仍然需要从现有不起诉制度中寻找切口。其次，对于其法律适应性问题，认罪认罚是位于刑事诉讼法总则的一项基本制度，是概括性、指导性的条款，无法对企业犯罪进行专门规定，将其嵌入认罪认罚制度在真正设计上存在困难，此种路径面临着立法成本过高、立法难度过大的问题。最后，从其逻辑正当性来讲，陈瑞华教授提出，我国认罪认罚从宽制度旨在提高案件办理效率，一旦犯罪嫌疑人认罪认罚，检察机关将在尽可能短的时间内对嫌疑人作出刑事处理，而这样的制度逻辑与刑事合规是相悖的。刑事合规需要检察机关对企业设置尽可能长的合规考验期，以便给企业建立或者改善合规体系以较为宽松的时间周期，真正发挥防范合规风险的效果。因此认罪认罚制度与刑事合规在运行逻辑上存在分歧，应当将认罪认罚制度与合规不起诉相分离,仅以企业实际的认罪态度、行为作为合规不起诉的启动标准。

(二)附条件不起诉路径

对于我国而言,与美国暂缓起诉最为相似的诉讼制度就是未成年人的附条件不起诉。在我国开展的刑事合规探索中,绝大多数是以附条件不起诉为基础构建的本土模式,即检察机关对提交合规计划的企业作出附条件不起诉的决定,并设立一定的考验期,责令其聘请合规监管人,后者对企业合规进展情况进行全流程监管,并定期提交合规进展报告,在考验期结束后,检察机关根据企业合规的推进情况,作出是否提起公诉的决定。我国《刑事诉讼法》规定了附条件不起诉制度,但其仅适用于对未成年人实施的刑法分则第四章、第五章、第六章可能判处 1 年有期徒刑以下刑罚的犯罪。也就是说,根据《刑事诉讼法》的规定,企业犯罪并不适用附条件不起诉制度(暂缓起诉协议制度),部分地方试行企业犯罪暂缓起诉的做法应当予以禁止。

对于此种方式所面临的法律依据缺失、与现行公诉制度不兼容的问题,有学者认为应当以立法的刑事确立企业合规附条件不起诉制度,以构筑强有力的诉讼激励机制,以法定形式将制度的适用拓宽至企业犯罪领域。同时,提出在企业仅有构罪嫌疑的情形下(证据不充分),才能通过检察建议的方式督促其实现合规机制改革。李勇指出现行不起诉实践存在诸多问题,针对企业刑事合规立法,可以将认罪认罚从宽制度作为附条件不起诉在刑事诉讼法总则层面的制度基础,对于具体的适用条件,其认为在应当限定在可能判处 3 年以下有期徒刑的案件,且不作罪名限制,企业应当认罪认罚、积极采取补救措施修复法益、无受处罚(刑事处罚或行政处罚)经历以及积极配合司法机关调查、检察机关的监督。在立法设计层面,李勇还建议在《刑事诉讼法》第 182 条之后增加两个条款作为“第一百八十二条之一”和“第一百八十二条之二”。[①] 在多条路径的设计成本中,附条件不起诉可以最大限度地节约立法资源,最大限度保持刑事诉讼法典的稳定性,也能够在最接近暂缓起诉协议的基础之上将其引入我国,但在当前我国立法尚未回应之时,应当谨慎运用。[②]

---

① 参见李勇:《企业附条件不起诉的立法建议》,载《中国刑事法杂志》2021 年第 2 期。

② 参见黎宏:《企业合规不起诉:误解及纠正》,载《中国法律评论》2021 年第 3 期。

(三)“相对不起诉+检察建议”路径

在我国的试点实践中,出现了一种以“相对不起诉+检察建议”的“检察建议模式”,采取该模式的有江苏省南京市建邺区人民检察院、浙江省温州市人民检察院等,本文将其称为“检察建议后置模式”。具体而言,此种模式的程序为:案件移送至检察机关进行审查起诉,在法定的审查起诉期内,检察机关在对案件事实、证据等一般性材料进行审查时,还应当对企业的性质、经营情况、主要合规风险、起诉带来的风险等问题进行专门调查核实,在对符合不起诉条件的企业作出相对不起诉决定的同时出具检察建议,以检察建议作为激励、督促企业进行合规建设的主要约束方式。① 根据出具检察建议的时间节点不同,我国的试点实践中还出现了一种检察建议出具于不起诉决定之前的“检察建议前置”模式,这两种模式均是对认罪认罚制度、检察建议与相对不起诉制度的融合运用,以认罪认罚为前提,再根据具体情况决定是否不起诉。

相对不起诉模式当前在我国适用不会出现于法无据的尴尬境地,但在面对大型、情节较为严重的案例时,能否用于出罪仍然存疑,根据《刑事诉讼法》第177条第2款的规定,只有对犯罪情节轻微,依照刑法规定不需要判处刑罚或者免除刑罚的企业犯罪,人民检察院才能够作相对不诉。根据该条规定对可以相对不诉的案件提出了三条前提:一是企业案前已具有相对科学的内部管理体系;二是企业有合规计划,案件发生的原因是其合规计划有瑕疵、漏洞,但其在案前已进行了一定的合规计划建设;三是犯罪行为的社会危害性不大。② 由此可以看出,相对不起诉模式适用范围相对狭窄,该模式的处理重心是轻微案件,面对更加需要作不起诉处理的大案时并不能很好地发挥作用。从其内核来讲,相对不起诉制度是诉讼便宜主义的代表,而刑事合规是刑事诉讼与企业治理的复杂交涉,二者存在一定的隔阂。在实际司法运用中,该种模式只能作为立法机关对刑事合规作出立法回应前的过渡模式,并不能长久作为企业刑事合规不起诉的主要制度,但就目前而言,其仍然是检察机关作出刑事合规不起诉决定时最有力的制度基础。

---

① 陈瑞华:《刑事诉讼的合规激励模式》,载《中国法学》2020年第6期。

② 谢安平、刘琦:《协商性司法下的企业刑事诉讼新规制——以中小微企业适用合规不起诉为视角》,载《中国检察官》2022年第5期。

二、企业刑事合规检察建议前置的正当根据

（一）企业刑事合规检察建议的机能释放

《人民检察院检察建议工作规定》（以下简称《检察建议工作规定》）第2条规定："检察建议是人民检察院依法履行法律监督职责，参与社会治理，维护司法公正，促进依法行政，预防和减少违法犯罪，保护国家利益和社会公共利益，维护个人和组织合法权益，保障法律统一正确实施的重要方式。"2020年，最高人民检察院检察长张军要求，提升检察建议质量，要做成刚性、做到刚性。检察建议是检察机关行使法律监督的重要方式和载体，是检察机关在履行法律监督职能中，发现被监督对象存在违反法律或管理体制漏洞，向被监督对象提出更正或整改措施，从而保障法律统一正确实施的方式。换言之，检察建议是检察机关的一种表意行为，是在行使公权力时制发的法律文书，具有强制性和说理性两种效力。《检察建议工作规定》明确检察建议的类型包含再审型、纠正违法型、公益诉讼型、社会治理型和兜底型。其中社会治理检察建议、公益诉讼检察建议的法律效力多表现为启动程序而非实体性处分、强制性但非命令性。非实体性意味着检察机关在发现需要整改的情形时，是告知被制发单位或组织要及时整改，而非检察机关亲自整改。

在检察机关处理刑事合规案件的过程中，检察建议作为一种灵活的文书类型，不论是刑事合规试点中出现的何种路径，都能够作为其对企业提出整改意见的内容载体。在我国刑事合规改革的试点中，有检察机关将检察建议嵌入刑事合规之中创设了合规监管型检察建议。[①] 对于这种法律并未明文规定的检察建议类型，既可以将其列入兜底型，也可以将其划入社会治理型。从法律效力上看，此两种检察建议兼具"刚"与"柔"性，但"柔"性还是大于"刚"性，更适宜作为一种督促手段，因此其制发的时间节点极为重要，应当充分考虑到检察建议的"柔"性与不起诉决定的"刚"性，只有二者协调，企业刑事合规才能起到更好的效果。

---

① 参见谢登科、张赫：《论刑事合规不起诉中的检察建议——以最高人民检察院第81号指导性案例为视角》，载《青少年犯罪问题》2021年第3期。

(二)企业刑事合规检察建议前置的正当性

1. 检察建议作为"诉讼内"协商载体的合理性

我国自2018年《刑事诉讼法》设立认罪认罚制度以来,协商性司法已经逐渐成为我国刑事司法的重要理念,在企业犯罪中如何确定协商模式,是检察机关合理运用我国现行法律制度的思路展现。在以相对不起诉制度作为出罪依据的众多案例中,不同检察机关对与企业的协商模式作出了差异化的尝试,比如,在最高人民检察院发布的第二批指导性案例三"山东沂南县Y公司、姚某明等人串通投标案"中,沂南县人民检察院以合规整改协议作为协商手段的载体,通过一种创新的司法协商模式来指导企业进行合规建设。从其实践的效果来看,此种方法与国外的暂缓起诉模式极为相似,但检察机关与私企业之间作出此类协议的法律依据问题仍然是此模式下存在的合法性隐患。还有部分检察机关把对企业的合规指导建议写在认罪认罚具结书内,从法律文书的规范性来看,其做法也是存疑的:认罪认罚具结书的主要内容应当是对于企业、犯罪嫌疑人的量刑建议、认罪认罚可能的法律后果,此类文书所欲达到的协商目的是以罪刑上的协商模式来节省司法资源,其内容不适宜有过多的"法外"建议的因素。

从合法性上来看,检察机关以公权力机关身份与涉罪私企业在是否追究其刑事责任问题上作出协议,是协商性司法的最终表现形式,也与美国当前的司法协商模式极为相似。然而,在我国的现行法律制度中,对协商性司法的引入却是非常克制的。虽然认罪认罚制度的引进在我国掀起了协商性司法的本土化浪潮,但目前而言,这一项制度的存在并不意味着协商性司法可以脱离我国原有法律的基础,更不能因为此项制度的存在而衍生出有浓厚协商性司法意味的相关协议,应当认识到在刑事合规建设到一定规模之时,此类协议可能存在的风险。《检察建议工作规定》第11条规定了人民检察院制发社会治理检察建议的情形,该条第1项、第2项及第4项均规定了检察机关在对单位有违法风险时能够制发针对单位完善管理、治理的检察建议。检察建议作为一种有明确规定的司法工具,在合法性上并不具有明显的瑕疵,《检察建议工作规定》对于检察建议的类型、内容、适用条件的相关规定也比较开放,为检察机关更放得开手脚适用这项工具提供了很宽的自由度。

从内容上看,"合规整改协议"多是检察机关单方面提出企业应当履行的义务,此类单向的协议完全可以通过建议、意见等文书来完成,且检察建议具有制发时间、建议内容、建议对象上的灵活性，能够在刑事合规程序中多次使用，以一类文书对企业及工作出现疏漏的相关政府机关都提出相应建议，贯穿于“诉讼内”与“诉讼外”，具有显著的优势。以最高人民检察院发布的第 81 号指导性案例“无锡 F 警用器材公司虚开增值税专用发票案”为例，无锡市新吴区人民检察院共制发过两次检察建议，第一次是作为检察机关对企业进行合规整改指导的检察建议，第二次是对相关的政府机关制发了检察建议。这种做法不仅指导企业完成了自身的合规建设，还通过检察建议的方式解决了检察机关处罚权力缺失的问题，以检察建议的形式将企业应受的处罚制发给相关机关，让有处罚权力的机关对其进行处罚。

2. 检察建议作为协商手段的适配性

在刑事合规中的协商主要是确定合规建设的内容、期限及考察方式，确定合规建设内容的前提是经过细致调查、实地走访，《检察建议工作规定》第三章专门规定了制发检察建议调查核实事实、办理流程、文书内容、督促落实等内容，就规定的具体内容而言，检察建议与刑事合规的流程在一定程度上相互匹配。

《检察建议工作规定》第 14 条规定，检察官可以采取查询、调取、复制相关证据材料或向当事人、有关知情人员或者其他相关人员了解情况，以及咨询专业人员、相关部门或者行业协会等对专门问题的意见等多种措施对相关事实进行查明。根据此条规定，检察机关在对企业进行调查时也具有明确的法律依据，此款规定的多种措施也能够帮助检察机关作出更加贴合实际情况的检察建议，使企业的合规建设具有更好的效果。《检察建议工作规定》第 16 条规定，检察建议书的内容一般包括案件的来源、认定或核实的事实及其证据、存在的违法情形或者应当消除的隐患、建议的具体内容及相关法律、法规和有关文件的规定、被建议单位提出异议的期限以及被建议单位书面回复落实情况的期限等，其与检察机关提出整改建议的内容基本一致，可以容载所需内容及确定回复期限。需要注意的是，《检察建议工作规定》第 19 条规定了被建议单位作出相应处理的最晚期限为两个月，在考察期限上可能存在过短的问题。《检察建议工作规定》第 24 条规定了人民检察院应当积极督促和支持配合被建议单位落实检察建议的督促职责，为检察机关后续监督企业合规计划的落实情况提供了法律依据。

（三）企业刑事合规检察建议后置的局限性

在当前的本土化路径探索中，检察建议大多数作为检察机关作出不起诉决定之后的监督手段，其往往是与不起诉决定同时制发的。在这种模式下，可以理解为检察建议后置于不起诉决定，作出不起诉决定的理由并非因为企业已经根据合规检察建议完善或者是建立起了一套合规体系，而是通过实地走访、调查来了解企业既往及案发之后的态度表现，结合企业自主改进情况，公开听证，在听取各方意见后作出不起诉决定。

以上海市长宁区检察院的实践经验为例，其对一批涉嫌虚开增值税专用发票罪的小微企业通过检察建议后置模式作出了不起诉决定，作出不起诉决定的主要依据是企业及时申报或补缴了全部税款，且案发后运营状态平稳正常；多数企业还在积极拓展新的业务，能够继续促进经济发展和保障就业；其中部分企业还解决了大量残疾人的就业问题；有的企业在抗疫过程中起到了积极意义。该检察机关作出不起诉决定的主要依据是企业的过往贡献，对于案发后企业是否建立相关的合规体系，其并没有纳入考虑的范围之内。这种模式从本质上还是属于传统检察建议"查清问题—提出建议"的运行机制，对企业在获得不起诉决定之后是否根据检察建议建立了相关的合规体系，检察机关缺乏相关的法律依据对其进行强有力的监督，无法对不依照检察建议建立合规体系的企业进行处罚。因此该种模式暴露出局限性，从约束力强度、预防再犯功能两个角度看都存在明显的短板。首先，作为主要约束方式的检察建议与不起诉决定同时出具，这在刑事激励目的的实现上存在逻辑不恰的问题。不起诉的决定是激励企业进行合规建设的最强动因，从逻辑上来讲应当是检察机关在检验合规建设的情况之后，作出不起诉的决定。该种模式以后置的检察建议来替代不起诉决定的约束力效果，即便最高人民检察院为提高检察建议约束效力已经确立了若干项配套制度，其约束效力是否能与不起诉决定相比，从理论上、实际上亦显而易见。其次，在预防再犯的功能实现上，只有企业通过刑事合规建立健全了自身的合规计划，其再犯类似案件的可能性才会有实质性减小，而作为该种模式约束效力不够、激励效果存疑的逻辑后果，以该种模式获得不诉处理的企业仍有可能只是做了表面功夫，合规建设只是流于表面，其预防再犯的功能难以真正实现。

三、企业刑事合规检察建议前置的若干建议

（一）企业刑事合规检察建议前置的办案模式

在刑事合规不起诉的实践探索中，不起诉决定作出的不同时间节点可能对检察建议效力和合规建设成效产生不同影响。就当前实践中出现的两种模式来说，

一种为在作出不起诉决定之前制发检察建议,即“检察建议前置”模式,另一种与之相对的即“检察建议后置”模式。对在我国试点中使用相对不起诉路径的案例分析得出,该路径在传统的刑事诉讼程序中有几个重要的时间节点:一是案件移送审查起诉之时,代表着审查时效开始起算,作出是否起诉决定的最晚日期基本确定;二是检察机关决定或上级检察机关批准启用刑事合规程序之时,此时代表着刑事合规的程序正式启动;三是检察机关对企业深入调查,了解合规缺口之后与其达成协议(表现为认罪认罚具结书、合规整改协议或是前置的合规型检察建议)之时;四是第三方机构介入监督企业进行合规建设之时;五是检察机关主持听证会对企业的合规建设情况进行检查以及作出是否不起诉的决定时。具体流程如图1所示:

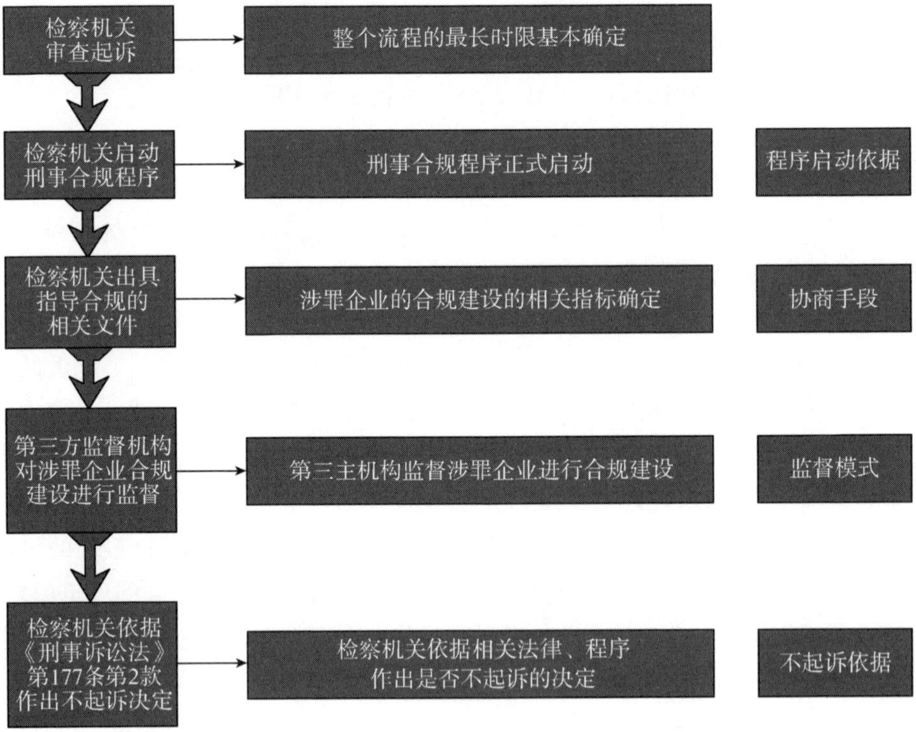

图1 企业刑事合规检察建议前置办案模式流程

在当前出现的不同刑事合规不起诉路径中,基本都将上文提及的几个时间节点纳入了考量范围,每一个时间节点的进入依据在不同的路径中表现为不同的形式。从刑事合规程序启动的依据来看,企业有无自首情节、认罪认罚情况、合规建设的积极性、社会责任承担情况以及未来发展前景等都会纳入检察机关的综合考虑范围之内。从检察机关与企业之间的协商手段来看,附条件不起诉路径中通常直接以企业完成合规建设作为不起诉的条件,相对不起诉路径中则存在"合规整改协议"、认罪认罚具结书和合规型检察建议 3 个种类。企业合规建设情况的监督模式则根据不同地方的具体条件有所差异,但组建第三方监督机构进行走访、考察的基本模式已经是该环节的发展趋势。关于最终作出不起诉决定的依据,则与检察机关选择的路径一致。

检察建议前置的相对不起诉路径,指的是在最终的出罪依据上以相对不起诉制度为出口,在协商手段上选择以检察建议为载体,其他部分比如程序启用的依据、监督模式等则与附条件不起诉相似,主要差异体现在附条件不起诉目前并未对企业犯罪进行规定,至于案件的具体情节是否轻微、社会影响是否恶劣等因素是否影响刑事合规不起诉程序的启用,目前还缺乏相关规范。与其他路径不同的是,本路径在处理轻微案件,甚至是情节并不显著轻微的案件时,能够保证每一步都在现行刑事诉讼法的框架之内运行:在确定启用刑事合规不起诉之时,可以将《刑事诉讼法》第 15 条、《刑法》第 13 条等法条作为检察机关判断的基本依据及启用该程序的制度依托;《检察建议工作规定》对检察建议使用范围作出了开放性的规定,合规型检察建议作为程序中的协商手段也具有合理性、合法性;为加强各地刑事合规的建设水平,各地也纷纷推出地方的第三方机构建设的相关文件,以保障合规建设的落实;对于轻微案件,相对不起诉作为出罪依据也完全合法合规,以此套模式能够减少检察机关在处理轻微的企业犯罪时办案流程合法性的风险。

(二)企业刑事合规检察建议前置的图景展望

我国刑事合规建设需要在现行法律框架下将众多的制度连接起来,从程序启动、协商过程、不起诉依据等多个环节综合考虑,选择相对适合的路径,实现刑事合规制度的本土化。本文提出的检察建议前置模式将合规检察建议嵌入形式不起诉中,可以有效保障合规监管检察建议的制度刚性,对于轻微案件、一般案件的处理可以优先适用。但检察建议前置的相对不起诉路径也存在诸多局限性,仅能作为立法完善前的过渡方式,从适用案件的范围、考察期限的限制、检察建议的个案依赖性等方面都存在明显的问题。

首先,检察建议前置模式并不适宜作为刑事合规不起诉制度的唯一路径。由于检察建议前置模式的出罪依据为相对不起诉制度，其适用的案件范围相对狭窄，从未来发展的适应情况来看，附条件不起诉制度是更为合适的出罪途径，以立法方式增添合规型附条件的不起诉制度能够应对更多的应当适用刑事合规不起诉制度的案件，也能够更好地融入合规全球化的大环境。

其次，可以适当延长合规监管型检察建议的履行期限。《检察建议工作规定》第 19 条将检察建议履行期限和回复期限规定为在作出检察建议之日起 2 个月内。对于企业来讲，在 2 个月内建立起一套合规计划相对困难，而合规计划的建设情况是检察机关作出不起诉决定的主要参考因素。对此，可以借鉴未成年人附条件不起诉中的监督考核期限，将其延长为 6 至 12 个月；对于更加复杂的案件，经检察长或检委会决定，可以适当延长。

最后，可以通过诉讼外的宣传方式增强刑事合规不起诉的教育功能。所谓个案依赖性，指的是合规型检察建议的制发依赖于其审查起诉的具体案件，其内容也涉及企业保密性较强的一些信息，不便于公开，因此具体案件的社会教育效果也会比较有限。对于检察机关在处理此类案件时发现的企业犯罪风险的共性类漏洞，可以通过诉讼外的一些宣传手段对广大企业起到警示、教育的效果，使刑事合规不起诉的教育、指导功能更好地发挥。

企业刑事合规在刑法体系中的应然地位

高坤龙[*] 温璧曜杉[**]

摘要：企业刑事合规制度缘起于单位犯罪预防，在企业二元刑事责任基础上具有推定出罪的功能。在我国刑法理论与实务界，多将其作为出罪事由。该制度在我国的适用要考虑我国企业一元刑事责任模式的立法框架。企业不因其对内部成员利用企业实施不法行为的监管而产生罪责，故企业合规不能否定单位犯罪中单位的罪过。组织责任认定企业合规成立出罪存在将“企业具有合规机制”简单与“企业履行了组织运行中行为符合法规范标准”等同的逻辑漏洞。企业合规机制在我国当下的刑法体系中，可以作为认定企业在单位犯罪中存在认识错误的事由，也可以作为品格证据成为刑法宽宥事由，或作为保安处分以实现单位犯罪预防的目标。

关键词：企业刑事合规 刑法体系 企业刑事责任 中国化实践

引 言

刑事领域有关企业合规的讨论，主要集中在合规计划对单位犯罪的影响，尤其是对单位罪责的影响。具体来说，是指具有合规计划的企业或经过合规改造的企业是否应当承担刑事责任以及在定罪和刑罚裁量中应有何种程度的激励，乃至企业是否可以因事前合规机制或事后合规整改而出罪。合规计划是法人为发现、预防与制裁法人内部违法行为而主动制定并实施的内部控制与管理措施。①从这个角度来说，刑事领域的企业合规应是一种预防单位犯罪的制度。然而，学术界对刑事领域企业合规制度价值的讨论，已经从作为预防单位犯罪制度发展到刑罚

---

* 高坤龙，海南自贸港合规研究院助理研究员。

** 温璧曜杉，三亚学院法学院本科生。

① 参见周振杰：《从具体案例看合规计划的有效性判断》，载《河南警察学院学报》2018 年第 4 期。

裁量激励制度乃至单位犯罪出罪制度,似乎偏离了企业合规设立的初衷。企业合规作为一种发源于西方的法律制度,讨论其在我国的移植或重构时就不得不追溯其原始功能与定位,以及其诞生之社会现实与法律基础,厘清其发展脉络。在充分认识该制度的基础上,再结合我国实际国情,具体探讨其在我国刑法体系中的应然地位,从而在刑事领域构建具有中国特色的企业合规制度。

一、企业合规的刑法体系机能的域外考察

(一)作为预防犯罪的激励政策

"合规"的范围,从最广义的角度而言,囊括了各种法律规范、行业规范乃至道德规范。企业实现行为"合规"的体系性制度保障是合规计划,即用于发现并预防企业内部犯罪的内部控制机制。尽管预防企业犯罪的控制机制不仅限于刑事法,但就企业逐利的本性而言,刑事法规范乃是企业最基本也是最可能应遵守的规范,故合规计划的核心理应是刑事合规。法律是最低的道德要求,尽管法人或自然人的行为准则可以超出社会一般道德标准,但合法规的行为不能说是不被道德所容忍的。因此,虽然可以说刑事合规是最基础的企业合规,但是就法律后果而言,一个企业的合规措施满足了刑事合规的要求就得承认其具备有效的合规计划。

合规计划在刑事领域的功能和定位,在该制度起源的美国则是具有预防企业内部犯罪、免予或暂缓刑事追诉、减免罚金的作用。① 美国通过诸如《联邦组织量刑指南》等立法形式确立了为企业的自我监管与自我约束提供了法定框架和标准的合规计划标准,通过减轻合规企业刑罚的方式来鼓励和引导企业构建合规计划,进而激励企业设立合规计划而实现单位犯罪的预防。在实践中,《联邦组织量刑指南》通过减轻拥有合规计划的犯罪企业的刑罚,以及加重不具备合规计划的犯罪企业的刑罚这两种策略来鼓励和引导企业构建合规计划。② 可以说,免予或暂缓起诉以及减免罚金都是鼓励和引导企业构建合规计划的司法激励。依据《联邦起诉商业组织原则》的规定,如果联邦检察官在自由裁量权范围内认定合规计划是有效的,检察官可以不对企业提出指控,因而具备有效的合规计划在企业犯

---

① 参见万方:《美国刑法中的合规计划及其启示》,载《人民检察》2018 年第 11 期。

② 参见万方:《美国刑法中的合规计划及其启示》,载《人民检察》2018 年第 11 期。

罪调查阶段极有可能影响检察官决定是否对企业免予起诉。[①] 在具体的量刑实践中,《联邦组织量刑指南》通过设立基础罚款来实现对犯罪企业的经济惩罚,随着企业罪责的增加或减少,基础罚款会乘以 0.05 到 4 之间的一个倍数。法院根据减轻或加重量刑的要素来减小或增大倍数,这些要素包括企业是否设立了"有效的计划来发现和防止违法行为"。[②] 上述在刑事司法中因企业事先存在的合规计划而对企业刑罚的宽宥,应当是建立在单位犯罪成立的基础上的,否则宽宥也无从谈起。至于对存在合规机制的企业在涉嫌单位犯罪时暂缓追诉的,也并非因为其合规而否定企业该当某罪,这要结合下文的企业刑事二元责任模式进行分析。

不难发现,合规计划或者刑事合规的目的在于预防单位的犯罪,甚至为了鼓励企业构建合规计划而在起诉与刑罚上对合规企业进行宽宥。可以说,预防单位犯罪才是企业合规的核心功能与定位,削减单位的刑事责任乃是出于预防单位犯罪的刑事政策的考量。权力机关只能通过偶然事件或者日常检查来发现存在于法人内部的违法行为,但是对于刑罚的预防目的而言,被动地等到社会受到伤害之后才积极介入并非明智之举。[③] 就这一角度而言,出于预防单位犯罪而给予构建了作为预防单位犯罪的合规机制的单位以刑事司法上的优待似乎不是不可理解的。这也揭示了在合规计划的诸多功能里,预防单位犯罪才是首要的核心功能。为了保障预防单位犯罪的机能良好运行而轻微地牺牲裁判的普遍同一性,这虽有有违公平之嫌,但不能说是缺少正义的。

(二)企业刑事二元责任的适用前提

基于合规计划暂缓或免予追诉的法律规定,对于具有犯罪嫌疑的单位而言,拥有合规计划意味着单位存在不被起诉的可能,甚至在刑事法上可以获得"无罪"的评价。从这一角度来看,容易让人产生合规不起诉似乎具有出罪功能的认识。对于这一问题的回应,还需结合域外刑事法有关单位犯罪的法律规范,尤其是在追究单位刑事责任方面。

单位的人格,乃是一种拟制的法律人格。作为拟制的法人,单位并没有具体的思维和行为器官,但这并不意味着单位没有意识和行为。单位的意志,来源于对单位具有管理或直接责任的单位内部员工意志的集合。单位内部员工意志的

---

① 参见万方:《企业合规刑事化的发展及启示》,载《中国刑事法杂志》2019 年第 2 期。

② 万方:《美国刑法中的合规计划及其启示》,载《人民检察》2018 年第 11 期。

③ 参见周振杰:《从具体案例看合规计划的有效性判断》,载《河南警察学院学报》2018 年第 4 期。

集合不是一种简单的相加，而是需要经过单位内部决策程序才升格为单位的意志。质言之，只有经过决策机制确定采用为支配单位具体行为的单位内部员工意志才能够真正成为单位意志。至于基于单位的授权而直接实施某种罪行的，即使实施罪行的决定可能没有经过此种程序，但是决定单位授权的权利来源和程序，是经过单位决策机制的，授权行为仍属于单位意志的表现，故该行为也具有单位意志要素。单位的行为必然是由具体的自然人代为实施的，当自然人受单位指挥而实施具体行为时，可以说是单位的意志通过自然人的意志进而通过自然人的行为而实现了。质言之，对于自然人行为的理解，除了自然人在其自由意志的支配下实施行为外，也具有单位意志通过单位内部员工行为而实现的属性。将单位内部员工实施满足单位意志的行为拟制为单位的行为，符合单位犯罪的拟制犯罪性质。因此，对于一般意义上的"单位犯罪"的理解就不是纯粹的单个犯罪，而需要在聚合犯罪中思考。我国刑法所规定的"单位犯罪"是特殊的两类犯罪的聚合体，一类是客观实在的作为单位成员的自然人犯罪，另一类是拟制的单位犯罪。① 从这一逻辑出发，我国有关单位刑事责任的追究，考虑的是单位自身意志和行为的有违刑事法规范的属性，是企业刑事责任一元模式的认定方法。

企业合规不起诉或出罪，是建立在企业刑事二元模式的逻辑上的。企业拥有合规机制，并不能保证企业在决策中不会形成有违刑事法规范的意志，正如道德品行一向良好的自然人也可能在某些场合产生犯意。企业具备合规机制在一定程度上反映了企业追求善的意愿，但并不会因此禁锢恶意志的诞生。质言之，企业合规机制在企业意志形成中的作用，体现在减少企业过失而非故意的恶。因此，在企业形成合规制度后，就难以认为企业对其成员的不法行为在管理上有值得谴责的过失或故意。在企业二元刑事责任模式下，判断企业是否存在犯罪故意或者过失的基础不再是企业雇员个人的意志或者行为，而是体现企业文化的具体管理活动。② 在此模式下，企业建立了合规制度，就可以借此证明企业对其内部成员的监管没有失职，从而否认员工个人行为对单位行为的归属。在此基础上，企业合规机制的存在自然成为推定企业无罪责的理由。具言之，在企业刑事二元责任模式中，企业并不是因其自身的罪责而应负刑事责任，而是因为其在企业管理中存在的缺陷致使犯罪发生而承担刑事责任。如此一来，企业的刑事合规就成了

---

① 参见叶良芳：《论单位犯罪的形态结构——兼论单位与单位成员责任分离论》，载《中国法学》2008 年第 6 期。

② 参见周振杰：《企业刑事责任二元模式研究》，载《环球法律评论》2015 年第 6 期。

企业无罪的证明事由。在企业涉嫌单位犯罪时，面对司法机关的指控，企业可以其本身建成的合规机制证明自己不存在监督或管理过失证明自己无罪。因此，在企业存在合规机制时，司法机关的暂缓起诉决定也是理所当然的，因为企业合规机制的存在赋予了司法机关更高的证明责任。因此，相较于错误追究刑事责任带来的损害，暂缓起诉或不起诉所保障的利益就更为重要。况且，暂缓不起诉的决定并不意味着对追究企业罪责的放弃，在有证据证明企业对危害行为应负责任时就可以继续起诉，这也体现了企业刑事合规的诉讼程序的价值——推定企业无罪的价值。

二、企业合规在刑法体系机能的学说评析

合规不起诉制度在域外实质上是一种推定企业在存在刑事合规机制时无罪的制度，而我国近年来的理论和实践都偏向承认企业合规的出罪机能。合规的出罪机能在刑法学界引起激烈的讨论，原因在于检察机关推动的合规不起诉改革试验。虽然检察机关在改革试验中探索了合规不批捕、合规不起诉、合规宽缓量刑建议等多种激励方式，甚至还考虑到企业在获得司法机关的合规从宽处理后仍然可能遭受严厉的行政处罚的情形，与行政机关联动推出合规从宽处罚的行刑衔接机制，但是从激励效果和社会反响来看，企业合规改革的核心构造仍然是合规不起诉制度改革。[①] 值得注意的是，合规不起诉只是检察机关采取的众多合规激励改革中的一种措施。合规出罪的表述完全赋予了企业刑事合规的新内涵——企业合规由犯罪预防转变成为犯罪实质构成要件。出罪的前提是入罪，即承认企业合规是单位犯罪出罪事由的命题中隐含着在单位不法行为该当某罪的构成要件的前提下，企业合规机制阻却了单位不法行为的违法性或责任。假设单位无该当某罪的构成要件的不法行为时，就不能说该单位入罪。因此，企业合规机制的出罪机能自然引出了这样的问题：企业合规是如何实现出罪的？有关该问题的回应，在理论界形成了激烈的讨论。此外，也有认为企业合规机制即使不是单位犯罪出罪事由的，也应当是对企业刑罚宽宥的原因。有关企业合规机制作为出罪或刑罚宽宥事由的，学术界大体上存在以下几种观点：

（一）企业合规机制否定单位罪过

企业因其存在的刑事合规机制而对可能成立的单位犯罪缺乏罪过，认为此种

---

① 参见刘艳红：《企业合规不起诉改革的刑法教义学根基》，载《中国刑事法杂志》2022年第1期。

情况下单位因事前的合规机制而对既成的犯罪没有故意或过失。应该说，否定合规企业的罪过，从而瓦解作为拟制法律人格的单位实施相关犯罪的犯罪构成，是建立在企业二元刑事责任模式的基础上的，与我国企业一元刑事责任模式并不匹配。该观点在不呼吁我国单位刑事责任模式更改的前提下，其出发点就不甚妥当。陈瑞华教授主张的出罪模式之一主观过错免除模式，认为企业如果实施了禁止相关人员实施违法犯罪行为的合规政策，建立了旨在预防违法违规行为的合规管理流程，企业就既不存在追求或者放任危害社会结果发生的故意，也不存在因疏忽大意或过于自信而导致危害社会结果发生的过失。[①] 由此可以看出，其主张实质上是将企业责任与个人责任相分离，认为企业在单位犯罪中主观上是对单位员工的违法行为存在管理或监督过错，企业通过合规机制的运行尽到了监督或管理责任，从而排除了企业本身的主观过错。如此一来，企业合规机制的建立和实施，就可以证明企业不存在主观上的故意或者过失。员工或管理人员的行为不符合企业的合规政策，违背了企业的规章制度，脱离了企业的合规流程，与企业的意志相悖，纯属其个人行为，故企业对员工行为不承担刑事责任。然而，在企业刑事一元责任模式下，单位不是因其对员工不法行为的监督或管理过失乃至纵容而应负刑事责任，而是因员工不法行为源自单位不法意志进而归属于单位，单位才对此应负刑事责任。即使企业存在合规机制，但合规机制作为企业所建立的一种规范自我行为的制度，本身就是企业意志的选择，故在企业有意实施不法行为时，合规机制本就不可能产生效力。

此外，陈瑞华教授主张的企业合规出罪所适用的场景为其所提倡的非系统性企业犯罪。所谓“非系统性企业犯罪”的内涵，即在没有企业集体决策，也没有企业负责人作出授权或授意的情况下，企业内部的某一高管、董事、员工、子公司、第三方等关联人员，以企业名义并为实现企业利益而实施了犯罪行为，由于企业对这类行为采取了接受、纵容的态度，或者没有采取制止或纠正措施，因此该行为被推定为企业犯罪行为。在单位犯罪的构成要件中，我国坚持的是主客观相统一的原则，即单位犯罪的犯罪主观应与抽象为单位行为的客观相一致。在单位犯罪中，企业员工的不法行为集合抽象为单位不法行为，企业决策机构做出的集体意志为单位意志，这两者应当是相统一的。在非系统性企业犯罪的逻辑中，企业的主观罪过是没有尽到管理责任而非具体的犯罪故意。那么，在欠缺单位犯罪故意

① 参见陈瑞华：《企业合规出罪的三种模式》，载《比较法研究》2021 年第 3 期。

的场合，抽象为单位不法行为又是在何种意志支配下进行的呢？陈瑞华教授对非系统性企业犯罪的认识可能源自其对李冠煜博士的《单位犯罪处罚原理新论——以主观推定与客观归责之关联性构建为中心》一文的误解，该文的含义是推定单位存在间接故意而非以员工成立犯罪时承认单位即推定单位成立犯罪[①]。在单位没有明确要求或授权其成员从事不法行为时，仍可依据其他客观条件间接推定该单位存在不法意志，且将该不法意志通过成员行为实现，这并不妨碍单位成立相关犯罪。

（二）企业合规机制否定单位组织责任而出罪

刘艳红教授重构了单位犯罪的构造，提出了以二要素说为理论基础的单位和个人分离的出罪学说。尽管刘艳红教授没有说重构，且认为二要素说源自《全国法院审理金融犯罪案件工作座谈会纪要》，但其将单位意志要素排除出单位犯罪构造的主张实质上乃属对单位犯罪构造的重构。《全国法院审理金融犯罪案件工作座谈会纪要》规定的“以单位名义实施犯罪，违法所得归单位所有的，是单位犯罪”，是根据上述二要素推定单位意志要素的存在。毕竟无论是以单位名义还是违法所得归单位都是犯罪的客观方面，较为容易认识，而单位意志属于主观意志的范围，只能通过客观现实反映。如果说单位犯罪不要求单位意志的存在，就相当于说自然人犯罪不要求行为人有罪过。刘艳红教授主张的二要素说，不过是为其中心归责提供理论基础。中心归责理论的前提是单位组织责任理论，以单位成员实施的社会危害行为为基础要素，以单位建立合规计划的组织管理行为为中心归责要素，一旦社会危害行为通过中心归责理论归咎于单位，无须再考察单位成员最终构成犯罪与否，单位即作为独立的犯罪主体和处罚主体承担刑事责任。[②]不难看出，刘艳红教授主张单位仍是因管理过错而承担责任。

时延安教授主张对单位的归责，不是归责单位实施了某种行为，而是单位内部治理或经营结构导致了自然人实施了危害行为。[③] 依此逻辑来看，对单位的刑罚不是因为单位的不法行为，而是因为单位的内部治理或经营结构存在的问题，这是极其说不通的逻辑。诚然，单位内部的治理或经营结构存在问题容易导致单

---

① 参见李冠煜：《单位犯罪处罚原理新论——以主观推定与客观归责之关联性构建为中心》，载《政治与法律》2015 年第 5 期。

② 参见刘艳红：《企业合规不起诉改革的刑法教义学根基》，载《中国刑事法杂志》2022 年第 1 期。

③ 参见时延安：《合规计划实施与单位的刑事归责》，载《法学杂志》2019 年第 9 期。

位员工实施不法行为,但是如果这些不法行为不是出于单位集体意志的许可或者默认,又缘何能归结于单位呢?这种主张,实质上也难以回答单位犯罪的构成要件。只能说单位的不合规管理滋生了犯罪,但不能认为单位的责任因此而来。这种观点实质上是建立在单位组织责任论基础上的。

单位组织责任实际上要求单位在其内部管理体系中承担更为严格的责任,其对内部成员监督、管理不当而致使发生员工不法行为时,企业就因组织体而承担责任。这与"组织责任论的目的是摆脱转嫁责任的束缚,独立考察企业的刑事归责问题"①相悖,因为在要求企业承担组织责任时,实质上将不属于企业意志的员工不法行为的罪责转嫁给了企业。例如,在员工超越职权而实施不法行为时,员工的越权行为是由于企业的监管不力造成的,但并不体现企业的意志。此种情形,在企业刑事责任一元模式下,仅员工行为成立犯罪,而在单位组织责任中,企业因其监管过失而应负刑事责任。因此,单位组织责任实质上是扩大了单位犯罪的成立范围,极大地增加了单位的责任。

单位组织责任是建立在合规责任基础上的,其应然逻辑是:单位承担合规责任意味着单位在其组织运行中承担行为符合法规范标准责任,故当有单位组织不力时则应要求单位承担责任;而当单位在其组织行为中构建了合规机制时,则认为其承担了行为符合法规范标准责任,而不能将成员不法行为归属于单位。稍加以逻辑思考便不难发现,此种合规否定单位组织责任的观点,是将"企业具有合规机制"简单与"企业履行了组织运行中行为符合法规范标准"等同。以此逻辑来判断企业是否承担罪责就是:因为企业存在合规机制,故企业对员工不法行为不负罪责。然而,正确的逻辑思维应当是:因为员工非因企业不法而实施不法行为,所以该不法行为不能归咎于企业,故企业不负罪责。以此逻辑来看,企业合规就不能当然阻却单位罪责。

(三)企业合规机制推定不可避免的法律认识错误

在企业依照其实现已经建成的合规计划而采取相应的活动时,即使企业行为触犯了刑法规范,但是从违法性认识错误的角度而言,该种违法认识错误可以说也是不可避免的。在单位犯罪中,对于不可避免的法律认识性错误,也应当出

---

① 刘艳红:《企业合规不起诉改革的刑法教义学根基》,载《中国刑事法杂志》2022年第1期。

罪。[①] 一般来说，违法性认识错误并不能阻却责任，但是在存在企业合规机制时，单位因对有效合规机制的信赖而对行为本身的社会危害性认识发生错误而进一步产生违法性认识错误时，应该否认单位有犯罪的意志。

三、企业刑事合规刑法体系中国实践的应然出路

学术界关于合规出罪的论证，并非从我国立法所确认的企业刑事一元责任中推导出来的，虽然这些学说具有相当的参考价值，但是对企业合规计划的刑事法价值，还是应该在符合我国立法现状内的框架内认识，尽量在现行刑法规范内阐释合规不起诉的价值内涵，探讨其中国化的应然之路。

（一）作为认识错误的事由而出罪

在建立了合规机制的企业中，如果企业能够证明其合规机制有效且企业行为遵循了该机制，就可以认为企业在采取相应行为时主观上没有违反刑法规范的罪过。因而，在企业行为涉嫌构成具体犯罪时，企业在主观上一定存在法律或事实认识错误。事实认识错误通常能够否定企业的主观罪过，例如，特种养殖企业向专家确认其养殖的动物不属于禁养名单的，就对其非法养殖珍稀物种行为缺少认识，进而否定其主观罪过，从而不构成相应罪名，实现出罪。

不可避免的法律认识错误能达到相同法律效果，但是对法律认识错误的标准较为严格。此时应该区分何种法律认识错误，要综合判断该认识错误是否达到了“不可避免的”程度。不能简单地以企业存在的合规部门认定某种行为不违反法律规范就认为企业行为对法律规范的违反是不可避免的。因为企业合规部门的意见，本质上属于企业的认知组成部分。因此，对法律认识错误的标准还要考虑合规部门的意见形成过程是否参考了权威机构的意见。

（二）作为品格证据而成为预防刑宽宥事由

从总体上看，建立企业合规机制的企业相较于没有建立合规机制的企业，其在犯罪的概率上是较低的，因为企业合规机制一般能够避免犯罪的发生。企业合规机制给企业设立了一套犯罪的自我防范机制，从这个意义上来说，作为法律上的拟制人格，合规企业就有了更高的“人格品性”，当然，这种人格品性仍是法律拟

---

① 参见孙国祥：《刑事合规的理念、机能和中国的构建》，载《中国刑事法杂志》2019 年第 2 期。

制的。作为刑罚的构成,预防刑是针对行为人再犯可能性而设置的。对于人身危险性较大的行为人,有必要施以更重的刑罚使其悔罪。当然,对于人身危险性较小的行为人,再犯可能性较低,自然没有加重预防的必要。体现在终局刑罚上,此类行为人就得以得到刑罚的宽宥。

至于企业关乎市场稳定与普通劳动者利益的而应当减刑的说法,首先,与刑法面前人人平等原则相悖。如果大企业因其市场份额大、员工多而应当享受刑罚上的特权,那么小企业当之如何?其次,在市场经济下,不能不考虑违法行为为单位带来何种收益,且该收益成为企业占领市场份额的优势所在。质言之,在单位犯罪中,大企业的市场份额或源自其长期的、未被发现的犯罪行为。至于处罚大企业可能导致市场萎缩的问题,基于市场经济下供求关系的客观规律,在大企业受刑罚而退出市场时,自然会有相应的替代者填补空缺。在相同的技术水平下,替代者也需要与大企业规模大体相似的岗位,并不会给普通劳动者带来严重的利益损失。

(三)作为保安处分的刑事合规

既然刑事企业合规不能作为出罪的事由,企业犯罪应当以追究刑事责任为必要,则需要考虑事后企业合规的价值与地位。在企业成立犯罪时,出于对再犯的预防而对犯罪企业进行合规化是有必要的。且以合规改造作为预防企业再犯的手段,相较于“从业禁止”对于企业利益更有价值。因为企业赖以生存的是其经营行为,对经营行为的限制能够在实质上造成企业“死亡”的结果。

值得考虑的是,当企业员工个人行为触犯刑法时能否进行合规改造?被陈瑞华教授誉为“合规无罪抗辩第一案”的雀巢公司员工侵犯公民个人信息案,认为企业因合规而出罪,由员工单独承担刑事责任。① 该案的裁判依据是行为人违反公司管理规定,为提升个人业绩而实施犯罪为个人行为。② 质言之,在本案中,企业并非因其合规机制而免责,而是因为行为人的不法行为是未经企业决策机构授权的个人行为,其中不体现企业意志,故员工的不法行为不能归属于企业。在员工实施利用企业实施不法行为时,难以说明企业的合规机制是在有效的运行状态,除非员工不法行为属于有效合规机制所不能监管的范围。此处不考虑企业合规

---

① 参见陈瑞华:《合规无罪抗辩第一案》,载《中国律师》2020年第5期。

② 参见甘肃省兰州市中级人民法院刑事裁定书,(2017)甘01刑终89号。

机制的运行,更应该考虑的是能否因此要求企业承担合规改造的义务。

首先,作为法律拟制人,企业有遵守刑法规范的义务。当然,在没有涉及单位犯罪时,尚不能说企业没有遵守刑法规范。但是当企业员工利用企业实施不法行为时,就不难承认企业自身创设了社会危害风险,那么对该风险的预防,企业应当承担责任。其次,虽然公益之保障不能强加于私主体,但是作为社会防御的手段在私主体创设风险时就有对其实施预防手段的正当性。因而在企业员工利用企业犯罪时,要求企业承担合规改造的义务是妥当的。因此,将企业合规改造作为保安处分的一种,既能够发挥刑事合规机制的单位犯罪预防机能,又不至于牵连单位与员工罪责,有利于在单位犯罪中分别认定单位罪责和员工罪责,实现个人责任原则的落实。

结　语

现行刑法体系中对企业刑事责任的认定仍是基于一元论立场的,这与诞生合规不起诉制度的企业刑事责任二元论存在根本立场的冲突。因此,企业合规机制欲作为出罪事由,就不能简单地挪用域外法律制度,必须基于我国现行法律规范进行中国化改造,以实现域外法律制度与本土法律规范的和谐。在现行刑法体系中,企业合规机制虽然不能直接作为出罪依据,但是可以在具体犯罪构成中考虑有效运行的企业合规机制的存在对企业犯罪意志的否定以及不可避免的认识错误对单位责任的否定,从而通过对犯罪构成要件的否定实现出罪结果。企业刑事合规预防犯罪的价值也不能忽视。在发生单位员工利用单位管理制度缺陷实施犯罪时,应该要求单位履行合规义务以实现预防犯罪。当然,随着企业合规改革的不断深入,企业合规改革实质出罪的法律依据仍是亟须解决的问题。但不管解决机制如何,必然要在我国的法律制度之下重新阐释企业合规机制的刑事价值,对源于域外法的合规不起诉制度进行中国化改革。

企业合规司法衔接机制的探索与建立

——以暂缓起诉制度的本土化为视角

张俊辉* 官春茂**

摘要：目前对检察权主导下的刑事合规制度研究，主要涉及域外法介绍、检察阶段的制度考量以及单位犯罪范围等方面，刑事合规程序研究尚局限于审查起诉阶段，与侦查、审判程序衔接尚处空白。从试点情况看，合规期限受到审查起诉期限的限制，已成为制约刑事合规发展的重要因素。鉴于我国的基本刑事制度和企业历史文化，本文根植于试点情况，借鉴刑事合规域外法经验，从刑事合规的侦诉审全流程覆盖，以及制约刑事合规的因素出发，研究暂缓起诉制度本土化的可能性，尝试构建司法协同机制下开展企业刑事合规，以期为我国刑事合规制度的建立提供一种有益构想。

关键词：企业合规 暂缓起诉 本土化 司法协同 衔接机制

随着全球化商品经济贸易发展的时代浪潮，我国企业的全面发展既面临着各种机遇，也充斥着诸多风险。综观全球主要发达经济体，刑事合规制度的确立已成为推动并保护现代企业与社会经济发展的重要制度。着眼于当下，在经济发展高度全球化融合的趋势下，没有哪一个经济主体可以对企业合规制度的盛行置身事外。因此，在我国建立并发展完善的刑事合规制度对于社会宏观发展与企业微观治理已是箭在弦上。

刑事合规，是指作为各种形式的体现国家—企业合作预防犯罪政策导向制度设置的理论概况，其实质内容就是将企业经营是否合规及其合规的努力程度，作

---

* 张俊辉，广西壮族自治区南宁市青秀区人民法院员额法官。

** 官春茂，广东省广州市黄埔区人民检察院检察官助理。

为认定涉罪企业刑事责任的有无及轻重的核心要素的一套犯罪预防机制。其内在结构包含不可或缺的3个层面,三者协同运行方能保障刑事合规制度政策目的的最终实现。一是国家层面创设刑事合规制度;二是企业层面参照立法中的合规有效性要素,拟订和实施合规计划;三是社会组织协同参与企业刑事合规。[①] 本文中所论述的刑事合规即限于企业刑事合规制度,与当下刑事合规试点工作属于同一范畴。

一、刑事合规的试点现状分析

(一)试点情况概述

2020年3月,为贯彻民营经济平等保护、"少捕慎诉"等刑事司法政策,最高人民检察院在深圳市宝安区等6个基层检察院开展首批刑事合规试点。2021年3月,又在第一批试点的基础上,部署了涵盖北京、辽宁等10个省份的第二批试点单位,进一步将企业刑事合规试点扩展到62个市一级检察院以及387个基层检察院,并鼓励非试点单位开展刑事合规探索。与此同时,最高人民检察院为进一步探索完善刑事合规配套机制,在2021年6月联合全国工商联等9部门建立企业合规第三方监督评估机制,该机制旨在解决刑事合规中合规整改质量验收问题。根据最高人民检察院办案数据显示,自刑事合规试点以来,各地检察机关共办理刑事合规案件766件,其中适用第三方合规监管评估机制的案件503件,占比65.66%[②]。在试点探索阶段,受限于现行刑事诉讼法的规定,相关试点单位主要是结合不起诉、量刑建议等检察权限,通过相对不起诉、附条件不起诉以及认罪认罚从宽处理机制3个路径推进企业刑事合规。[③] 从发布案例的效果看,刑事合规制度在刑事案件中的适用,不仅使相关企业可以摆脱刑事犯罪囹圄,还促进了该企业的发展,制度价值逐步凸显。

最高人民检察院发布的2批,共10个案例,主要涉及污染环境、串通投标、重大责任事故、虚开增值税发票犯罪等,犯罪情节相对较轻,案涉企业体量较小,刑事合规难度不大。企业通过合规整改,均建立和完善了自身合规机制,并得益于

---

① 参见张远煌等编著:《企业合规全球考察》,北京大学出版社2021年版,第9-11页。

② 参见最高人民检察院2022年4月19日发布核心办案数据,访问地址:https://www.spp.gov.cn/xwfbh/wsfbt/202204/t20220419_554526.shtml#3。

③ 参见李本灿:《刑事合规制度改革试点的阶段性考察》,载《国家检察官学院学报》2022年第1期。

自身合规机制的建立,促进了企业发展。同时,检察机关也结合案件的实际情况,不断探索刑事合规办案模式。比如上海检察机关,在刑事合规监管评估机制方面通过依托长三角一体化协作平台,实现了跨级别、跨地区的合规监管,构建了刑事合规异地监管办案的新模式。

(二)现行运行模式

检察机关主导的刑事合规试点,因受限于现行刑事诉讼法的规制,目前仅局限于单一检察权内的刑事合规制度探索。试点地区主要以行使不起诉裁量权和量刑建议权在内的刑事合规路径,以相对不起诉或者从轻量刑作为刑事合规的激励。此外,最高人民检察院公布的第二批"企业合规典型案例"(案例六)"文昌市S公司、翁某某掩饰、隐瞒犯罪所得案",海南省检察机关以事后检察建议的方式促进企业合规整改,探索并形成了"事后合规"模式。在试点案件中的合规整改期限多为1至6个月不等,合规期限相对较短,这也引起了社会对刑事合规整改质量的担忧。为解决刑事合规整改情况评估的问题,避免企业纸面合规,最高人民检察院引入第三方监督评估机制,以强化企业实质性合规。

从发布的试点案例可见,检察机关主导的刑事合规制度试点主要有3种运行模式:一是刑事合规相对不起诉模式。这种模式也是多数试点单位采取的合规办理模式,即在审查起诉阶段对符合条件的企业进行合规整改,对于整改验收合格的企业作出相对不起诉的处理。涉案企业能够以合规整改方式获取不起诉的处理决定,此种模式对企业具有较大的激励作用。但受审查起诉期限以及相对不起诉制度仅适用于轻微刑事案件的限制,刑事合规案件必须符合不起诉条件以及在审查起诉期限内整改完毕,又导致其在适用上存在一定的局限性。二是刑事合规从轻量刑模式,即以获得量刑上的从轻作为企业开展刑事合规的激励,对于整改验收合格的企业,予以量刑从轻。这种模式相对于刑事合规不起诉模式,避免了刑事合规在案件适用上的局限性,但同样面临着审查起诉期限对整改期限的限制,难以满足对于规模大、经营业务复杂的企业刑事合规的期限需求。三是事后检察建议整改模式,即刑事案件宣判后,检察机关通过延伸检察职能参与社会治理,促进企业刑事合规。检察机关根据案件所反映出来涉案企业存在的管理漏洞等问题,有针对性地向企业制发检察建议书督促其合规整改,促使企业完善内控制度和管理机制。不过,事后合规整改因缺乏合规激励,又不具备强制力,严重依赖企业的配合意愿,难以上升为制度推广适用。

(三)运行效果分析

通过刑事合规的方式促进企业自行完善合规机制,一方面,避免企业因涉罪而陷入经营困难;另一方面,可以促进企业完善管理机制和保障社会经济发展及就业,实现多赢共赢的社会效果。不可否认,目前的刑事合规试点工作仍面临着诸多挑战,刑事合规工作推进的深度和广度均存在不足,现行模式下的刑事合规制度难以完全发挥刑事合规制度的价值,亟须探索构建多方力量协同下的刑事合规模式。

一是审查起诉期限内的刑事合规期限难以满足合规需求。试点单位开展刑事合规,以不突破现行刑事诉讼法为前提,只能在审查起诉的法定期限内开展刑事合规,即以不起诉或者从轻量刑作为刑事合规的激励,必须是在刑事合规验收合格后作出,而这一决定的作出必须在审查起诉期限内。因此,合规期限必将受限于审查起诉期限,也就是说,合规考察期无法突破最长审查起诉期限一年的限制。过短的合规整改期限,难以实现刑事合规整改要求。比如,一些经营范围较大、业务较为复杂的企业,梳理企业管理风险、制订整改方案、方案落实评估等就难以在一年内完成。在国外的刑事合规司法案例中,3－5年的刑事合规期限较为常见。另外,对于事后检察建议模式的刑事合规,虽然可以实现整改期限不受限制的要求,但检察建议缺乏规制民营企业的刚性,刑事合规效果自然也难以保障。

二是审查起诉阶段的刑事合规呈现出程序广度的不足。目前检察机关主导下的刑事合规局限于审查起诉阶段,与侦查、审判阶段的衔接实践尚处空白。特别是刑事合规从轻量刑模式下,人民法院如何认定从轻量刑缺乏法律规定,实质上是在认罪认罚制度下的从轻。在法院未参与的情况下,以刑事合规作为从轻量刑情节的做法值得商榷。合理确定刑事合规案件适用范围以及合规启动程序的阶段,是发挥刑事合规作用的关键,而审查起诉视角下的刑事合规存在较大的局限性,仅能适用于轻微案件以及只能在审查起诉阶段启动,必将导致刑事合规制度因受限于适用案件范围和启动阶段,难以激发刑事合规制度的生命力。因此,结合当前刑事合规试点现状和我国现行刑事诉讼法基本体系,探索构建一个以侦查阶段、审查起诉程序和审判程序一体化的全方位涵盖、协同式刑事合规制度,既符合刑事合规制度的内在要求,也符合刑事一体化的基本原则。

二、刑事合规制度的比较法视野

刑事合规制度作为一项新生的法律制度,从其诞生之初至今不过三四十载,却以其巧妙的制度设计几乎重塑了全球范围内企业的经营运作模式，甚至深刻改变了反腐败法律实践的演进逻辑与发展方向，世界各大经济主体及其企业无不深受该制度的影响①。因此，在考察世界各国刑事合规制度演进历程的基础上，进而构建符合我国国情的刑事合规制度，就显得尤为必要。

（一）域外立法经验与司法现状

1. 刑事合规制度的滥觞

作为企业刑事合规制度的发源地和合规规则的最大输出国，美国的企业刑事合规制度肇始于 1977 年颁布的《反海外腐败法》（Foreign Corrupt Practices Act, FCPA），作为控制企业海外商业贿赂行为的重要法律。1991 年，美国联邦量刑委员会通过了《组织量刑指南》，明确规定企业应设立有效的合规计划以预防和发现犯罪行为。设立合规计划与否及合规计划的设计、实施和执行情况将作为检察官对是否予以起诉和法院定罪量刑的重要参考。在 1998 年对 FCPA 进行第三次修订后，该法中大量反腐败条款和会计条款被逐步适用于在美的外国公司和个人乃至外国公司，这些公司的违法行为无论发生在美国与否均受该法管辖（亦称“长臂管辖权”）。② 此后，美国更是因 2002 年安然、世通等企业会计重大违规行为的发生，不断加强对企业的监管，通过相继出台《萨班斯—奥克斯利法案》及《霍尔德备忘录》（亦称《联邦起诉商业组织原则》）等一系列法案及备忘录的方式，构建起本国以《反海外腐败法》为中心的众多法律法规，共同持续完善深入打击企业违规行为的有效法律框架。有鉴于此，相关企业纷纷通过建立公司内部合规体系，以寻求规避或降低相应法律风险。

2. 刑事合规制度的后进发展

2009 年，德国联邦最高法院审理的“柏林城市清洁公司诈骗案”形成“以合规作为个人责任联结点类型的刑事合规制度”③，并经后续系列判决所确认，而企业的合规计划在事前、事后亦可以作为一个减轻情节在罚款裁量中予以考量。德国刑事立法层面虽尚无刑事合规的明确规定，但其《违反秩序法》规定单位可以作为处罚对象。德国因此形成在缺失单位犯罪基本规范的制度背景下推动企业合规

---

① 参见万方：《反腐败合规法律实践的规范演进与实践展开——以美国〈反海外腐败法〉为切入》，载《法治研究》2021 年第 4 期。

② 参见陈瑞华：《美国〈反海外腐败法〉与刑事合规问题》，载《中国律师》2019 年第 2 期。

③ 参见李本灿：《合规官的保证人义务来源及其履行》，载《法学》2020 年第 6 期。

的独特方式,形成了强行政监管、高额行政罚款、合规责任人入刑的行政与刑事二元合规体系。

2010 年,英国通过颁布《反贿赂法》①,首次确立了普通行贿罪“商业组织预防贿赂失职罪”和受贿罪“行贿外国公职人员罪”两个罪名。英国据此确立了严格责任原则和企业制定预防贿赂的“充分程序”义务的企业合规法律体系,并通过“密切联系”(close connection)管辖原则突破一般属地管辖原则,实行属地管辖原则和属人管辖原则相结合的扩张性司法管辖。

2016 年,法国通过了《关于提高透明度、反腐败以及促进经济生活现代化的 2016－1691 号法案》(亦称《萨宾第二法案》)②,该法案吸收了美国《反海外腐败法》和英国《反贿赂法》的相关规定和司法经验,确立了本土化的暂缓起诉制度和特有的强制合规制度以预防和打击海外企业腐败行为。

与此同时,美国政府为保护其企业在全球范围内的竞争优势,开始针对那些不在美国运营的外国公司的商业贿赂行为不断延伸其合规制约的触角。在此背景下,通过谈判推动了主要贸易伙伴制定反腐败法律,也推动了反腐败国际公约的制定和实施。2005 年 4 月,巴塞尔银行监管委员会发布了《合规与银行内部合规部门》,对金融企业构建合规部门确立了一般性的原则。2010 年 3 月,经济合作与发展组织(OECD)发布了《内部控制、企业道德及合规最佳实践指南》,对成员国和跨国企业提出了预防腐败行为的要求,并确立了有效合规的 12 项准则。2014 年,国际标准化组织(IOS)发布了《合规管理体系指南》,以国际法律文件的形式确立了有效合规的基本标准。③ 至此,企业合规制度向多行业、全球化全方位纵深发展,进而影响世界各国和地区的经济发展和社会治理等诸多方面。

(二)检察权维度下的刑事合规

刑事合规制度使传统刑事司法模式由对抗型走向合作型司法模式,合规计划以预防企业刑事法律风险为终极目的,以刑法激励措施作为终极推动力。刑事合规制度可以重塑检察机关预防企业犯罪的角色,实现从注重事后、消极预防向事前、积极预防的转变,推动企业治理结构变革,丰富检察权内涵,进而推动检察权

---

① 参见陈瑞华:《英国〈反贿赂法〉与刑事合规问题》,载《中国律师》2019 年第 3 期。

② 参见陈瑞华:《法国〈萨宾第二法案〉与刑事合规问题》,载《中国律师》2019 年第 5 期。

③ 参见陈瑞华:《企业合规制度的三个维度——比较法视野下的分析》,载《比较法研究》2019 年第 3 期。

在国家治理体系中角色的重大变革。①

2021 年 4 月 21 日，最高人民检察院在《关于开展企业合规改革试点工作方案》中强调，试点必须坚持“严格依法有序推进”这一基本原则。张军检察长在山东省调研时也一再强调，试点既要勇于创新实践，又不能违反法律和政策，必须在法律框架和政策界限内进行，未经立法授权，不得突破法律规定试行涉企业犯罪附条件不起诉（暂缓起诉）等做法②。基于前文对当前刑事合规制度的试点现状分析，可以发现当前刑事合规制度试点工作仅限于在检察机关主导下开展，而其他司法机构尚未涉及。当然，基于现行法律规定开展的试点，必然不能以违法为代价开展合规，否则容易导致舍本逐末的结果。

然而，综观各国的刑事合规制度，虽然都是以检察权为主导开展刑事合规，但却鲜有完全限于起诉阶段开展的刑事合规。一方面是基于程序的实现需求，另一方面则是基于该国刑事合规制度的法律规定。比如，美国、法国等都是以检察权为主导开展的刑事合规，但多数案件最终还是通过进入法院后以检察官与涉案企业达成暂缓起诉协议方式开展合规工作。其中，美国的暂缓起诉是在案件已经移交给预审法官后，通过暂缓起诉协议而作出的延迟起诉决定，这种暂缓起诉协议又被称为“预审转移协议”。③ 通过暂缓起诉制度，使案件在起诉至最终审理阶段仍具备开展刑事合规的程序和时间条件。

（三）多方协同的刑事合规实践

在执法实践中，《反海外腐败法》一般由美国联邦司法部和证券交易委员会共同对违反该法的主体进行追责，前者根据反贿赂条款负责刑事执法和民事执法工作，后者根据反贿赂条款对证券发行人追究民事责任。法国依据《萨宾第二法案》建立反腐败局（Agence Francaise Anti – Corruption，AFA），作为预防和发现腐败行为的专门国家机构，负责监督符合监管执法条件企业是否依照法案的规定建立合规制度，并对其合规制度的有效性作出评估。德国以联邦最高法院系列判决的形式间接确定刑事合规制度，更是一反大陆法系国家制定成文法的司法传统。由此

---

① 参见李本灿等编译：《合规与刑法：全球视野的考察》，中国政法大学出版社 2018 年版，第 71 – 72 页。

② 参见李本灿：《刑事合规制度改革试点的阶段性考察》，载《国家检察官学院学报》2022 年第 1 期。

③ 参见李勇：《检察视角下中国刑事合规之构建》，载《国家检察官学院学报》2020 年第 4 期。

可见,刑事合规制度在各国的立法和司法实践,均以本国司法机构之间的协同或设置专门机构的方式开展合规工作,这与当前单一检察权主导并推动整个合规过程的试点模式存在显著差异。

有学者认为,我国刑事诉讼法新近确立的认罪认罚从宽制度,可以作为构建我国刑事合规制度的有效参考。二者同属合作型司法模式,均为诉讼经济的产物,在理论基础上具有同源性。前者可以作为我国刑事合规的基本法律依据,在此基础上,以检察机关为主导,通过建立单位犯罪量刑指导意见、涉罪企业合规承诺、单位犯罪附条件不起诉等制度,构建中国式的刑事合规。[①] 然而,在各国的企业刑事合规实践中也并非必须以认罪认罚为前提,比如,英国明确规定认罪并非暂缓起诉的前提,法国的暂缓起诉则只需企业承认相关事实即可。

对此,笔者认为,认罪认罚从宽制度与刑事合规制度二者虽有诸多共同的法理基础,但认罪认罚从宽制度却仍是绝对起诉主义语境下宽严相济刑事司法理念的产物。因此,可以从涉案企业是否认罪认罚作为开展刑事合规与否的前提予以设定,而在侦查阶段认罪认罚从宽可以通过侦查机关提出适用意见的方式实现,在检察机关提起公诉后进入法院的案件依然可以适用认罪认罚从宽。由此可见,认罪认罚制度实际贯穿于侦查、起诉和审判环节,亦在各阶段不同执法司法机构之间形成一定的协同,这在一定程度上确保了该制度在实行上的连贯性和最大可能性,也实现了不同阶段程序之间的综合利用。

因此,构建本土化的刑事合规制度亦应在域外已有司法经验和当前试点实践之间作对照分析,而暂缓起诉制度就属于二者之间的核心连接点,对其进行较为深入的分析即为本文的应有之义。

三、司法协同机制下的刑事合规制度构建

鉴于目前合规试点工作的开展囿于现行法律框架,而不得不采取较为稳妥的方式推进试点的现状,合规试点工作在短期内或难以突破。我国同时又面临国内刑事合规工作制度欠缺和国外刑事合规法律对本国企业种种限制的双重被动局面。特别是在 2018 年 11 月,美国司法部发布的《中国行动倡议》更是明确指出,在《反海外腐败法》执法案件中应甄别并加大对与美国企业存在竞争关系的中国

---

① 参见李勇:《检察视角下中国刑事合规之构建》,载《国家检察官学院学报》2020 年第 4 期。

企业的执法力度。① 综观前文所述各国均在刑事合规制度的立法司法层面上建立暂缓起诉制度，以保障刑事合规制度的实现，笔者认为有必要从利益衡平保护的理念出发，探讨暂缓起诉在刑事合规体系中的制度功能，并以其在构筑完整刑事合规体系方面予以评价，进而论证构建本土化司法协同机制下的刑事合规制度。

（一）利益衡平价值考量

法律往往是通过对不法行为的有效打击以及潜在违法犯罪行为的预防两个层面实现对法益的有效保护。在当前经济全球化背景下制度刑事合规法律已是大势所趋，不管是为实现对本国企业的合规规制，还是对涉案外国企业的有效规制，均有利益衡平上的积极意义。

按照法益侵害说，一般自然人的违法犯罪行为都针对特定或不特定的对象的进行侵害，以及存在一个利益受到侵害的主体或是社会层面上的公共法益。企业作为组织体法人，其违法行为同样可能侵害特定的其他企业或造成社会公共利益的损害。因此对企业违法行为通过客观责任理论进行规制，比如，通过合规整改和强制监管以及罚款或赔偿，进行损害修复和损失填补，实现利益平等保护。

长期以来，美国通过“长臂管辖权”实现对海外涉嫌商业贿赂的他国企业进行了刑事合规执法活动，虽多数涉案企业最终以签订暂缓起诉协议进行合规整改并缴纳巨额罚款免于入罪，使企业得以维持经营，但涉案企业往往也因此陷入长时间的低迷期。

为打破这一被动局面，世界各国也纷纷通过设立本土暂缓起诉制度或类似的合规机制予以应对。其中，法国就建立了涉案企业需要交纳不超过过去 3 年平均年营业额 30% 的罚款，并且同意在 AFA 监控及第三方独立专家的协助下，在 3 年之内建立或完善合规制度，以及在 1 年之内按照约定方式赔偿被害人的损失为条件的暂缓起诉协议，该制度也被称为“基于公共利益的司法协议”（CJIP）制度。② 该制度规定检察官需将与企业达成的协议提交法院，法院经过听证程序加以确认后，协议生效并在相关网站上公布，在考验期满后合规由检察官向法院提出放弃公诉程序的申请，反之应向法院汇报不合规意见并由法院决定是否恢复公诉程

---

① 参见万方：《反腐败合规法律实践的规范演进与实践展开——以美国〈反海外腐败法〉为切入》，载《法治研究》2021 年第 4 期。

② 参见陈瑞华：《法国〈萨宾第二法案〉与刑事合规问题》，载《中国律师》2019 年第 5 期。

序。通过对国外涉案企业进行有效规制，可以在一定程度上实现对本国企业的保护。

（二）暂缓起诉制度评析

1974年，美国通过制定《快速审理法案》确立了检察官可以通过与涉及贿赂、欺诈等涉案企业达成“暂缓起诉协议”（DPA）或“不起诉协议”（NPA）的方式来处理轻微的刑事案件。涉案企业承认被指控的犯罪行为后，与执法机关或监管机构达成协议并缴纳罚款，在考验期内建立合规体系。实践表明，绝大多数涉案公司都在协议履行期内建立了较为完善的合规机制，最终得以免予定罪或避免刑事处罚。一般认为，协议制度的推行可以实现检察权从事后的追求刑事处罚转化为督促涉案企业对法律法规的遵守，这在消除和预防企业犯罪、推行合规机制和降低社会影响方面都具有积极意义。

1. 保障制度供给

我国刑法近年来虽然陆续扩大单位犯罪的罪名范围和刑事责任，但与20世纪90年代以来两大法系多数国家仅通过扩张单位犯罪罪名范围的方式规制单位犯罪的预防转型观念，在理念上仍存在巨大差异。① 我国现行刑法对单位犯罪实行双罚制，既对单位判处罚金，又对直接负责的主管人员和其他直接责任人员判处刑罚，且仍然采用注重事后惩罚与消极预防的传统法人归责理论现状，②造成对企业犯罪案件的全面打击和有效预防不免陷入顾此失彼的困境。

目前，我国刑事程序法中虽然已经建立起了以法定不起诉、证据不足不起诉、酌定不起诉、附条件不起诉、特殊情形不起诉等5种类型为组成的不起诉体系，但是在传统绝对起诉主义背景下，刑事合规制度显然缺乏直接适用的制度依据。然而，刑法理念上的转变必然产生制度的调整，而当前刑事合规试点也正是受到现行刑事程序和实体法律规定的限制，无法突破当下开展刑事合规工作的制度瓶颈。刑事合规体系的设立牵一发而动全身，在我国刑事一体化司法体系中，一项制度行之有效的运转必然是以建立实现充足的制度供给为前提，这也是法治最基本的应有之义。③ 因此，以前文所述暂缓起诉之制度功能为参照，可以考虑基于我

---

① 参见赵赤：《企业刑事合规：全球趋势与中国路径》，载《检察日报》2018年8月22日，第3版。

② 参见孙国祥：《刑事合规的理念、机能和中国的构建》，载《中国刑事法杂志》2019年第2期。

③ 参见王颖：《刑事一体化视野下企业合规的制度逻辑与实现路径》，载《比较法研究》2022年第3期。

国当前刑事审前程序中庭前会议法律规定和司法实践，建立附着于该程序之上以保障开展刑事合规的制度依据，从而达致其实现。

2. 优化程序运转

对于暂缓起诉制度的建立与否，有学者认为，附条件不起诉制度虽然仅适用于未成年人犯罪案件，但是该制度基础可以作为暂缓起诉制度的替代制度实现，[①]笔者认为，此种观点可能忽略附条件不起诉与暂缓起诉制度的内在差异，二者虽同属检察裁量权层面，但前者并不能全面涵盖暂缓起诉制度设计中的诸多程序功能。因此，在当前企业刑事合规试点工作的开展过程中，极易陷入因制度匮乏而导致司法实务过程无法可依的困境。

对此，笔者认为，我国应考虑在调整单位犯罪向预防理念以及组织性责任理念方向转变并在进一步适当扩增企业罪名范围的基础上，建立本土化的暂缓起诉制度，以解决当前试点工作中存在无法可依的法律困境和参与有限的现实难题。一方面可以为刑事合规机制的建立和发展提供充分的制度供给，确保合规工作的开展有法可依；另一方面还可以依托暂缓起诉制度形成执法司法机构之间的天然协同效用，从而至少在 3 个层面上拓宽刑事合规制度的广度和深度。一是刑事合规案件从最初的侦查环节，侦查机关即可对涉案企业的涉案人员及相关财产采取假释、活封等措施，降低一般刑事强制措施对企业经营造成的影响，为后续开展刑事合规工作创造基础条件。二是检察机关在起诉环节对于重大刑事合规案件的处理，可以不必完全局限于起诉期限内匆忙开展合规整改和验收，其可以在移送起诉后持续开展合规整改等工作。三是审判机关可以在案件起诉至法院后对开展刑事合规的案件在申请、听证和公示环节适度参与，尤其是罚金及整改期等重要合规协议内容的审查。

(三) 刑事合规制度构建

如前文所述，为探索建立符合我国国情的刑事合规制度，必然要建立在制度设立的价值追求与实现之上，突破现有法律制度设计及合规试点工作限制就属于无法回避的现实问题。因此，笔者认为，通过暂缓起诉制度的设立，可以保障刑事合规的制度供给并优化程序运转。以暂缓起诉为视角，可以窥见协同机制下刑事合规制度体系本土化构建的可能性。刑事诉讼全流程协同机制是刑事一体化的

---

① 参见杨帆：《企业合规中附条件不起诉立法研究》，载《中国刑事法杂志》2020 年第 3 期。

具体表现，刑事诉讼程序中侦查、起诉、审理 3 个环节在刑事合规制度的实施中如何设计并合理衔接就值得探讨。

刑事诉讼法规定人民法院、人民检察院和公安机关进行刑事诉讼，应当分工负责，互相配合，互相制约，[①]通过分别独立行使刑事侦查、起诉和审判职权，作为保证准确有效执行法律的出发点，这既是我国刑事诉讼法的基本原则之一，也是我国刑事程序法的底层基础架构。笔者认为，刑事合规制度的本土化建构也应在此架构之上讨论和设立。

一是侦查机关在侦查讯问环节，对于有开展刑事合规可能性的犯罪企业应当告知涉案企业是否申请开展刑事合规，如果符合合规条件并在配合检查审计等调查工作、完成合规整改的情况下企业将可以获得从轻处理。侦查机关还可以依涉案企业的合规申请，商请检察机关以提前介入侦查的方式侦办刑事合规案件。

二是检察机关对符合不起诉条件的轻微刑事案件，可以径行开展刑事合规工作，但整改期应限定于6 个月至1 年内。对于整改期限在1 年以上的，应当移送起诉并在法院审理过程中开展刑事合规工作。检察机关在认为有必要的情况下也可以通过主动介入侦查的方式，提前开展刑事合规案件的办理。

三是法院对检察机关移送开展刑事合规的案件，对检察机关与涉案企业达成的暂缓起诉协议进行形式审查，以一般同意为原则、有限退回为例外。对于检察机关因合规整改完毕撤回起诉的案件，法院还应当备存刑事合规案件中涉案企业的合规整改材料、第三方合规监管评估意见书以及检察机关的撤回起诉意见书等。对于未开展刑事合规的涉企业犯罪案件，法院在审理判决前，可以基于社会公共利益等原因认为有必要开展刑事合规的，可以向检察机关提出开展刑事合规建议。

（四）其他需要注意的几个方面问题

从试点公布的刑事合规案例中来看，合规整改期多为 1 –6 个月不等，合规整改期限相对较短，案件中是否同时科处罚金以及罚金幅度等情况也鲜有提及。这主要是由于当前试点合规案件多为轻微刑事案件，相较于“中兴通信事件”等，涉案企业动辄被处数以亿计美元的罚金及数年以上考验期。因此，由于合规整改期

---

① 《刑事诉讼法》第 7 条规定：“人民法院、人民检察院和公安机关进行刑事诉讼，应当分工负责，互相配合，互相制约，以保证准确有效地执行法律。”

限过短或在不起诉中无法适用罚金而引发社会对刑事合规整改效果的担忧，以及是否容易导致出现纸面合规等问题值得引起重视。同时，对企业刑事合规案件的适用范围除前述涉案罪名的考量外，还应从涉案企业合规产生的社会价值、经济效益和保障就业等方面予以衡量，不能简单地为了追求合规而合规。刑事合规制度构建还应从其他几个方面来注意：

1. 整改期

刑事合规整改期限的适当延长可以确保合规整改的质量和效果，既给予涉案企业充足的整改时间，也便于开展持续的合规整改监管，甚至可以使涉案企业的经营管理形成对合规机制产生路径依赖。笔者认为，可以 6 个月至 5 年为限，其中对于使用 6 个月至 1 年以内整改期的案件应严格限定在检察院不起诉的轻微刑事案件范围内，具体应与所涉罪名与刑责相适应。对于具体案件，检察机关或法院认为有必要设置 5 年以上整改期的，经过必要审批程序，可以适当延长期限。

2. 罚金

罚金的确定应与企业因刑事合规出罪所获减免的刑事处罚相对应。笔者认为，后期试点可考虑逐步向适用罚金案件开展刑事合规，探索建立完备的罚金制度，以积累试点经验。以涉案企业近期几个年度内经营收入平均值作为罚金计算基数，具体比例幅度则视企业合规制度的建立及合规整改情况而定，同时对有明确受害人的还应赔偿其损失，最终视企业经营及资金情况限期缴纳罚金和赔偿款项。

3. 第三方机构

刑事合规体系中为企业提供刑事合规服务方和第三方合规监管评估机构等第三方主体作为合规工作的重要参与者，对其主体资质及运行规范应实现标准化和制度化。比如公开资质入选及淘汰机制，并设置机构名录等。

4. 监督机制

刑事合规制度还应建立风险规避机制。作为一个全新的法律制度可能存在未知的相关风险，因此在刑事合规中还应探索设置以纪检、监察为主体对刑事合规案件开展的监督机制，以确保刑事合规制度的平稳有效运行。

结　语

中国特色社会主义法治国家建设离不开法律制度的不断完善与发展。在当下大陆法系与英美法系并行的主要传统法系背景下，我国的社会主义法治体系建设已然自成一家并日趋成熟完备。因此,在当下企业犯罪形势日益严峻及全球化刑事合规浪潮的大背景下,我国应紧密结合自身的发展情况,合理借鉴优秀立法司法经验,务实推动企业建立合规机制并深化本国企业合刑事规立法司法实践。以期建立符合我国国情的企业刑事合规制度,为社会主义市场经济的高速长足发展保驾护航,乃至为全球法律制度建设的发展提供有益范本。

涉案企业合规第三方监督评估机制运行问题研究

谢　畅[*]　郑诗杨[**]

摘要:涉案企业合规第三方监督评估机制是未来中国企业合规制度构建的重要组成部分,开展涉案企业第三方监督评估机制的目的在于预防和降低企业在进行商事活动过程中违反行政法以及触犯刑法的行为,我国检察机关在推进涉案企业刑事合规试点实践过程中,初步探索出了独具中国特色的第三方监督评估机制。目前,该机制虽在涉案企业中被较为广泛地运用,但在第三方监督评估机制的适用条件、经费保障、监管权威性以及评估经费等诸多方面存在不足,导致实践中涉案企业第三方监督机制运行效率低,并未将该机制运行的应有优势充分发挥。为此,应科学地完善、细化第三方监督评估机制适用条件,建立经费保障制度,明确监管主体权利义务,"因企而异"明确评估期限和合规验收标准,从而优化企业合规第三方监督机制的运行,促进企业合规经营。

关键词:企业合规　涉案企业　第三方监督评估

一、我国及域外企业合规第三方监管评估实践考察

(一)我国企业合规第三方监督评估机制运行现状

为中国企业能够顺利走向国际市场,我国从 2020 年开始探索能够契合国际发展趋势以及国际惯例的企业合规运行模式。2021 年,最高人民检察院、司法部、财政部等 9 个部门联合印发《关于建立涉案企业合规第三方监督评估机制的指导

---

[*] 谢畅,三亚学院应用法学研究所助理研究员。
[**] 郑诗杨,三亚学院自贸港国际法学院本科生。

意见(试行)》(以下简称《指导意见》),该规范性文件对第三方机制管委会的组成和职责、第三方机制的启动及运行等方面进行了规定,为推进落实企业合规第三方监督评估提供了指引。《指导意见》中明晰了第三方监督评估机制的概念,其中对以往实践中所表述的“刑事合规”表述为“涉案企业合规”,此种表述方式体现出企业合规第三方监督评估机制在以后的合规建设思路上,无论是司法机关还是行政机关,在企业合规监管工作中的目的都趋于一致。然而,“刑事合规”和“涉案企业合规”的语境是不同的,前者强调企业触犯《刑法》之后的企业合规,在开展企业合规时具有较强的紧迫性,而后者更加注重企业自身同行政部门以及检察机关共同配合实现企业合规。由此,根据《指导意见》的规定不难发现,我国在企业合规第三方监督评估机制的运行方向将不再局限于刑事司法领域的“刑事合规”,而是将更广泛的第三方监督评估主体纳入了企业合规的建设中。

自各地检察院推进企业合规第三方监督机制试点以来,全国范围内的企业逐步在经营活动中探索企业合规建设模式,各地企业合规不起诉的实践也呈现增长态势。[①] 企业合规实践前期呈现出了几种不同的第三方监督评估模式。在不同模式的背景之下,企业合规的监督主体之间的权利义务也存在不同程度的差异。首先,最为普遍的监督评估模式是检察机关同行政机关联合开展企业合规监督评估,该模式监督评估效率较高但专业性不足。其次,独立监控人模式也在一些企业合规建设的实践中得到运用,一些地区专门出台了有关独立监管人的相关工作办法。该模式虽在很大程度上提升了监督评估的专业性,但是对于独立监管人的监督不足,会导致独立监管人的权利扩张,造成企业的二次违规。另外,多方联合的监管模式在企业合规建设初期得到了较多的运用,这种模式对前两种模式进行了一定的创新,其是将第三方监督评估主体同企业合规监督管理委员会结合了起来。最高人民检察院通过对上述几种模式的分析总结,会同多个部门引入了第三方监管模式,该模式主要以检察院为主导,形成了多方参与的监督评估参与方式。近3年,最高人民检察院发布了诸多企业合规的指导性案例,案例中对于企业合规第三方监管机制的运行均有所涉及。从2021年6月到2023年1月,最高人民检察院发布了4次指导性案例,第一次发布的3个指导案例主要体现检察机关具有推动企业合规同认罪认罚从宽制度、检察建议、依法不起诉、检察听证等相关工

① 参见郭志远、王梦:《检察主导:论检察机关在企业合规第三方监管中的角色定位》,载《齐鲁学刊》2022年第6期。

作紧密结合的职责。随着检察工作的不断深入，相较于最高人民检察院发布的第一次指导案例，后期发布的指导案例多数均倡导对涉案企业进行第三方监督评估，并表明第三方监督评估在企业合规整改中的重要作用。

（二）域外企业合规第三方监管的域外经验

美国第三方合规监管源于1982年《反欺诈腐败组织犯罪法》的出台，制定该法律的目的在于联邦政府需要对一些犯罪组织开展治理工作。在治理一些企业的违法经营活动中，案件通过法院审理后，一些涉案企业的整改工作会受到由法院指派的第三方组织的监督，这就形成了美国企业合规第三方监督的雏形。但早期的合规第三方监督主要局限于制定涉案企业的违法事实报告，该种第三方监督并没有对企业合规的建设带来实质性影响。美国企业合规第三方监督获得快速发展是从2000年的世通公司财务造假案开始的。世通公司通过虚构经营费用、调整营收比例、虚增未来经营业绩等手段来制造企业经营利好的假象，误导了大量的股票投资者。2003年世通公司破产的同时申请了破产保护，法院通过任命证监会前主席作为监管人。在此后不久，这位监管人被法院赋予了更多的权利，其中不仅包括赋予其调查该公司在所涉案件中的主要事实情况的权利，还赋予了其审查世通公司企业管理结构的权利。最终该监管人根据调查的案件事实情况以及企业管理情况向法院提交了70多份调查意见，从而促进企业破产重整，重新建立合法合规的企业管理结构。在世通公司案件之后，第三方监管被美国司法部作为处理商业组织违法行为的常规手段。同时，美国在企业合规的第三方监督方面也通过扩大独立监管人的数量以及增加第三方监管人的职能等方式来开展对涉案企业的合规监督。为了解决第三方监管人在权利义务、聘用期限、主要职责等方面的不确定性，美国发布了《在企业延迟起诉协议和不起诉协议中对监管人的选任和适用》文件，该文件中对第三方监管者的职责、聘用期限以及选任程序等诸多方面进行了明确的规定。[①] 美国企业合规制度以及合规第三方监管等为后期世界各国在企业合规制度的构建和完善上带来了诸多积极影响。

---

① 参见王一川：《美国第三方合规监管制度简要述评》，载汇业律师事务所网2021年10月8日，http://www.huiyelaw.com/news-2493.html。

二、我国涉案企业合规第三方监督评估机制运行存在的问题

（一）第三方机制的适用条件存在局限性

根据《指导意见》的规定，涉案企业运用到第三方机制需要符合一定的条件，但在各地检察机关的实践中，第三方监督机制的适用条件均有所不同。至于一些地区的第三方监督机制的适用条件是限制了还是助推了涉案企业合规整改需要进一步的研究。① 在企业合规改革试点初期，一些地区的司法实践常会将“涉案企业承诺合规”同“企业合规不起诉”画上等号，即认为在企业违反了行政或刑事方面法律规定后，只要企业表明自身会进行企业合规的整改或构建，就能从一定程度上摆脱或者减轻即将可能受到的法律制裁。形成此种误解的原因主要有以下几点：第一，企业合规试点之初并没有将企业合规的适用条件加以细化和明确；第二，对企业违规经营的过程和结果缺乏专业领域的认定；第三，违规企业在进行合规整改过程中第三方监督程序以及第三方监督的适用条件规范性不足。监督涉案企业开展合规整改并作出客观、公正、有效的评估恰恰是涉案企业合规改革的核心环节。② 在目前实践中，检察机关对于公司合规实际情况的认识存在局限性。同时，检察机关针对公司经营管理中的企业合规问题难以进行及时、准确、独立的评价。虽然首批开展企业合规第三方监管的上海金山、深圳宝安等地区的检察机关在试点期间汲取了美国的企业合规监管机制中的有益经验，第三方机制也在一些涉案企业的合规整改中起到了重要作用，但是由于受各地经济发展差距以及专业人才数量等方面因素的影响，企业合规第三方监督评估机制仅在发达地区得到较为充分的运用，并在适用条件上形成了自身的模式。在一些经济落后地区，第三方监督评估机制在适用条件上同发达地区存在一定差距，导致目前我国企业合规第三方监督评估机制在各地实践中未能实现较好的平衡。③

《指导意见》第4条对涉案企业合规第三方监督评估的适用条件进行了规定，并指出了需要同时具备的3个条件：第一，涉案企业或者个人认罪认罚；第二，涉案企业有能力正常开展经营活动并承诺能够建立或者完善企业合规的相关工作；

---

① 参见赵运锋：《涉案企业合规第三方监督评估机制问题研究》，载《法治社会》2023年第2期。

② 参见李奋飞：《论企业合规考察的适用条件》，载《法学论坛》2021年第6期。

③ 参见刘成安、杨志超：《企业合规第三方监督评估机制的争议问题与完善路径》，载《山东社会科学》2022年第10期。

第三,涉案企业本身愿意适用第三方监督评估机制。[①] 上述适用条件虽然为我国企业进行合规运行起到了一定的促进作用,但是认罪认罚被作为启动第三方监督评估机制的必要条件也会影响企业合规的发展。在实践中,一些涉案企业或个人在开展经营行为时不存在主观故意,仅在行为上触犯了刑法规定,这些案件情况是否在真正意义上符合犯罪的构成要件尚需讨论,同时部分涉案企业的违规行为到底是刑事犯罪还是行政违法也在实践中存在较大的分歧。从目前国家开展的企业合规工作以及发布的相关法规、文件来看,企业合规第三方监督评估机制不应仅与刑事领域联系,在企业触犯了行政规范时,也需要通过第三方监督评估机制为企业的规范化发展提供监督和帮助。

(二)第三方监督评估机制经费保障不足

企业合规第三方监督评估机制从目前的实践经验当中进行分析,第三方机制经费保障方式主要有以下几种:第一,地方财政经费预算;第二,检察机关财政经费预算;第三,涉案企业单独承担;第四,涉案企业自付+财政经费补充。地方财政和检察机关财政经费预算在很大程度上能够促进第三方监督评估高效率地运用到企业合规中。由于经费来源于地方财政和检察机关,此种经费保障更能促进第三方监督机构的监管工作实现独立性。但值得关注的是,这种由政府以及检察机关财政经费预算支持的第三方机制会受到各地经济发展水平的影响,经济发达地区同经济落后地区对第三方机制经费支持的标准以及持续性差距较大,发达地区的经费支持相较于落后地区的经费支持会更加稳定,就会造成各地企业在合规第三方机制方面存在明显的地域性差距。企业合规第三方监督机制在我国处于初步发展阶段,区域之间在企业合规管理方面的发展不平衡的情况是必然的,因此,如何较好有效地调整完善经费保障制度是行政单位、司法部门更应该关注的问题。同时,经费保障方式在一定程度上也违背了违法责任制度,企业违规经营最后由政府或司法机关买单的做法降低了企业犯罪的成本,诱发更多的企业违法经营,这并不符合我国的企业合规制度构建和发展的初衷。涉案企业承担第三方监督评估费用的方式虽顺应国际上企业合规第三方监督的发展情况,也符合谁违规谁担责的责任追究制度,但由于进行企业合规第三方监督的企业,大部分经营状况欠佳,企业未来的发展还存在一定的不确定性,让企业支付第三方监督评估

---

① 参见《关于建立涉案企业合规第三方监督评估机制的指导意见(试行)》第4条。

的费用会增加企业自身成本支出,造成本就存在经营问题的企业难以从之前的经营困境当中抽身出来。同时,在企业对第三方机构进行费用给付时容易出现私下交易的情况,进而影响第三方监督者的判断能力。因此,第三方组织是否能够公正、客观地对涉案企业进行评估也存在一定的风险。

《指导意见》对企业合规第三方监督评估机制的第三方组织的组成成员以及该组织的权利和义务进行了规定,但对监督费用的支付主体以及支付流程等方面并未完全明确。首先,第三方监督评估机制的运行需要由专业的第三方团队开展相关的监督评估工作,第三方组织的组成人员包括了会计、审计、法律等方面具有丰富经验的专业人员,上述人员在进行合规审查以及形成合规报告过程中的费用在现有规定中并未得到明确,在一定程度上会影响第三方组织在开展合规监督评估工作中的积极性。[①] 其次,第三方监督评估机制经费保障的支付流程也没有形成统一的标准,第三方组织尽职完成评估工作与存在瑕疵评估工作的支付结果应该是不同的,具体采用何种支付方式,支付的流程应该怎样操作依然存在一定的隐患。

上述关于支付主体、支付流程方面的问题均有待在现有规范之下进行完善,从而保障企业合规第三方监督评估机制在经费保障方面能够有序地得到运行。

(三)第三方监管组织欠缺权威性

第一批企业合规第三方机制试点地区在上海、江苏、山东、深圳 4 个省市,当时在最高人民检察院指导开展试点的基层人民检察院仅有 6 家。随着企业合规工作的不断深入,第三方监督机制已经逐步覆盖到全国十多个省份。从 2020 年试点开始,各地在企业合规监督模式方面就积累了一些经验,主要有检察机关监管、行政监管、独立监控人监管,这三种监督模式为目前所倡导的第三方监督机制的发展奠定了基础。为了应对未来企业合规的发展需求,通过第三方介入的方式实现企业合规监管不仅能够缓解办案机关的压力,还能促进合规监督主体从更加专业的角度解决企业违规问题。但是,在目前的实际操作当中,由于各地在企业合规领域均处于初期探索当中,多数地区并未发布关于企业合规建设的计划和标准,从而导致开展企业合规第三方监督缺少规范上的依据。同时,第三方监管组织的权威性还受到授权主体和自身专业性的影响。首先,由于《指导意见》探讨的

---

① 参见滕雨田、敬一丹、唐兴超:《我国企业合规第三方监管机制的困境与突围》,载《现代企业》2023 年第 3 期。

涉案企业第三方监督机制是检察院在办理企业犯罪案件的背景之下的第三方机制,第三方监督管理委员会对第三方监督评估组织进行选任,但此种授权并未在现有的法律制度当中进行规定,在权利来源上缺乏一定的权威性。其次,第三方监督组织构成人员的专业性存在不足,虽然《指导意见》对第三方监督组织的组成人员进行了规定,但是组成人员的准入标准在各地也存在差距。第三方组织的考察结果是检察机关处理案件的重要参考,在现有实践中,由于组成人员的专业水平参差不齐,必然会造成监督评估结果的准确性不足,进而影响第三方监督评估组织的权威性不足,缺乏专业层面的信服力。①

(四)第三方监督评估组织评估期限及验收标准存在不足

第三方监督评估组织在评估期限方面需要进一步加以完善,检察院规定涉案企业合规的考察期限能够促进企业实现合规构建或完善,但是在监督评估的期限方面应当有所考量,过长的评估期限会降低企业对合规建设的积极性,时间过短又会导致监督评估不足,不能最优实现第三方监督评估机制的所需效果。《指导意见》缺少对考察期限的规定,在各地的实践中,考察期限大多根据各地的经济发展情况以及企业自身合规建设能力进行规定,大部分的企业合规整改均在 1 年之内完成,而 1 年的整改期限甚至更短的期限,对于大型企业合规的整改不具备有利性。同时,企业合规第三方监督评估组织人员配备是根据企业经营的经营方向和经营种类进行的。不同类型、不同规模的企业需要的专业人员有所不同,将众多的专业人员组合到一起也需要一定的时间,在实践中,专业人员的组成往往就需要近一个月的时间。因此,短期的监督评估期限不能为企业合规的构建和完善带来良好的发展。

在审查验收标准方面,涉案企业经过第三方组织的监督评估后,企业合规构建或整改的效果如何并未形成较为统一的标准。《指导意见》对评估标准的规定较为概括,缺乏具体性。2022 年出台的《涉案企业合规建设、评估和审查办法(试行)》虽规定了合规整改评估的审查评估基本流程和标准,但内容相对简单,还缺乏相应的实施细则,这不利于对企业的合规整改效果作出相对确定的结果评定。而且,当前的验收标准属于刑事合规的整改标准,与市场化的企业自我监管合规

① 参见邓根保、丁胜明、丁建勤:《涉案企业合规第三方监督评估机制的建立与运行》,载《人民检察》2020 年第 20 期。

标准存在显著差异,尤其是对于涉及税务、反腐败、环境保护、安全生产等重点领域的专项合规标准缺乏专业性和针对性,标准的指引性功能还有待进一步发挥。①

三、涉案企业合规第三方监督评估机制运行的完善建议

(一)优化企业合规第三方监督评估机制的适用条件

从我国企业合规改革的发展趋势来看,第三方机制的适用应当在必要情况下进行。国外大部分国家对企业合规监督机制的必要性加以明确,在合规监督的实践中也落实了监督必要性的理念。因此,要优化企业合规第三方监督评估机制的适用条件,首先,要对第三方监督的必要性进行明确。探讨必要性就要对案件性质、企业规模、社会影响程度等方面的情况开展综合分析。企业违规行为性质的认定会直接影响第三方监督的开展,在司法认定上,《指导意见》规定的第三方机制主要适用于职业犯罪和经济犯罪两方面,理清刑事领域的犯罪构成要件以及其他介入因素是必要的。同时,也要考虑到企业违规行为的社会影响程度,根据其危害性以及主观恶性的大小来判断是否引入第三方机制,这既能实现对第三方机制的合理运用,又能避免第三方机制被机械地适用到所有的涉案企业当中。其次,明确第三方监督评估机制的适用情形。《指导意见》规定的涉案企业主要是以刑事案件为前提,但一些其他违反行政法律规范的企业在自身发展中同样需要通过第三方监督机制来促进企业实现更加规范化的运营。因此,在第三方监督评估机制适用情形的范围上可以考虑扩大范围。最后,由于现有第三方监督评估机制规定的适用条件中并未给予企业充分的辩解权利,造成实践中只要涉案企业希望通过第三方机制完善企业内部合规建设,就需要经过认罪认罚这一程序,从而导致企业为了自身发展的需要主动放弃为自身辩护的权利。这就需要通过改变《指导意见》认罪认罚这一前提条件,即应将重点放在对案件的事实认定层面而不是企业是否认罪认罚上。

(二)明确第三方机制经费支付主体及支付方式

首先,实现经费来源的稳定需明确经费的支付主体,从对现有实践中的 3 种支付模式进行综合考量分析来看,"财政经费 + 企业自付"的方式更利于检察机关的监督审查工作以及涉案企业后期的发展。在实践中,一些地区将第三方机制所

① 参见刘成安、杨志超:《企业合规第三方监督评估机制的争议问题与完善路径》,载《山东社会科学》2022 年第 10 期。

产生的费用分为考察费用和咨询费用,由于考察的主体是检察机关,因此考察费用主要由财政经费给予支持;咨询费用主要运用到企业当中,该类型费用通过企业自身的经费进行支持。上述的经费分类以及经费的支付主体具有一定的合理性,但也需要在此基础上加以完善。例如,一些对当地经济发展有助推作用的涉案企业在其经营现状难以承担高昂的咨询费用时,涉案企业可以根据政府单位或检察机关的相关规定向政府、检察机关申请财政经费的支持。其次,在经费的使用方面,要对企业规模进行分类,避免出现在高难度评估任务和低难度评估任务下对于履职经费的发放是相同的现象,可以参照最高人民法院《关于审理企业破产案件确定管理人报酬的规定》,从费用计算标准、收取方式等,对每个案件的履职报酬进行计算。最后,在经费管理和监管方面应该明确管理和监督的主体。深圳、江苏两地对第三方监督评估经费的管理主要由司法局或工商联等第三方部门对经费进行管理,实现了审查机构以及监管评估组织的中立性。负责合规监管经费管理使用单位应定期向第三方机制管委会及检察机关公示费用支出情况。同时强化与纪检监察的协作配合,在资金使用管理过程中,如果有涉嫌犯罪的,移送监察委进行处理。

(三)推动第三方监督组评估织的专业性、权威性

第三方监督评估组织的专业性是保证企业顺利进行合规整改的重要因素,在人员选任时,专业选任需要通过严格的审核进入合规专家库,从而保证组织内部人员构成的专业性。一些地区选择具备多年从业经验的专业人员进入专业评估组织中,例如对从事该领域相关行业满 5 年、从事行政监督工作满 5 年、职称等级等方面均有不同程度的要求和规定。从目前各地对上述内容的规定和实践来看,能否满足第三方组织对企业进行考察和评估的专业需要,需要在实践中进一步实验和观察,从而对所需要的专业人才库进行调整和更新。受到企业公司发展的影响,企业公司需要同全国各地乃至世界范围内的企业进行经济交易,这就会出现管辖的问题,不同案件管辖的地区怎样适用第三方管理制度,可以参照一些在该领域专业化程度高的地区进行改进。第三方组织的专家成员在开展监督评估工作时必定会涉及回避的问题,因此,在回避的要件上应该进行完善。例如,在回避方式、回避程序等方面应当制定相关章程,以此实现第三方监督评估的公正性。

(四)"因企而异"的评估期限和合规验收标准

企业合规第三方监督评估机制,涉及企业运行的诸多环节,其中包括对经营、

管理、人员结构等多个方面开展合规整改监督评估。在现有企业合规第三方机制实践中，大部分涉案企业接受监督评估的时间在 1 年之内，在有限的时间内并不能从本质上解决涉案企业的综合问题。为了促进企业评估达到更好的效果，可以根据企业规模、行业类型、涉案类型等方面的不同来制定符合企业发展的监督评估期限。例如，社会影响大、案情复杂的案件可以适当延长评估期限；案情简单、企业规模较小的涉案企业可以在较短的期限内完成监督评估工作。在完成监督评估后，可以对一些涉案企业规定跟踪评估期限。这样，通过运用“前期的固定评估期限 + 后期的跟踪评估期限”结合的方式能够达到第三方机制最优的运行效果。在合规验收标准方面，规模不同、案情不同的涉案企业应适用不同的合规考察验收标准。检察机关是考察涉案企业整改情况的最终评判主体，检察机关可以通过制定可变通、多类型的验收标准来实现第三方监督评估机制的有序运行。制定可变通的标准受全国各地企业类型数量庞杂、涉及的案件情况多种多样的影响，通过科学地制定适应不同情况的第三方监督评估验收标准能让第三方评估更好地解决涉案企业的问题。

结　语

企业合规第三方监督评估机制能够为涉案企业在合规经营困境中重新孕育符合企业发展的公司治理体系，对涉案公司的合规经营有着重要的作用。我国在企业合规制度本土化构建过程中探索出了自身的企业合规发展方向，但由于公司企业中的各项工作的运行情况会受到市场、政策等方面的影响，各公司之间企业合规治理体系也随着市场整体的变化所有改变。我国未来的企业合规第三方监督评估机制应该运用到确有需要进行合规整改的企业当中，一些企业可能不存在刑事问题，但为了自身的发展，是否可以通过一定的程序申请第三方监督来完善自身企业的合规建设，上述问题在未来的合规制度构建中也是值得探讨的。因此，要在复杂多样的涉案企业关系中理清企业问题、推动涉案企业合规经营，推行第三方机制是最有效的方式。同时，如何将第三方机制切实有效地运用到企业合规制度的构建当中依然也需要我们在合规实践中不断探索。综上文所述，现有的第三方机制在制度规范以及实践中均存在不少问题，如何准确、高效地将第三方机制运用到企业合规构建当中需要在企业实际经营中不断探索，总结经验，从而实现企业合规制度的构建。

企业税收合规评价论纲

——兼议目前存在的主要问题与对策

姚轩鸽*

摘要:企业税收合规评价贯穿于企业合规行动计划的全过程,既是指评价者根据一定合规之“规”(“税德”与税法),对企业内外利益相关者涉税行为之价值评价,更是指对企业税收合规之“规”本身优劣善恶之价值评价。前者有助于企业经营者有效防范与化解税收风险,助力企业的可持续、高质量与健康发展,有助于消费者不断增长“美好生活”需求的满足;后者则有助于企业税收合规之“规”的不断优化,助力全社会企业税收合规总体水平的提高,发挥税收在国家治理体系中“枢纽性”的重要作用。理想科学的企业税收合规评价,涉及评价者主体资格、标准、类型、根据、步骤与方法等要素的优化。当前企业税收合规评价存在诸多缺陷与不足,但要全面优化,任重道远,必须负重前行。无论如何,拥有科学优良的企业税收合规之“规”,遵从科学的企业税收合规评价方法乃前提与基础。

关键词:企业　税收　合规　评价　对策

企业税收合规评价贯穿于企业合规行动的全过程,既是指评价者根据一定税收合规之“规”(税收道德与税法),对企业内外利益相关者涉税行为之价值评价,更是指对企业合规之“规”本身优劣善恶之价值评价。前者有助于企业经营者有效防范与化解税收风险,助力企业的可持续、高质量与健康发展,有助于消费者不断增长的“美好生活”需求满足;后者则有助于企业税收合规之“规”(税制)的不断优化,助力全社会企业税收合规总体水平的提高,发挥税收在国家治理体系中“枢纽性”的重要作用。因为税收风险不仅影响“企业内部税收成本的合理筹划,

---

* 姚轩鸽,三亚学院国家治理研究院研究员、法学院/自贸港国际法学院特聘教授。

也决定着对外企业的形象"①。问题是,目前企业合规研究者在企业合规评价的"可能性与有效性"及其具体方法、根据、程序和步骤等方面,并未达成基本共识②。客观上会消减企业税收合规评价在企业合规行动计划中的积极作用。有鉴于此,本文拟对企业税收合规评价主体资格、评价根据与程序等问题进行探讨和分析,以期深化对企业税收合规评价问题的研究,进一步发挥企业税收合规评价的特有作用,助力中国企业的低风险、高质量与可持续发展,直接或间接增进全社会和每个国民"利益与福祉、幸福与尊严"总量。

一、"企业税收合规评价"的内涵与本质

准确把握"企业税收合规评价"的内涵,无疑是深化企业税收合规评价相关问题研究的前提,同时需要首先弄清楚"评价""税收道德""税法"等概念的基本内涵与本质。

(一)关于"评价"

何谓"评价"?《说文解字》曰:"评,从言,平声。本义:议论是非高下。"③《广雅》曰:"评,议也。"《广韵》曰:"评,评量。""评"有评决(评定),评泊(量度或评论),评品(议论人或事物而定其高下),评跋(评论;量度),评断(评议决断),评质(评价;品评)等义。《说文解字》曰:"价,从人,贾声。本义:价格,价值。"④"经千载以待价兮。"⑤"国贫而用不足,请以平价取之。"⑥都是此义。"评"与"价"二字合用,例如《高级汉语大词典》所注,是指评估价值,即对人或事物所评定的价值,具体是指"价值判断、价值认识、价值意识"。评价与评估是同义词,可以互用。

(二)关于"税德"与"税法"

何谓"税收道德"(以下简称税德)?要正确理解"税德",就必须首先弄清楚何为"税收"?关于"税收",《税收辞海》有权威解释。问题是,对"税收"的这一流

---

① 徐雯婕:《企业税务风险评估体系的建立及执行》,载《全国流通经济》2018 年第 18 期。

② See Maurice E. Stucke, *In Search of Effective Ethics&Compliance Programs*, Journal of Corporation Law, Vol. 39, p. 775 (2014).

③ 许慎:《说文解字》,中华书局 2013 年版。

④ 许慎:《说文解字》,中华书局 2013 年版。

⑤ 戴明扬校注:《嵇康集》,人民文学出版社 1962 年版。

⑥ 马非百著:《管子轻重篇新诠》,中华书局 1979 年版。

行界定，存在明显的缺陷，因为它至多只是界定了阶级社会中的“税收”概念，难道共产主义社会就没有公共需要和生活，就不需要公共产品和服务，就不需要筹集生产和供给公共产品的公共资金——税收等规费了吗？难道公共资源就不需要保护和再生产了吗？这一界定的具体不足表现在以下几个方面：一是片面强调了征税一方的索取（权利），淡化了征税者的给予（义务），忽视了纳税者的索取（权利），夸大了纳税一方的给予（义务），因此便有税收“无偿性”的判断。二是片面强调税法权威与强制性的一面，忽视了税收治理中道德的作用，即单纯夸大了税收的“强制性”。三是忽视对征税权力进行合法性追问的核心问题。岂不知——“权利是权力所保护的利益，是社会所承认的必须且应该得到的利益”①。如果权力不合法，何谈权利与义务的公正平等交换和分配？四是未将“税收”与“规费”真正区别开来。②在笔者看来，税收乃是社会为公共产品生产和供给筹集资金的活动，或者是指国民与国家之间就公共产品交换价款缔结、履行原初或衍生“双务契约”的活动。③ 关于“道德”的定义，学界已有基本共识，即认为“道德是一种又该如何的非权力规范”。而且，道德实现自己主要依靠舆论强制与教育强制，“法”则是指重大人际利害行为“应该其必须”如何之权力规范，实现自己主要依靠的是暴力强制与行政强制。

合而言之，“税收道德”（税德）是指征纳税主体一切利害社会行为“应该”如何之非权力管理规范，税法则是指一种权力税收管理规范，是指征纳税主体那些利害社会之重大涉税行为“应该且必须”如何之权力管理的规范。具体来说，“税德”是社会管理者对一切涉税利害行为进行“非权力”（舆论强制与教育强制，前者比如议论、谴责、赞扬、批评等，后者比如灌输、熏陶、培养等）管理的规范；税法则是社会管理者对征纳税人那些具有重大涉税利害社会效用行为进行“权力”强制（暴力强制与行政强制，前者比如判刑、收监、枪杀、体罚，后者比如处分、降职、降薪等）管理的规范。“税德”与税法的根本区别在于：“税德”规范的对象主要是一切具有社会利害效用的征纳税行为，因此就通过一种“应该”的力量——非权力理论来保证；税法管理的对象仅是那些具有重大社会效用的征纳税行为，因此不得不通过一种“应该且必须”服从的力量——权力力量来保证。

① 孙英：《权利与义务新探》，载《中国人民大学学报》1996 年第 1 期。

② 参见姚轩鸽：《税道德观：税收文明的伦理省察与探寻》（下），西北大学出版社 2017 年版，第 127 页。

③ 参见姚轩鸽：《为何说“税收影响社会未来”》，载《深圳特区报》2022 年 5 月 31 日，第 B02 版。

（三）“企业税收合规评价”的内涵与本质

就广义而言，所谓“企业税收合规评价”，是指“税德”价值判断、价值认识与价值意识，即对企业主体一切涉税行为的价值判断、价值认识与价值意识。就具体企业涉税利害社会之行为而言，企业税收合规评价既有根据科学优良理想“税德”原则，对企业相关之税收立法、执法、司法、守法活动合德与否之评价，又有根据现实“税德”原则和准则，对企业具体涉税行为合德与否之评价。从逻辑上看，企业税收合规评价，既有对整个社会企业“税德”规范体系优劣之价值判断、价值认识和价值意识，也有对企业具体涉税行为之善恶的价值判断、价值认识与价值意识。前者是对整个企业“税德”规范体系本身优劣之道德价值判断、价值认识与价值意识，后者则是对企业具体涉税行为合德与否的价值判断、价值认识与价值意识。前者是用一些最为普遍、一般、简单、抽象和笼统的道德原则对企业“税德”规范体系本身优劣所进行的价值评价，也就是对整个社会企业“税德”规范体系本身之优劣进行的价值评价。毫无疑问，最高的那个抽象原则，就是社会创建企业“税德”规范体系的终极目的。后者则是用一些相对复杂、具体、多样的“税德”原则或准则，即用具体企业“税德”原则和准则，对企业内外利益相关者的涉税行为进行合德与否的价值评价，即用现行企业“税德”规范，包括运用企业内部具有道德属性的规章制度，对企业内外利益相关者的具体涉税行为进行价值评价、价值判断与价值意识。

就狭义而言，所谓“企业税收合规评价”，是指“税法”价值判断、价值认识与价值意识，即评价者对企业主体那些具有重大涉税行为之价值判断、价值认识与价值意识。就具体企业涉税利害社会之行为而言，企业税收合规评价既有根据科学优良之税法原则，对现行企业相关之税收立法、执法、司法、守法活动合法与否之评价，也有根据现行有效税收法律对企业具体涉税行为合法与否进行之价值评价。从逻辑上看，企业税收合规评价，既是指对企业税收合规之“规”——税法（现行税收法律）优劣进行的价值评价，也是指对企业重大涉税行为合法与否进行的价值评价——价值判断、价值认识与价值意识。换句话说，企业税收合规评价，既有对全社会企业税法体系本身优劣之价值判断、价值认识与价值意识，也有对企业主体具体涉税行为合法与否的价值判断、价值认识与价值意识。前者是对整个社会与企业相关税法规范体系本身优劣及其合法与否的价值判断、价值认识与价值意识，后者则是对企业主体具体涉税行为合法与否的价值判断、价值认识与价值意识。同理,前者主要是指用最普遍、一般、简单、抽象和笼统的税法原则(多是指优良税收道德原则——笔者注),对现行企业税法规范体系之优劣进行的合法性与否之价值评价,即对现行企业税法规范体系本身优劣进行之善恶道德评价。毋庸置疑,最高的那个抽象原则,也就是社会创建企业"税德"与税法规范体系之终极目的,即直接增进全社会和每个企业利益总量,间接满足每个消费者的消费需求。后者则是用一些相对复杂、具体、多样的税法原则和规范,即用当下有效的、与企业相关之税法规则或规定(税收法律体系,诸如法律、行政法规、地方性法规、部门规章、地方规章),对企业内外利益相关者那些重大涉税行为进行"合规"与否(符合税收法律)的评价,也就是用那些与现行企业相关之税法规则与规定,对企业具体涉税行为进行价值评价、价值判断与价值意识。其目的在于促进具体企业涉税行为者能自愿遵从现行税法与税收政策等规定,即"使企业及其员工的经营管理行为符合税务方面的法律规范、监管规定、行业准则和企业规章,以及国际条约、规则等要求"。由此可见,"企业税收合规评价"的社会价值和实践功德,一方面在于不断优化与企业相关之税法及其税收政策体系,另一方面在于能有效促进涉税企业主体自愿遵守税法和税收政策,降低企业经营的税收风险与成本,促进企业的可持续、高质量与健康发展,并能间接促进社会创建税制(税收道德与税法)终极目的——增进全社会和每个国民利益或福祉、幸福或尊严总量——之实现。必须强调的是,企业税收合规评价的关键与根本在于对全社会企业税收合规之"规"本身的优劣价值判断。因此,既在于不断优化税制(税收道德与税法,因为在现实中,二者之间多是一种交叉关系。——笔者注)规范体系,也在于能有效促使涉税企业自愿遵守税制规范,有效地化解企业涉税道德风险与税法风险,护佑企业低风险、可持续与高质量健康地生存和发展。

因此,企业税收合规评价的对象,既可能是一定社会企业的"税德"税法规范体系,也可能是一定社会企业主体的具体涉税行为。并且企业"税德"税法规范作为企业主体涉税行为的表现与结果,也属于企业税收行为范畴。从逻辑上讲,企业税收合规评价自然包括对税收立法、执法、司法、守法行为主体者品行的价值评价与判断。同时,由于企业涉税行为主体"品德"品质的表现形成于企业行为,是企业行为的内在因素,因此也属于企业行为范畴。因此,所谓企业税收合规评价的对象,既指对企业那些具有重大社会效用之涉税行为的价值判断、价值认识与价值意识(税法评价),也指对企业一切利害社会效用之涉税行为的价值判断、价值认识与价值意识("税德"评价)。其本质在于,既是对企业那些具有重大利害社会效用之涉税行为的价值评价,也是对企业一切具有社会利害效用之涉税行为的价值评价。终极而言,企业税收合规评价应是“合道”评价,即促进企业涉税规范(“税德”与税法)体系能不断接近其终极目的,越来越符合征纳税行为事实如何之规律,实现人道自由、法治、公正、平等、诚信等文明社会治理价值的税制“嵌入”,最大限度发挥企业税收合规评价在企业低风险、可持续、高质量健康生存与发展中的重要作用。

二、企业税收合规评价的类型

类型是指“把一个事物作为普遍事物分成若干具体事物而成,被划分的事物与所分成的事物是一般与个别的关系”。[①] 因此,关于企业税收合规评价的类型划分,理论上有多少种划分类型的标准,就有多少个企业税收合规评价类型。

具体来说,企业税收合规评价的类型划分主要表现在以下几个方面:(1)如果以价值评价的“知(认知、认识)”“情(感情)”“意(意志)”结构为标准分类,企业税收合规评价便有“税德”认知合规评价、“税德”情感合规评价与“税德”意志合规评价。同时也可分为税法认知合规评价、税法情感合规评价与税法意志合规评价。(2)如果以企业税收合规评价所依据标准的抽象程度划分,就有抽象企业税收合规评价与具体企业税收合规评价两种。抽象企业税收合规评价的功能和价值在于制定和确立优良企业“税德”与税法治理规范;具体企业税收合规评价的功能则在于促使征纳税人更好地遵守“税德”,遵从税法。(3)如果以评价对象进一步划分的话,还可以划分为企业“税德”内评价与企业“税德”外评价,以及企业税法内评价与企业税法外评价。企业“税德”内评价是指企业主体对自己具体涉税行为所进行的税收合规(合德)评价,“税德”外评价则是指社会对企业主体具体涉税行为所进行的税收合规(合德)评价。企业税法内评价是企业主体对自己具体涉税行为所进行的税收合规(合法与合法律)评价,企业税法外评价是指社会对企业主体具体涉税行为所进行的税收合规(合法与合法律)评价。(4)如果以与企业相关之税种规定为标准的话,便有诸如企业所得税、增值税、消费税等税收合规(合法与合法律)评价等之分。(5)如果以评价对象的纵向与横向为标准划分的话,便有纵向企业税收合规评价与横向企业税收合规评价。有研究者认为,企业税收合规纵向评价是指企业对自身涉税行为合规管理的评价;横向评价是指对

---

① 王海明:《伦理学方法》,商务印书馆2003年版,第33-34页。

同类企业之间涉税行为合规管理的评价。[①] (6)如果以企业税收合规评价所依据标准的性质进行划分,则有普遍性企业税收合规评价与特殊性企业税收合规评价(共同企业税收合规评价与特定企业税收合规评价)、相对性企业税收合规评价与绝对性企业税收合规评价、客观性企业税收合规评价和主观性企业税收合规评价之分。普遍性企业税收合规评价是指运用适用于人类一切社会、一切“税德”税法活动、一切组织和企业主体的“税德”税法原则,对一定“税德”税法活动所进行的价值评价;绝对性企业税收合规评价是指运用绝对标准——终极标准,对一定“税德”税法活动所进行的价值评价。企业税收合规评价的绝对标准——即产生和决定支配其他一切原则和标准的标准,是人类一切社会、一切“税德”税法活动、一切组织和征纳税人都应该遵守的原则,或者是指一切“税德”税法活动在任何情况下都应该无条件、绝对遵守的原则。这个原则就是社会创建“税德”税法规则体系的终极目的——增进全社会和每个国民的“利益或福祉、幸福或尊严”总量。同时,这是衡量一切社会“税德”税法规范体系优劣之终极标准,是衡量一切“税德”税法原则之标准,是一切“税德”税法原则由以推导制定的标准——终极标准。相对企业税收合规评价则是运用相对标准对一定 “税德”税法行为进行之价值评价。客观性企业税收合规评价,是指运用客观性标准,对一定“税德”税法活动所进行的价值评价;主观性企业税收合规评价,是指运用主观性标准,对一定“税德”税法活动进行的价值评价。坦率地说,唯有全面科学客观的企业税收合规评价,才是企业税收合规评价真正需要之价值评价。

需要强调的是,虽然企业税收合规评价的“原则、规范、标准”可能是主观任意的,但是其“原则、规范、标准”的正确性和优良性则是“客观的、不以人的意志为转移”的。道理在于:一是原则、规范、标准的结构是客观的,都是由“税德”税法行为事实如何对于“税德”税法终极目的之效用构成。“税德”税法行为事实是原则、规范、标准构成的源泉和实体,而“税德”税法目的是原则、规范、标准构成的条件与主体。二是优良“税德”税法治理原则的制定过程是客观的,都需要把握“税德”税法目的之本性、“税德”税法涉税行为事实如何的本性,以及“税德”税法行为应该如何科学制定过程,都必须通过社会制定“税德”税法的目的,即从“税德”税法“行为事实如何之客观本性”中推导、制定出来。三是优良“税德”税法治理

① 参见王春军:《“施工企业合规管理体系和能力建设”系列之五施企的合规管理机制建设》,载《施工企业管理》2020 年第 5 期。

原则、规范、标准的本性是客观的，可以普遍化的。只有可以普遍化的原则和规范才是优良的。四是原则、规范、标准的优劣发展规律是客观的。随着人类社会的发展，人们关于"税德"税法之知识，无疑会越来越丰富，对"税德"税法目的和"税德"税法征纳行为事实如何客观本性的认识会越来越接近真理。①

当然，如果以企业合规评价所依据之原则和标准的优劣性质划分，便有科学优良之企业税收合规评价与恶劣落后之企业税收合规评价之分。而且，前者的社会正效应更大，更有助于促进企业税收合规规范（"税德"与税法）体系的优化，可最大限度发挥企业税收合规行动在企业管理和社会治理体系中的积极效应，消减企业经营的税收风险与道德风险，助力企业可持续、高质量与健康发展。相反，如果是后者，负效应则会更大，无助于企业税收合规规范（"税德"与税法）体系的不断优化，发挥企业税收合规在企业管理和社会治理体系中的积极效应，反而会加剧企业经营的税收风险与道德风险，阻滞企业可持续、高质量与健康发展，消减全社会和每个国民的"利益或福祉、幸福或尊严"总量的增进。甚至还可以企业税收合规评价的根据进行划分，可以分为动机型企业税收合规评价与效果型企业税收合规评价。"税德"税法动机型评价是指根据涉税行为主体所从事"税德"税法活动之动机进行的价值判断，即根据企业主体及其利益相关者的涉税行为之思想意识、心理因素进行的价值判断，或者是根据企业主体之涉税行为的思想，也就是对于涉税行为目的与手段的思想，对涉税行为结果和过程之预想而进行的价值判断。"税德"税法效果型评价则是根据企业主体涉税行为者所从事"税德"税法活动之效果所进行的价值判断，是指根据企业涉税行为者动机的实际结果——即实际出现的企业涉税行为目的与行为手段的价值判断，或者是指根据实际出现的涉税行为结果与涉税行为过程所进行的"税德"税法之价值判断。因此，对企业涉税合规行为的价值评价，显然不能依据"动机"，只能依据其"效果"；对企业涉税合规行为者品德之评价，显然不能依据"效果"，只能依据其"动机"。

三、企业税收合规评价的主体资格

既然企业税收合规评价是一种价值判断，那么，企业税收合规评价必然有其主体——价值主体。具体来说，谁或什么才有资格成为企业"税德"税法价值合规评价的主体？这是企业税收合规评价研究必须理清的基本问题。对此，有企业合

① 参见王海明：《新伦理学》，商务印书馆2001年版，第129－130页。

规研究者认为，从保证合规评价结论的中立性、客观性与社会认同角度而言，评价主体应以“第三方”为主[①]。其实，企业税收合规评价的主体既可能是税务机关，也可能是受企业委托的第三方（税务律师及其律师税务所等），还可能是企业自身及其具体的利益相关者。当然，作为企业税收合规评价主体的综合素质，诸如公正性、客观性与专业能力以及评价的前提条件等[②]也十分重要和必要。至少，企业税收合规评价主体应是“合格”[③]的。问题或在于，何谓“主体”？

众所周知，主体是一个关系范畴，而且“一事物只有相对另一事物来说，才可能是主体；离开一定关系，仅就事物来说，是无所谓主体的”。只是尽管相对于客体的主体是“活动者和主动者”，但是却不是所有的“活动者和主动者”都是主体。因为要成为主体的资格，必须是一种能够“自主的主动者与活动者”。“主体是一种能够自主的东西，是能够自主的主动者、活动者。所谓自主，亦即选择之自主、自主之选择。”“自主的选择”是一种具有“分辨好坏利害能力”的选择，是具有“为了什么”属性的选择，即为了保持自己存在而“趋利避害”的选择。总之，“主体是能够自主的活动者，意味着主体就是能够自主选择的活动者，就是具有分辨好坏利害能力的活动者，就是具有‘为了什么’属性的活动者，就是能够为了保持自己存在而趋利避害的活动者。”[④]需要指出的是，主体自身也可以成为主体的活动对象，即主体既可以为主体，又可以为客体。而且能够自主选择的活动者、具有分辨好坏利害能力的活动者既可能是人，也可能是其他生物。就企业税收合规评价而言，企业税收合规评价主体既可能是社会活动者，也可能是企业自己及其利益相关者，因为它们都是具有“自主选择、分辨好坏利害能力”的涉税“活动者和主动者”。

问题是，合规企业及其涉税利益相关者能不能自主选择，选择的范围有多大，选择的效果如何等，是企业税收合规评价主体最为关注的现实问题。因为在一些社会，征税人的自主选择范围可能更大一些，作为纳税人的企业及其利益相关者，其涉税自主选择的范围相对小一些，而在另一些社会，作为纳税人的企业及其利益相关者，自主选择的范围可能更大一些，征税人的自主选择范围可能相对小一

---

① 参见周振杰：《合规计划有效性评估的核心问题》，载《国家检察官学院学报》2022 年第 1 期。

② 参见［日］浅田和茂：《刑法总论》（第 2 版），成文堂 2019 年版，第 293 页。

③ See Wouter P. J. Wils, *Antitrust Compliance Programs and Optimal Enforcement*, 1 Journal of Antitrust Enforcement, 52 (2013).

④ 参见王海明：《新伦理学》，商务印书馆 2001 年版，第 189 - 190 页。

些。从逻辑上讲,在一些社会里,征税人自主涉税选择产生的效应可能更明显一些,纳税人自主选择产生的效应可能微弱一些,但在另一些社会,作为纳税人的企业及其利益相关者的涉税利益自主选择效应可能更明显一些,征税人的自主选择效应可能相对微弱一些。毋庸置疑,在作为纳税人的企业及其利益相关者涉税利益自主选择范围相对大一些的社会,涉税自主选择能产生的正效应相对明显,这个社会的"税德"税法规范体系便相对优良。反之,则要相对落后一些。道理在于:涉税利益自主选择性越大的社会,作为纳税人的企业及其利益相关者的自主性就大,其"税德"税法规范体系就越能反映和体现更多纳税者的涉税意志和需求,越是有助于满足消费者不断增长的"美好生活"需求,越是有助于增进全社会和每个国民的利益或福祉、幸福或尊严总量。反之,则会较少反映纳税人的涉税意志与需求,越是无法满足消费者不断增长的"美好生活"需求,越容易消减全社会和每个国民的利益或福祉、幸福或尊严总量。

四、企业税收合规评价的标准

企业税收合规评价的标准是指企业税收合规评价主体进行"税德"税法价值判断时所依据的原则和标准。如前文所述,根据企业税收合规评价标准之抽象与具体性质,可以将"税德"税法价值判断的原则和标准分为两类:一类是抽象的原则和标准,用以对企业总体"税德"税法与一切涉税行为进行优劣合规与否的价值判断;另一类是具体的原则和标准,用以对企业具体涉税行为进行税收合规与否的价值判断。

首先,就抽象"税德"税法价值评价原则和标准而言,最抽象的原则和标准就是"税德"税法价值判断的终极标准,是社会创建"税德"税法之终极目的。这个目的既是衡量一切"税德"税法规范体系优劣的标准,也是一切"税德"税法原则、规范所由以推导出的标准,是衡量一切"税德"税法原则价值之正负大小、优劣高低的终极标准,也是衡量任何企业涉税行为价值之正负、大小和有无之终极标准,即"税德"税法之终极目的,既是衡量一个社会企业"税德"税法体系本身优劣之终极标准,也是衡量每个企业及其利益相关者涉税行为价值大小有无的终极标准。那么,"税德"税法的终极目的到底是什么?如前文所述,"税德"税法的终极目的是"增进全社会和每个国民的利益或福祉、幸福或尊严总量"。

需要强调的是,"税德"与税法都是社会治理税收利害交换活动的一种"必要的恶"之手段,因此"税德"税法必然也是他律的,是为了保障社会的存在和发展,最终有助于增进全社会和每个国民的“利益或福祉、幸福或尊严”总量。也就是说,增加还是减少全社会和每个国民利益或福祉、幸福或尊严总量,乃是评价“税德”税法规范优劣与企业及其利益相关者所有涉税行为善恶得失的终极总标准。但这个功利总标准具有双重内涵:一是增加还是减少全社会和每个国民的“利益或福祉、幸福或尊严”总量。这是评价企业及其利益相关者所有涉税行为有无价值以及价值大小的终极标准,即凡是增进企业或全社会和每个国民“利益或福祉、幸福或尊严”总量的涉税行为,不论其涉税行为主体的品德品质境界如何不理想或不完善,都具有正价值;相反,凡是减少企业或全社会和每个国民“利益或福祉、幸福或尊严”总量的涉税行为,不论其品德品质境界多么高尚,也只能具有负价值。二是增加还是减少企业或全社会和每个国民“利益或福祉、幸福或尊严”总量,是评价一切“税德”税法规范本身优劣的终极标准。对一种企业“税德”税法规范(税收合规之“规”)优劣的价值评价,只能看其对企业或全社会和每个国民“利益或福祉、幸福或尊严”总量的效用如何。或者说,哪种“税德”税法规范体系对企业和每个国民的欲望和自由侵犯得最少,有利于企业化解经营的税收风险,能促进企业可持续、高质量与健康发展,助力全社会经济和科教事业发展速度最快,增进企业及其利益相关者的利益最大,供给每个国民“利益或福祉、幸福或尊严”总量最多,给予每个企业及其利益相关者和每个国民利与害的比值最大,哪种企业合规之规——“税德”税法规范体系便最优良,企业合规计划就越“应该且必须”自愿遵从这种税收规范(“税德”与税法)。反之,企业合规计划自愿遵从这种税收规范的动力便越不足,越不该自愿遵从这种税收规范(“税德”与税法)。也就是说,评价一种“税德”税法规范体系本身之优劣好坏,绝不能只看其表面如何,关键要看它实现“税德”税法终极目的程度如何,即对企业对社会的实际效用——“利益或福祉、幸福或尊严”总量增进的质效如何。或者说,只能看其对企业税收风险化解的质效如何,促进企业可持续化、高质量发展的效能如何,要看其对全社会经济与科教事业发展的积极效应如何,等等。质言之,“增减全社会和每个国民利益或福祉、幸福或尊严”总量是衡量企业“税德”税法规范体系优劣与否,以及一切涉税行为合规(合德与合法)与否的终极标准——终极总标准或功利总标准。但这一企业税收合规的终极总标准,也会因为具体情境的不同而表现为不同的分原则与标准,从而衍生出若干的功利分原则与终极分标准。在企业及其利益相关者涉税利益一致、可以两全的情境中,通常表现为“不伤一人地增加所有人的利益或福祉、幸福或尊严”总量之“帕累托最优”终极分标准。在企业及其利益相关者涉税行为发生根本性冲突且不可两全的情境中，则表现为“最大利益净余额”原则的“最大多数人的最大利益”终极分标准。

其次，就企业税收合规评价原则与标准而言，既有一些比较普遍、一般、简单、抽象和笼统的标准，也有一些相应复杂、具体、多样的标准。社会制定这些复杂、具体、多样的“税德”税法标准的目的，就在于能够迅速和准确地使企业主体能快速方便地对各自的涉税行为作出“应该”如何的合规与否评价，从而助力“税德”税法终极目的的实现。质言之，社会制定这些比较普遍、一般、简单、抽象与笼统税收评价的标准和相应复杂、具体、多样税收评价的评价标准，都是为了迅速准确地对企业具体涉税利害行为进行价值判断和评价，使之符合企业“税德”税法规定。从逻辑上讲，当这些具体评价标准与终极评价标准之间发生冲突的话，就必须以终极标准作为最高、最权威的评价标准。因为税收终极评价标准，既肩负对企业“税德”税法规范（合规之“规”）优劣评价的使命，也肩负对企业及其利益相关者所有涉税行为善恶与否的评价，特别是肩负着对企业合规之“规”一般标准和规范之间发生冲突时进行最终裁决的终极使命。

当然，就企业“税德”与税法的终极目的而言，直接在于增进企业及其利益相关者的利益，间接则在于增进全社会和每个国民的“利益或福祉、幸福或尊严”总量。二者都是企业涉税行为应该或“应该且必须”如何之规范和标准，其不同仅在于“税德”与税法各自所借以实现自己的力量存在差异。换句话说，企业“税德”会比企业相关税法对企业主体自由与欲望的压抑和侵犯比较强烈，企业税法作为一种权力性侵犯，是暴力强制与行政强制，而企业“税德”是一种非权力性的侵犯，是及时“思想教育和舆论强制”的侵犯。但就二者所侵犯之企业及其利益相关者涉税行为的范围而言，“税德”比税法对人的自由和欲望的侵犯较多，税法只对企业及其利益相关者那些具有重大涉税效用的欲望和自由进行约束，而“税德”则约束企业及其利益相关者的所有具有涉税利害效用之欲望和自由。或者说，税法仅仅要求不损害别人或社会的利益，而“税德”还要求人要自觉自愿，甚至自我牺牲。因此耶林认为，“法是道德的最低限度”。[①] 而且，“税德”所要求的境界越高，对企业及其利益相关者的涉税自由和欲望侵犯就越重；所要求的境界越低，则对企业及其利益相关者的涉税自由和欲望的侵犯就越轻。从逻辑上看，优良企业税收合规之“规”（“税德”与税法）的制定，应遵循如下原则：一是只需要“税德”保障便有

---

① 王海明：《新伦理学》（上），商务印书馆2008年版，第68页。

助于企业及其利益相关者实现税收合规目的的,就不要使其成为税法规范的对象,只有在非税法不能实现企业合规目的,无法规避企业税收风险时,方可用税法规范(即税法不要过于严苛——笔者注)。二是只要符合较低的"税德"标准无害企业及其利益相关者的涉税行为,便不应要求这些涉税行为非要符合较高的"税德"标准,只有不符合较高"税德"标准而有害的涉税行为,才应该要求这些涉税行为符合较高的"税德"标准。三是较高的"税德"标准只应该规范那些对企业而言公私难以兼顾、己他难以两全的涉税行为,而对那些可以公私兼顾、"己他两利"的涉税行为,则应该尽量用较低的"税德"标准。四是"税德"标准应该高低有致,并兼具多元化,不应该求高弃低,搞一元化和绝对化。五是"税德"与税法之间的功能区域应当合理配置,既不能越位,也不能缺位。因为二者固然是一种交叉关系,但优良税法意味着其合德比重较大。关于上述道理,狄骥曾有精辟的论述,西季威克也认为,"法律仿佛构成社会秩序的骨架,道德则给了它血和肉"。这是因为,"税德"与税法二者的区别仅在于有无一种特殊的强制——权力。企业税收合规评价中的权力,无疑是指税收权力——税权,就是保障企业及其利益相关者重大涉税活动正常运行"必须且应该"的一种强制力量。而且,税法作为税收治理的一种权力规范,其合法性也是由一个社会政治权力之合法性总体决定。也就是说,税权合法性也是来自全体国民或企业及其利益相关者的同意。

最后,就企业税收合规评价之本性与特征而言,企业税收合规评价标准也具有普遍性与特殊性、绝对性与相对性、客观性与主观性的特征。因此,便有普遍"税德"税法评价标准与特殊"税德"税法评价标准,即共同"税德"税法评价标准与特定"税德"税法评价标准。还有客观"税德"税法标准与主观"税德"税法标准。客观"税德"税法标准意味着"税德"税法标准的正确性和优良性是不以企业,特别是企业管理者或政府官员意志为转移的,既取决于客观的不以人的意志为转移之企业"税德"税法目的,也取决于客观的不以人的意志为转移之企业"税德"税法行为事实如何之本性。正如王海明先生所言,因为"人的行为应该如何的道德规范固然是由人们制定的、约定的,但是,只有那些恶劣的、不科学的道德规范才可以随意制定、约定"。同理,"税德"税法标准的正确性和优良性亦然,不是以"人的意志为转移"的。主观"税德"税法标准(合规之"规")则主要体现的是企业管理者、政府官员或者少数人主观意志的评价标准,特别是根据政府税收管理机关或从业者的主观意志而制定的。从逻辑上讲,科学客观优良之企业税收合规之"规"("税德"与税法),绝不可随意制定,只能从企业内外利益相关者涉税行为事实如何之客观本性中推导、制定出来，从社会创建“税德”税法原则和标准的终极目的中推导出来。毋庸讳言，企业税收合规之“规”（“税德”与税法）及其评价标准存在优劣高下之别，企业税收合规评价之结论，也会呈现多元性、多样性等特点，甚至大相径庭。

五、企业税收合规评价的根据

企业税收合规评价的根据即企业税收合规评价的主体依据，是指一定企业税收合规评价评价者对企业及其利益相关者涉税行为进行善恶评价时所依据的载体或者实体。关键问题是，企业税收合规评价应该依据企业及其利益相关者的动机，还是依据其涉税行为的效果？要回答这个问题，必须首先要弄清楚何谓“动机”与“效果”。

首先，“动机论”。动机论认为“动机”是通常是指“行为的思想意识、心理因素”。企业税收合规动机便是指企业及其利益相关者对于其涉税行为的思想，即对企业涉税“行为目的与行为手段的思想”，也就是对企业涉税行为“结果与过程之预想”。它是企业及其利益相关者涉税行为的意识、思想、心理、观念、主观的方面，是意识中、思想中、观念中的涉税行为。因为“动机全属于意志的范围，是行为的观念。我们要做某事时，心理就是先有做某事的观念，这种观念就是动机”。[①]“效果”则是动机的实际结果，是实际发生的企业及其利益相关者的涉税行为，是实际出现的企业及其利益相关者的涉税行为目的与行为手段，是实际出现的企业及其利益相关者的涉税行为结果与行为过程，是企业及其利益相关者涉税行为之客观实际方面。因为“行为效果与行为动机是构成行为的两个方面。因此，行为效果不是相对行为来说的，而是相对行为动机来说的；不是行为的效果，而是动机的效果：动机是行为之观念，效果是行为之实际。这样，动机既包括预期的行为过程又包括预期的行为结果；相应地，效果也就既包括行为的实际结果又包括行为的实际过程”。[②] 推而可知，企业及其利益相关者涉税行为的效果与动机，也是构成企业及其利益相关者涉税行为的两个方面。但企业及其利益相关者涉税行为的效果，不是相对企业及其利益相关者的涉税行为而言的，而是相对企业及其利益相关者涉税行为之动机而言的；不是企业及其利益相关者涉税行为的效果，而

---

① 郭任远：《郭任远心理学论丛》，上海开明，中华民国十七年（1928 年）版，第 19 页。

② 王海明：《新伦理学》（上），商务印书馆 2001 年版，第 581 页。

是企业及其利益相关者涉税行为动机的效果——企业及其利益相关者涉税行为的动机,是企业及其利益相关者涉税行为之观念;企业及其利益相关者涉税行为的效果,是企业及其利益相关者涉税行为之实际。因此,企业及其利益相关者的涉税行为动机,既包括预期的企业及其利益相关者涉税行为过程,又包括预期的企业及其利益相关者涉税行为结果。相应地,企业及其利益相关者涉税行为效果,既包括企业及其利益相关者涉税行为的实际结果,又包括企业及其利益相关者涉税行为的实际过程。从逻辑上讲,是对具体合规企业的税收合规评价,不是对合规企业主体涉税行为进行的评价,即是对企业主体者的品德品质进行的评价。那么对企业及其利益相关者涉税行为的评价,就只能依据企业及其利益相关者涉税行为的实际效果,看企业及其利益相关者涉税行为实际发生的涉税行为如何。但对企业及其利益相关者品德品质之评价,则与企业及其利益相关者涉税行为的评价不同,必须依据企业及其利益相关者的观念、意识等预想如何,看其思想中、观念中的涉税行为如何,即只能看企业及其利益相关者的具体涉税动机如何。

毋庸讳言,在企业税收合规评价中也存在上述分歧。有的认为要依据动机,有的认为要依据效果,有的认为既要依据动机,也要依据效果。因为在“动机论”主张者看来,企业税收合规评价者认为,应该依据企业及其利益相关者的涉税行为动机进行税收合规评价,即要看企业及其利益相关者涉税行为动机是否符合企业税收合规之“规”(“税德”与税法)。他们认为企业及其利益相关者涉税行为本身与“税德”税法目的无关,无所谓道德不道德、合法不合法、合规不合规,认为企业及其利益相关者涉税行为本身没有价值,故而推论认为,对企业及其利益相关者涉税行为本身的评价不能评价其涉税行为本身,只能评价其涉税行为所表现的行为者品德和品质。现实中,“合规不起诉论”主张者多以此为据进行论证和辩护。问题是,正如道德目的自律论不能成立一样,“税德”税法目的也是他律的,“税德”税法目的在于保障“税德”税法之外的他物——社会的存在发展与每个国民的“利益或福祉、幸福或尊严”总量。因此,不但企业及其利益相关者涉税行为所表现出的行为者品德品质与“税德”税法目的有关,而且企业及其利益相关者涉税行为本身也与“税德”税法目的有关。对企业及其利益相关者涉税行为的评价,不仅是评价企业及其利益相关者涉税行为所表现出的涉税行为者品德和品质,而且也应是评价企业及其利益相关者涉税行为本身。于是便有研究者认为,对企业及其利益相关者涉税行为进行评价,不仅要依据动机,而且要依据效果,即对企业及其利益相关者涉税行为者品德和品质的评价依据动机,对企业涉税行为本身的评价要依据效果。但“动机论”是错误的,因为它将评价对象片面化,绝对化了对企业及其利益相关者涉税行为者品德和品质的评价,抹杀了对企业及其利益相关者涉税行为本身的评价。从逻辑上看,对企业及其利益相关者涉税合规与否的价值评价,也会犯类似错误,即绝对化对企业及其利益相关者涉税行为者品德和品质的评价,抹杀了对企业及其利益相关者涉税行为本身的评价。

其次,“效果论”。此论认为,企业税收合规评价就是对企业及其利益相关者涉税行为对于社会效用的价值判断,即企业税收合规评价是对企业内外利益相关者及其全社会和每个国民的效用。因而只能看其社会效用如何,这是正确的。问题在于,“效果论”者将“效用”与“效果”、“行为效用”与“行为效果”等同起来,认为企业税收合规评价只能看其涉税行为的效果,只能以涉税行为的效果为依据,便埋下了“谬误的种子”。企业涉税行为效用与企业涉税行为效果是两个根本不同的概念,企业涉税行为效果不是企业涉税行为的效果,而是企业涉税动机的效果,是相对企业涉税行为动机来说的,是与企业涉税动机对立的、互相排斥的。反之,企业涉税行为效用则是企业涉税行为自身(动机与效果的统一体)与非企业涉税行为的他物(“税德”税法目的)的外部关系,是相对非企业涉税行为的他物来说的,不是相对企业涉税行为动机来说的。从逻辑上讲,企业涉税行为的效用,与企业涉税行为的动机不是对立的,因为企业涉税行为的效用,既是指企业涉税行为动机的效用,也是指企业涉税效果的效用。因此,企业税收合规评价只看企业涉税行为的效果,与只看企业涉税行为效用是根本不同的。如此看来,“效果论”主张者认为企业税收合规评价只看企业涉税行为的效果便是片面的、错误的,因为这意味着企业税收合规评价只看企业涉税行为效果的效用,不看企业涉税行为动机的效用。企业税收合规评价只看企业涉税行为效用则是全面、正确的,因为它意味着企业税收合规评价既要看企业涉税行为效果的效用,也要看企业涉税行为动机的效用,即对企业涉税行为本身的评价要看企业涉税效果的效用,对企业涉税行为者品德品质的评价则要看企业涉税动机的效用。

再次,“动机效果统一论”。源于对企业税收合规评价根据的“动机论”与“效果论”之分歧,产生了企图调和二者的“动机效果统一论”,该论认为企业税收合规评价既要依据企业涉税行为的动机,又要依据企业涉税行为的效果。遗憾的是,“动机效果统一论”由于将认识论问题与价值论问题混同起来,同样是错误的。因为此论主张者在认识论上强调“效果”,但在价值论上却倾向于“动机”,默认企业税收合规评价只是对企业及其利益相关者涉税行为所表现出的行为者品德和品质进行评价，而不是对企业及其利益相关者的涉税行为之评价。从逻辑上来看，“动机效果统一论”便由“动机是什么，只有通过效果才能表现出来而加以检验和判断，因而对行为者品德的评价不能不看效果”的正确认识论前提，得出了错误的价值论结论，认为对企业及其利益相关者行为者品德和品质的评价，既要看动机，依据动机，也要看效果，依据效果。岂不知，对企业及其利益相关者涉税行为者品德和品质的评价要看效果，仅仅因为动机只有通过效果才能检验和判断，仅仅为了弄清楚动机究竟是什么，而与对企业涉税行为者品德和品质的评价毫无关系。对企业涉税行为者品德的评价，虽然既看动机又看效果，却不能依据效果，只能依据动机。其错位在于，把“看效果”的认识论意义的“看”，偷换成价值论意义上的“看”，进而由对企业及其利益相关者涉税行为者品德和品质的评价——“既看动机又看效果”的正确前提出发，得出了错误的结论：既应该看动机，依据动机，也应该看效果，依据效果。①

最后，“动机效果分别论”。基于上述推论，我们主张“动机效果分别论”，即企业税收合规评价的真理只能是“动机效果分别论”，评价企业涉税行为者的品德和品质依据其“动机”，评价企业涉税行为本身则要依据其“效果”。总之，在实际的企业税收合规评价中，特别是在企业存在的税收不合规行为的处理中，应该坚持“动机效果分别论”。比如，对那些涉税行为不合税收之“规”的企业及其企业家，如果其行为动机并不是有意或恶意逃避纳税义务者，且未突破人伦底线，危害生命，应该给予其足够的谅解与改过自新的机会，多进行“合规不起诉”的辩护与判定。

六、企业税收合规评价的功能与作用

由于企业税收合规评价可根据不同的标准进行多种分类，就抽象的企业税收合规评价而言，企业税收合规评价乃是对于“税德”税法规范优劣之意识，这些规范不论是“税德”税法治理的道德原则，还是“税德”税法规则，都是抽象的、普遍的、一般的涉税利害行为规范。从逻辑上看，抽象企业税收合规评价，其功能和作用就在于不断优化和确立企业“税德”税法治理基本规范体系，在于不断创建和制定优良企业“税德”税法规范总体体系。反之，具体企业税收合规评价，由于是对“税德”税法治理的规范（“税德”与税法）是否被企业及其利益相关者所遵守的意

---

① 参见王海明：《新伦理学》（上），商务印书馆 2001 年版，第 589 页。

识，因此，其功能和价值便在于使企业及其利益相关者自愿遵守"税德"税法，从而遵守遵从"税德"税法规范，发挥二者在企业组织化创获财富活动中的积极作用，消减企业经营的具体税收风险与道德风险，助力企业的可持续、高质量与健康发展。对此，有专家认为，企业税收合规评价既是为了"达到税务风险控制的目的，有效降低企业税收违法成本，塑造公司合规纳税的社会形象"，也是为了"便于企业结合税收法规合法、合规地对公司的税收进行筹划，将税收风险评估管理嵌入于企业生产经营的全过程"。① 这种有助于企业实现"税德"税法目的实现之企业税收合规评价，通常是指税收合规良心与税收合规荣誉。税收合规良心是企业及其利益相关者自身的税收合规评价，是企业及其利益相关者自己对自己涉税行为合规与否的道德与法律评价，也是合规企业自己对自己涉税行为价值的知（认知）、情（情感）、意（意志）之意识。税收合规荣誉则是企业及其利益相关者之间相互的外部税收合规评价，是自己对其他企业以及其他企业对自己企业涉税行为之价值评价，是企业自己对其他企业和他人对自己企业涉税行为之"税德"税法与"税德"税法价值的意识、认识、判断、情感、意志等一切的心理反应活动。因为税收良心是每个企业内外利益相关者自身的力量，它总是有助于企业内外利益相关者真诚地遵守"税德"税法，而税收名誉则属于一种外部力量，是可以逃避的。因此，面对税收名誉这种无可逃避的使涉税企业内外利益相关者遵守"税德"税法的巨大力量，作为企业内外涉税利益相关者具有两种不同的选择，或者是对光荣的追求，或者是对虚荣的追求。同时，因为税收良心是企业内外利益相关者对自己涉税行为的意识，总是与自己的事实相符，而税收名誉是对别人涉税行为的认识，容易背离事实。

七、企业税收合规评价的步骤与方法

弄清楚企业税收合规评价的内涵、资格、标准、对象、根据等问题，是进行企业税收合规评价的前提。但要进行全面客观科学的企业税收合规评价，还需要利用具体科学的步骤与方法保障，即"评估方法与评估标准同等重要"。②

第一步，必须明确企业税收合规评价的主体，即谁来评价——"我"对他人的企业涉税行为进行评价，还是我对自己企业的涉税行为进行评价？明确企业税收

① 徐雯婕：《企业税务风险评估体系的建立及执行》，载《全国流通经济》2018 年第 6 期。

② 李勇：《美国检察官对涉案企业合规有效性的评估与考量》，载《人民检察》2022 年第 5 期。

合规评价主体的意义在于,既可以为企业税收合规评价明确方向,也可以为企业税收合规评价明确难点与关键。因为,一切企业税收合规评价的真假对错最终取决于企业税收合规评价标准,以及对企业涉税行为事实如何之规律认识的真假。问题关键在于,对他人企业的税收合规评价,如果要获得正确的评价结果,既取决于企业税收合规评价标准的优劣,也取决于对他人企业涉税行为事实如何之规律认识的真假。然而,对他人企业涉税行为事实如何之规律真假的认识却是最为困难的。因此,在对他人企业涉税行为进行企业税收合规评价时,必须将重点放在对他人企业涉税行为事实如何之规律真假的认识方面。相对而言,对自己企业涉税行为进行税收合规评价时,对涉税行为事实如何之规律的真假认识比较容易。显然,理性的选择是应将评价的重点放在对企业税收合规评价标准优劣的选择方面,力争用优良税收合规标准(“税德”与税法)进行价值评价。

第二步,必须弄清楚企业税收合规评价的对象,即对谁的“什么”进行评价——是对“税德”税法规范体系本身进行优劣评价,还是对具体企业的涉税行为进行合规与否的评价?明确企业税收合规评价之对象,既是企业税收合规评价十分重要的一步,也是所有企业税收合规评价活动的关键环节。因为对什么进行评价直接关系到企业税收合规评价的方向与根本。或者说,评价者即将展开的企业税收合规评价是针对抽象的“税德”税法规范,还是针对具体的企业涉税利害行为?如果是针对前者,企业税收合规评价的价值与意义在于,可通过持续、科学、客观的评价,不断地完善和健全一个社会的总体“税德”税法规范体系,促使其越来越科学和优良,并逐步抵达最优。如果是对后者,企业税收合规评价之价值和意义则在于,可通过持续、科学、客观的评价,不断地促进企业内外利益相关者遵从和遵守“税德”税法规范,即通过形成企业内外利益相关者的稳定心理品质,促进企业内外利益相关者更好地遵守“税德”和税法,助力企业防范和化解税收风险与道德风险,能促进企业可持续、高质量与健康发展,满足消费者不断增长的“美好生活”需求,最终增进全社会和每个国民的“利益或福祉、幸福或尊严”总量。

第三步,必须选择企业税收合规评价的类型,即对企业的什么进行合规评价——是对企业合规主体的涉税品德与品质善恶进行评价,还是对企业合规主体的涉税行为进行合规与否的评价?是对企业合规之“税德”规范进行道德评价,还是对企业合规主体的“税德”品质进行企业税收合规与否的评价?是对企业合规之税法规范本身优劣进行评价,还是对企业合规主体的税法品质进行善恶评价?是对企业涉税合规之具体规范进行道德评价,还是对企业涉税合规之具体规范进行税法评价？质言之，评价者究竟是对企业涉税行为进行“合德性”的税收评价，还是对企业涉税行为进行“合道性”的税收评价，甚至是对企业涉税行为进行“合道性”之税收评价，还是对企业涉税行为进行“合法律”之税收评价？或者是对企业涉税行为进行“合法”之税收评价？或者是对企业涉税行为进行“合道性”之合规评价……

毋庸讳言，由于企业税收合规评价的内容十分丰富，既有对企业税收合规之抽象评价，也有对企业税收合规之具体评价；既有对企业税收合规之合德评价，也有对企业税收合规之合法评价，还有对企业税收合规之合道评价；既有对企业税收合规行为者品德品质之善恶评价，也有对企业涉税行为合规与否之评价；既有对企业税收合规的认知评价，也有对企业税收合规的情感评价以及对企业税收合规的意志评价，等等。因此，在企业税收合规评价展开之前，在明确企业税收合规评价主体与对象的前提下，还必须明确当前要进行的究竟是哪种企业税收合规评价？事实上，企业税收合规评价类型的选择，与所依据标准的选择是不同的。如前文所述，对企业税收合规企业者品德和品质评价，与对企业涉税行为的评价所依据的根据是不同的。前者根据的是企业者的涉税行为的“动机”，后者根据的则是企业者的涉税行为的“效果”。从逻辑上看，如果不首先明确企业税收合规评价类型这个前提，就可能混淆标准或根据，便难以获得全面客观正确的企业税收合规评价结果，进而影响有效发挥企业税收合规评价应有的积极作用。

第四步，选定企业税收合规评价的标准，即依据哪种标准进行评价——是抽象原则和标准，还是具体原则和标准？依据哪种标准进行企业税收合规评价，是至关重要的一个环节。归根结底，企业税收合规评价都要看根据哪一种标准来进行。不论评价的对象是企业合规之规（“税德”与税法），还是具体企业的涉税行为，也不论是企业合规者的税收品德和品质，还是企业合规者涉税行为，最终都要靠企业税收合规评价标准来裁定和判断。用什么样的标准评价，就可能得出什么样的结果。而且企业税收合规评价标准的优劣，直接决定企业税收合规评价结果的质效。比如：如果选择运用现行税收法律法规进行“合法律”税收合规评价是一种结果，选择运用优良税收原则和法律法规标准进行税收“合法”评价，则会是另一种结果。如果选择运用现行税收道德标准进行“合道德”税收合规评价是一种结果，选择运用优良税收道德标准进行企业税收“合道”评价则是另一种结果。总之，选择的评价标准不同，企业税收合规评价的结果肯定不同。企业税收合规评价的标准由低到高如下：符合现行税收法律法规（税收法律、税收行政法规、税收地方性法规、税收部门规章、税收地方规章及其税务征管具体办法)、现行社会治理法律、现行税收道德、现行社会治理道德、优良社会治理道德(良德),即企业税收合规评价的结果存在合法律、合法、合德、合道之别。

第五步,确立企业税收合规评价根据。如前文所述,企业税收合规评价究竟是根据企业及其利益相关者的涉税行为动机,还是根据企业及其利益相关者涉税行为的效果?毋庸置疑,这是一个与评价对象紧密相关的问题,属于评价对象的范畴,与评价标准有着本质的区别。如果要对涉税企业主体的品德和品质进行评价,就必须根据企业主体在某一具体涉税行为中表现的动机,即依据其在某一具体涉税行为中对行为目的与手段之预想,对其涉税行为之过程与结果的预想进行判断和评价。如果要对企业主体涉税行为进行价值评价,则只能根据该企业主体涉税行为的实际效果——即实际出现的该企业主体的实际纳税行为目的与行为手段进行价值判断。或者说,根据该企业主体实际履行的纳税义务情况进行税收合规判断与评价。

第六步,按照科学的评价方法展开企业税收合规评价,即按上述步骤、程序和方法进行企业税收合规评价。因此,企业税收合规评价就是要按照明确主体、弄清对象、选择类型、选定标准、确立根据的步骤,对企业合规主体品德品质与行为进行价值分析、比较和判断的过程。例如,如果我们要对某一个企业"税德"税法规范体系之优劣进行评价,首先,要明确谁来评价,评价谁;其次,要选定评价标准、终极标准、终极分标准(即选择利益一致情况下的分标准,还是选择利益冲突情况下的分标准)、最高原则(诸如平等、人道、自由、法治、民主、异化等原则)、根本原则(公正:完全平等原则与比例平等原则)、重要规则(诸如诚信、便利、节俭等);最后,才能用这些标准和原则去比照、衡量现实中的企业"税德"税法价值的大小、久暂与强弱等,看它们距离这些原则和标准的远近与这些标准和原则的符合程度等。毫无疑问,终极标准是最后、最高、最权威的评价,其他原则、规则显然是终极标准的具体展开,是为了评价的方便。具体来说,如果要对企业"税德"税法本身优劣进行评价,则要根据效果看他们所制定之企业"税德"税法的实际效果,即动机的实际结果。这是实际发生的制定企业"税德"税法行为,是实际出现的企业"税德"税法行为目的与行为手段,是实际出现的企业"税德"税法行为结果与企业"税德"税法行为过程,是企业"税德"税法行为的客观实际方面。如果要评价某一个具体企业及其利益相关者的涉税行为,则要依据具体的企业"税德"税法要求,对实际出现的企业主体涉税行为之目的与行为手段进行税收合规价值判断和评价,对实际出现的企业主体之涉税行为结果与行为过程进行税收合规价值判断和评价。如果要评价某一个企业及其利益相关者的“税德”税法品德和品质,则需要依据具体的“税德”税法要求,看这个企业及其利益相关者涉税者的动机,看这个企业及其利益相关者在具体纳税行为中的思想意识、心理因素,看这个企业及其利益相关者的涉税行为目的与手段,看其对企业及其利益相关者涉税行为结果与过程的预想。当然,要评价一个国家和地区总体企业税收合规之“规”的优劣,则要看这种企业税收合规之“规”从总体来化解企业税收风险与道德风险的实际效果如何,促进企业可持续、高质量和健康发展的实际效果如何。自然,要评价一个国家和地区企业税收合规之“规”制定者的品德品质如何,则要看其化解企业税收风险与道德风险的实际效果如何,促进企业可持续、高质量和健康发展的实际效果如何。最终则要看其动机如何,即企业税合规之规制定者在涉税规则制定中的思想意识、心理因素如何,看其对企业及其利益相关者涉税行为之结果与过程的预想如何。

八、企业税收合规评价之真假对错

企业税收合规评价是对企业“税德”税法及其具体涉税行为进行的价值判断、价值认识、价值意识,集中表现为“知(认知、认识)”“情(情感)”“意(意志)”,因此,企业税收合规评价就有税收合规“认知评价”、“情感评价”与“意志评价”。问题是,一方面,真假是指真理性,意味着主观对客观的符合与否,符合即为真,不符合则为假,而对错则是指效用性,是指客体对主体是否有利,有利则为好,为应该,为优良,有害则为坏,为错,为恶劣。另一方面,企业税收合规认知评价既有真假也有对错,而企业税收合规情感评价与意志评价则只有对错而无真假,即企业税收合规评价之“税德”税法认知评价既有真假又有对错,而“税德”税法情感与意志评价则只有对错而无真假。问题的关键是,企业税收合规评价之“认知评价”、“情感评价”和“意志评价”之真假对错究竟意味着什么?

就企业税收合规评价之“认知评价”而言,错误的或者假的企业税收合规评价之根本特征,是指与企业及其利益相关者涉税行为的实际价值不相符。真实的、对的企业税收合规评价的根本特征,是指与企业及其利益相关者涉税行为实际价值相符。问题是,这仅仅是企业及其利益相关者涉税行为认知评价之真假的特征,而不是企业及其利益相关者涉税行为情感评价和意志评价之对错的特征。只有认知评价才具有真理性,才存在是否与客观实际相符的问题,而情感评价和意志评价只具有效用性,只存在是否满足主体需要或达到主体目的的问题,主体的需要或目的是衡量情感和意志评价对错的标准。这个需要或目的,只能是社会创造"税德"税法的终极目的——增进全社会和每个国民的"利益或福祉、幸福或尊严"总量。因此,正确的企业"税德"税法行为情感评价与意志评价的根本特征,只能是增进全社会和每一个国民的"利益或福祉、幸福或尊严"总量,而错误的"税德"税法情感评价与意志评价的根本特征,只能是消减全社会和每一个国民的"利益或福祉、幸福或尊严"总量。问题是,企业"税德"税法行为评价如何才能是真的、对的,而不是假的、错的呢?在合规专家看来,既依赖于评价者对以"税德"税法相关专业知识调查后所获得之事实的认定,同时还需借助"学术性的推衍规则",从而可将该认定之事实导向客观的结论①,保证企业税收合规评价的客观和正确。

具体来说,企业税收合规评价无非是将"税德"税法原则和规范作为标准,用以衡量企业及其利益相关者涉税行为事实的过程,"税德"税法原则和规范是企业税收合规评价的标准,而企业及其内外利益相关者的涉税行为事实,则是企业税收合规评价的对象。这样,企业税收合规评价的真假对错,便一方面取决于企业税收合规评价标准——一个社会所信奉的"税德"税法规范之真假对错与优劣好坏,另一方面则取决于对评价对象——企业及其内外利益相关者涉税行为事实如何认识之真假(真理还是谬误)。如果二者都是对的、真的,则企业税收合规评价必定是真的、对的;如果有一个是错的、假的,其评价必然是假的、错的。也就是说,如果对企业税收合规评价对象的认识是真的,而且评价标准也是优良正确的,企业"税德"税法认知评价一定是真理,而情感评价或意志评价也一定是正确的;如果对企业税收合规评价对象的认识是假的,"税德"税法认知评价一定是假的,而情感和意志评价也必然是错的;如果企业税收合规评价标准("税德"税法)是错误或落后的,则"税德"税法认知评价一定是假的,企业税收合规情感与意志评价也一定是错误的。在实际中,对于企业税收合规评价对象——自己或他人企业涉税行为事实如何的意识,往往在评价别人的涉税行为时容易发生错误,而在评价自己的涉税行为时一般不会发生很大的错误。但对于一个社会所奉行的企业"税德"税法规范,即"税德"税法本身之优劣,人们往往不太在意其优劣,或者迫于现实的压力不敢对其优劣性进行深度怀疑和批判,在客观上也容易使企业税收

① 参见张斌:《论科学证据、专家证言、鉴定意见三者的关系》,载《证据科学》2012 年第 1 期。

合规评价结果的正确性和客观性大打折扣。对此，达尔文曾经感叹道："这么多荒谬的行为准则，以及这么多的怪诞的宗教信仰，究竟是怎样发生的，我们不知道；它们又怎么会在全世界的各个角落里变得如此深入人心、牢不可破，我们也不理解。"[①]也就是说，对自己企业税收合规评价的真假对错，主要取决于他所信奉和遵从之企业"税德"税法规范，即企业"税德"税法本身之优劣，而对他人企业税收合规评价之真假对错，既取决于所信奉之企业"税德"税法规范之优劣，也取决于对企业及其利益相关者涉税行为事实如何之认识的真假。唯有二者同步优良和真实，才可能得出客观准确的企业税收合规评价结论。一劣一真，或者一优一假，或者一劣一假，都不可能获取客观准确的企业税收合规评价结论。

进而言之，企业税收合规评价的真假对错，虽然取决于评价主体所信奉之企业"税德"税法规范本身之优劣，以及对企业及其利益相关者涉税行为事实认识之真假，但历史的经验告诉我们，企业"税德"税法规范标准之优劣相对根本和重要。因为一切企业税收合规评价之负价值最为深重的是——信奉了错误的、恶劣的企业"税德"税法规范，正价值最大的则是信奉正确的、优良的企业"税德"规范，而不是对合规企业涉税行为事实如何之正确认识。因为企业税收合规评价之目的在于通过对优良"税德"税法规范的信奉，促进优良"税德"税法的实现，使企业及其利益相关者能不断地、更好地遵守企业"税德"，遵从企业税法。相反，如果企业税收合规评价之目的在于引导企业及其利益相关者信奉恶劣的企业"税德"税法，那么人们就会因为这些规范违背利益相关者的行为本性，既难做到也难实现企业税收合规评价的正价值。在客观上也就不能使企业及其利益相关者遵守落后的"税德"，遵从低劣的税法，便很容易使这种有利于企业及其利益相关者遵守"税德"税法的巨大力量发生异化，迫使一些合规企业及其利益相关者变成合规的"伪君子"。或者说，如果一个合规企业计划的推进者能够按照正确的企业税收合规评价指令去行动，其品质就是善的，但如果按照错误的企业税收合规评价指令去行动，其行为便是恶的，即只有按照正确的企业税收合规评价指令去行动，其品质和行为才都是善的。同时，也只有正确的企业税收合规评价才能使企业合规计划和推进者遵守优良的"税德"，遵从优良的税法。从逻辑上来看，错误的企业税收合规评价，便会造就出更多的合规"伪君子"，无助于企业内外利益相关者能真正遵守"税德"，反而会使企业及其利益相关者遵守落后的"税德"，遵从恶劣的税

---

① 达尔文：《人类的由来》，潘光旦、胡寿文译，商务印书馆 1983 年版，第 183 页。

法。总之,唯有正确的企业税收合规评价才是实现"税德"税法的正道,唯有正确的自我评价才使企业及其利益相关者遵守"税德",遵从税法的内在途径。正确的外在评价,则是使企业及其利益相关者遵守"税德",遵从税法的外在途径。

九、兼议目前企业税收合规评价中存在的问题与因应策略

借助上文对企业税收合规基本理论问题探讨分析框架,审视当前中国如火如荼的企业合规化热潮中税收合规评价领域存在的缺憾与不足,坦率地说,悲观大于乐观,危机大于机遇,必须以相对客观理性的对策因应,在动态平衡中寻求企业合规利益的相对优化。

(一)目前企业税收合规评价存在的主要问题与挑战

首先,重视企业税收"合法律"评价,忽视企业税收"合法性"评价。重视企业税收"合法律"评价,意味着企业合规计划的推动者与参与者都比较重视企业具体涉税风险问题的研究与防范,甚至不惜重金外请税务专家或执法、司法机构的实务工作者,为本企业化解相关税收风险而出谋划策。功夫更多花在如何协助企业涉税行为符合现行国家税法及其相关税收政策方面,目的非常明确,就是为具体企业经营者化解当前或未来可能面临的涉税风险。忽视企业税收"合法性"评价则意味着,缺乏对现行企业税法规范及其税收政策本身优劣问题的终极追问,或者说缺乏自觉推进税法与税收政策现代化的意识与行动。具体表现为:税收公共情怀淡漠,无视中国企业群体未来可能遭遇的制度性隐性税收风险,仅仅满足于本企业税收合规、"降低经营风险、提高可持续发展动力"的具体目的。问题或如庄子所言,看不见的隐性风险才叫"真风险"。换句话说,如果仅仅满足于为具体企业化解眼前的税收风险,但却忽视其他企业,特别是中国企业家群体必须直面的制度性、隐性税收风险,至少是缺乏远见和战略眼光的,岂不知,"覆巢之下,安有完卵"。具体来说,如果不从体制优化角度谋划,只图眼前本企业利益的税收合规风险化解,其"阴阳之患"的风险随时都会爆发。深究因为,"税收合法性"是指税制("税德"与税法)是否符合"法"之性质。税收行为是否符合"法"之性质。因为"税收合法性"与"税收合法"不同。"税收合法"主要是指符合"税法"(即合法律)的权力规范。因为从根本说来,"税收合法"既是指符合广义的税收法律规范,也是指符合狭义的税收法律规范。"特指由全国人民代表大会及其常务委员会制定和颁布的税收法律"包括"宪法、法律、行政法规、地方性法规、自治条例和单行

条例”等各个层次的税收法律。当然也应包含符合“税收道德”的非权力规范。但“税收合法性”不同，它意味着既要符合税收创建的终极目的，又要敬畏涉税行为心理事实如何之规律；既要符合征纳两利的税收价值，又要实现人道自由、法治、平等最高价值与公正根本价值的税制“嵌入”，等等。

其次，重视企业税收“合法律”评价，忽视企业税收“合德性”评价。忽视企业税收“合德性”评价，意味着企业合规忽视对现行企业相关涉税行为道德风险问题防范的重视，存在以税收“合法律”——即以符合“税法”评价代替符合“税收道德”评价的现象。岂不知，税收道德是税法的价值导向系统，税收道德优良，则税法可能优良，税收道德低劣，则税法可能低劣。在理想情况下，税收道德与税法是一种包含与被包含的关系，即所有的税法都属于税收道德范畴，符合税法则符合税收道德。但在现实中，税法与税收道德则是一种交叉关系，即所有的税法并不一定属于税收道德（理想优良的）。正如法理学家哈特所言，“法律反映或符合一定道德的要求，尽管事实上往往如此，然而不是一个必然的表现”。[①] 或者说，符合税法的，不一定符合税收道德。从逻辑上讲，科学理性的企业税收合规评价，也需要企业税收道德的规范与导引，不能用企业税收“合法律”评价代替企业税收“合德性”评价，或者用税法合规代替税收道德合规。在社会主义初级阶段，由于税权合意性与合法性有待借助“全过程人民民主制度”的进一步奠定和扩大民意基础，税权尚未真正装进“制度的笼子”，企业税收“合法律”并不等于“合税法”，也不等于“合税收道德”，更应发挥优良税收道德评价的价值导向与激励作用。

再次，重视企业税收“合法律”评价，忽视企业税收“合道”评价。企业税收“合道”评价意味着企业税收合规既要“合税法”，也要“合税收道德”，更要符合税收治理的大道——有助于企业内外利益相关者“利益或福祉、幸福或尊严”总量的增进。企业税收“合道”具体意味着：一是要符合税收治理终极目的之道与企业涉税行为事实如何规律之道。或者说，既要直接有助于企业及其利益相关者降低税收道德风险与税法风险，有助于企业的可持续、高质量和健康发展，增强企业的市场竞争力。同时也要间接增进企业内外利益相关者“利益或福祉、幸福或尊严”总量，最大限度地满足消费者不断增长的“美好生活”需求。二是企业税收合规之“规”，既实现了人道自由一般价值——平等、法治与限度原则的实质性税制“嵌入”之“规”，也实现了人道自由具体价值——政治、经济、思想自由原则的实质性

① ［英］哈特：《法律的概念》，张文显等译，中国大百科全书出版社 1996 年版，第 181 页。

税制“嵌入”之“规”。三是企业税收合规之“规”,既要实现企业及其利益相关者之间基本权利与义务交换完全平等原则的实质性税制“嵌入”之“规”,也要实现企业及其利益相关者之间非基本权利与义务交换比例平等原则的实质性税制“嵌入”之“规”。当然,企业税收合规之“规”,还要实现诚信、便利、节俭等重要道德原则实质性税制“嵌入”之“规”。如此看来,仅仅重视企业税收“合法律”评价,仅仅有助于企业经营者眼前税收经营风险的化解,会积累大面积的隐性税收风险。直言之,对落后与低劣税制(税收道德与税法)的遵从与遵守,才是企业合规建设真正必须直面的税收风险与经营风险。

最后,企业税收合规评价也存在方法论方面的缺陷。具体而言,一方面,在企业税收合规评价根据认知方面存在误区,即以为“动机效果统一论”是真理,岂不知“动机效果分别论”才是真理。另一方面,忽视对税收合规评价对象的辨析,既混同了对企业税收合规之“规”(“税德”与税法)体系优劣之评价与对企业涉税行为之善恶评价的区别,也忽视了企业税收合规评价标准之异同和优劣。比如:现实税收道德标准与税法标准之异同,优良税收道德标准与税法标准的异同,以及合法律、合法与合德、合道之间各自标准之差异,等等。在客观上也就无法最大限度发挥企业税收合规评价在企业合规行动与社会治理中的特有作用。当然,同时还忽视了对企业税收合规评价具体步骤、方法等问题的关注和研究。

(二)因应企业税收合规评价挑战的具体策略

基于上文对目前中国企业税收合规评价存在问题与挑战的分析,笔者认为,基本因应策略如下:

首先,要重视企业税收合规评价相关理论与实践问题的研究,深刻认识此领域基础理论研究的重要性与必要性。企业税收合规评价贯穿企业合规计划实施的全过程和各个环节,既有助于全社会企业“税德”税法总体规范体系的不断优化,发挥税收在国家治理体系中“基础性、支柱性与保障性”的重要作用也有助于企业及其利益相关者涉税行为能自愿信奉和遵从企业“税德”税法,形成相应稳定的税收合规心理品德和品质,降低企业经营的税收成本与风险,助力中国企业的可持续、高质量和健康发展,全面激发企业家精神,高效率创获社会物质与精神财富,不断满足更多消费者的“美好生活”需求。

其次,要建立健全科学优良、有层次、有结构的企业税收合规评价体系(税收道德与税法)。一方面,企业税收合规评价要扭转目前仅仅局限于用现行税法与税收政策评价的现象，既要避免用税收“合法律”评价代替企业税收合规评价，也要避免用现行税收道德评价代替企业税收合规评价的现象。因为企业税收合规评价既有依据现行税收法律与税收政策的评价——合法律评价，也有依据优良税收道德对现行税收法律与税收政策优劣之“合法性”评价，同时还有对现行税收法律与税收政策优劣之“合德性”与“合道性”的评价。当然，关键在于如何区分，是对企业涉税规则（“税德”与税法）本身优劣进行合规评价，还是对企业及其利益相关者的具体涉税行为进行合规评价？另一方面，还要重视选择不同的企业税收合规评价的原则和标准。比如，是用一般抽象的税收道德原则与标准进行评价，还是用具体的税收道德原则和标准进行评价？而且必须区别对待，分类进行，精准评估。

再次，企业税收合规评价必须坚持“动机效果分别论”，彻底告别“动机效果统一论”。对企业及其利益相关者涉税品德和品质的评价，要以企业及其利益相关者涉税行为的动机为根据，对企业及其利益相关者涉税行为的评价，则要以其涉税行为的效果为根据。如果混淆动机与效果，必然会导致企业税收合规评价结论的混乱与无序，消减企业税收合规评价应有的积极功能与作用，加剧企业经营的税收成本与风险，阻滞企业的可持续、高质量和健康发展，自然无法创获更多高性价比的物质与精神财富，满足广大消费者不断增长的“美好生活”需求。

最后，从长期看，企业税收合规评价要重视“合道”评价及其科学合规评价方法的研究与探索。而且唯有如此，或可充分发挥企业税收合规评价在化解企业经营面临的系统性税收风险与道德风险的作用，助力中国企业群体的可持续、高质量与健康发展，创获更多高性价比的物质与精神财富，最终增进全社会和每一个国民的利益或福祉总量。

必须强调的是，企业税收合规评价必须处理好企业长期高质量发展与短期生存之间的复杂关系。或者说，在坚守人道、生命价值底线的前提下，应尽量降低企业经营的税收道德风险与税法风险，寻求动态平衡的理性生存之道，这或是企业税收合规评价者也应该奉行的价值理想。因为现实不是在非黑即白的选择性之间进行选择，而是在许多不完备的选择项之间进行比较和权衡。

结　语

总之，科学客观的企业税收合规评价意味着，既要运用税收道德终极目的对现行税收道德与税法规范体系进行价值优劣评估，也要运用税收道德与税法规范对企业及其利益相关者的具体涉税行为进行价值判断。企业税收合规评价之难，既在于企业税收合规评价所依据之标准(“税德”与税法)的优劣不一,每个社会每个企业及其利益相关者都有自己的税收评价标准,无法完全拒绝主观性与随意性,也在于对企业及其利益相关者涉税行为事实如何之真假的认知与判断比较难,特别是对企业及其利益相关者涉税行为的实际效用之判定,不容易精确地把握与量化。同时,还在于企业税收合规评价方法的差异性与复杂性,也会影响作出客观准确的结论。正因如此,国外有企业合规研究者认为,“有效性评估是非常复杂的问题,甚至被认为是不可能的任务”。①问题是,尽管企业税收合规评价标准充满一定的主观性、相对性与特殊性,但优良企业税收合规评价标准的优良性与正确性,却是不以任何群体或者涉税行为主体的意志为转移的,既取决于人们对企业涉税行为事实如何之客观规律认知的科学性,也取决于人们对社会创建税制(“税德”与税法)终极目标认知的科学性。反过来看,意味着企业税收合规评价的客观性、正确性与优良性也是可期的,其积极价值与意义也不容否定和无视。具体来说,企业税收合规评价的理论价值与实践意义在于,既可通过持续的企业税收合规评价,促使一个社会企业“税德”税法规范体系的不断优化,进而确立全社会的优良企业“税德”税法价值导向系统,也可通过持续的企业税收合规评价,促使一个企业及其利益相关者逐步信奉和遵从“税德”税法规范,形成稳定的心理品德和品质,有效降低企业经营的税收成本与风险,增加企业在“百年未有之大变局”下的竞争力,最终满足广大消费者不断增长的“美好生活”需求。总之,“合规计划对于促进中国企业管理乃至社会治理能力与体系现代化都具有积极意义”②。同理,企业税收合规评价由于既是优良企业合规“税德”税法确立的前提,也是优良企业合规“税德”税法改革的动力源泉,还是“税德”税法实现不可缺少的载体与舆论力量,其对国家治理现代化的积极意义毋庸置疑。这是因为,客观正确的企业税收合规评价,可促进企业“税德”税法治理体系整体质量的提升,主观错误的企业税收合规评价,则会误导企业“税德”税法价值的方向,降低“税德”税法治理体系的整体质量。其实透过企业税收合规评价,也可管窥一个社会治理的文明程度,因为“国家的繁荣与衰落经常有税收因素”③。

---

① P. J. Wils. Wouter, *Antitrust Compliance Programs and Optimal Enforcement*, Journal of Antitrust Enforcement, Vol. 1 (2012).

② 周振杰:《合规计划有效性评估的核心问题》,载《国家检察官学院学报》2022 年第 1 期。

③ [美]查尔斯·亚当斯:《善与恶——税收在文明进程中的影响》(第 2 版),翟继光译,中国政法大学出版社 2013 年版,第 9 页。

刑事合规视阈下国企反腐败治理法治化路径研究

贵州省毕节市人民检察院课题组

（李剑、李林、李艳、王登明）*

摘要：在商业腐败犯罪入罪标准下调的形势下，对于国有企业犯罪，传统的事后惩罚与消极预防途径效果难彰。重新审视和加强企业反腐败刑事合规建设，在治理与经营中构建反腐合规体系，助力企业有效防范风险。透过国有企业腐败问题来看，优化国有企业健康发展，刑事合规路径作用不断凸显，检察机关要能动履职，把好涉企案件"入口关"，引导非涉案企业开展建设，构建"融合式"诉源治理，引导企业刑事合规从事后合规向事前合规转化，国有企业也要发挥主观能动性，培育合规管理文化，健全合规管理制度，强化合规制度执行，建立系统性、规范性的合规管理机制。

关键词：国有企业　刑事合规　犯罪　涉企轻罪

国有企业在国民经济中发挥着"顶梁柱""压舱石""稳定器"的作用，是市场的中坚力量，同时是合规管理的主力军。检察机关是企业合规考察程序的启动者、过程的引导者、结果的决策者，在企业合规机制中将对企业关注刑事法律风险、完善制度管理作出提示指引、进行司法处理。

一、问题的引出

2018 年 11 月，国务院国有资产管理委员会（以下简称国资委）印发《中央企

---

* 基金项目：2022 年度贵州省毕节市社科理论创新课题《刑事合规视阈下毕节国企治理法治化路径研究》（课题编号：BSK－22014）阶段性研究成果。

课题组简介：负责人李剑，贵州省毕节市人民检察院四级高级检察官，从事廉政学、诉讼法学研究。成员为李林、李艳、王登明。

业合规管理指引(试行)》。2019 年 2 月 25 日,习近平总书记在中央全面依法治国委员会第二次会议上指出,“企业合规管理要跟上。我国企业走出去都会面临经营管理合规的问题。要强化企业合规意识,走出去的企业在合规方面不授人以柄才能行稳致远”。2021 年 12 月 24 日,全国人大常委会发布《公司法(修订草案)》,并向社会公开征求意见,该草案新增一条,作为《公司法》第 154 条,要求“国家出资公司依法建立健全内部监督管理和风险控制制度,加强内部合规管理”。此次修订,将“加强合规管理”提升到法律层面,也是首次以立法的方式要求国有企业进行合规管理。在中央的带动下,各地纷纷开始进行企业合规不起诉、行政合规等各个领域的探索,努力让企业“活下来”“留得住”“经营得好”。比如,2020 年 12 月 16 日,贵州印发《贵州省国资委监管企业合规经营管理指引》。

所谓“合规”,《中央企业合规管理指引(试行)》中的“合规”是指企业及其员工的经营管理行为符合法律法规、监管规定、行业准则和企业章程、规章制度等要求。《中央企业合规管理办法(公开征求意见稿)》中的“合规”是指中央企业及其员工的经营管理行为符合法律法规、党内法规、监管规定、行业准则以及企业章程、规章制度等要求,该意见稿增加了“党内法规”。基于此,企业“合规”工作中“规”的内涵可进行阶梯式分层理解:第一层是“法律法规”,这是最基本的要求,即国有企业应当遵守中国的法律法规及监管规定;第二层是“规章”,包括企业内部规章如公司章程、制度规定等,也包括党内法规如《中国共产党章程》等;第三层是“规范”,其表现形式可具体如行业行为准则,可概括如道德规范、执业操守等。因此,“合规”是指企业及其员工的经营管理行为要符合国家法律、行政法规、行业准则、商业道德以及企业内部的管理制度等,①涵盖企业治理、行政监管以及司法监管等方面内容。

所谓“刑事合规”,是企业合规的一个组成部分,企业以刑事法律的标准来识别、评估和预防公司刑事风险,国家以刑法为工具,在刑事政策上给予企业正向激励和责任归咎。刑事合规是降低企业风险的有效机制。通过明确企业刑事合规的适用条件、考察期限、整改程序、不起诉决定的作出等内容,建立督促、约束和激励的机制,助力企业内部建立健全防范刑事法律风险的规则和机制。通过开展企业刑事合规工作,降低企业或其员工实施与企业有关的犯罪行为的风险,作为出

① 参见关仕新、陈章、张宁:《以检察履职助力构建企业合规制度》,载《检察日报》2021 年 3 月 1 日,第 3 版。

罪和减免刑事责任事由对刑事处罚产生影响,从而实现提高企业价值的目标。

二、风险环节

当前,在合规义务的设定中,刑法对国有企业人员专门设置“渎职”和“贪腐”两大类刑事责任体系,将国企人员的履职行为直接纳入刑事司法审查的范围中,相较于其他类型的企业而言,国企人员承担着更为严格的刑事合规义务。国有企业及其工作人员在业务活动中,必须遵守各种法律法规。与此有关的法律法规,体现在《刑法》分则第三章“破坏社会主义市场经济秩序罪”和第八章“贪污贿赂罪”中。2022 年 2 月《关于办理国有企业管理人员渎职犯罪案件适用法律若干问题的意见》出台后,对非法经营同类营业罪、为亲友非法牟利罪、国有公司人员失职罪和国有公司人员滥用职权罪等 4 类案件的法律问题也作了进一步明确。

当前,国企潜藏着不少风险问题,罔顾发展定位、国有资产安全存在隐患、“一把手”严重违纪违法、“四风”反弹回潮等,在企业资产管理、权力寻租、管理权滥用等领域都具有一定风险,针对合规风险领域开展企业刑事合规,将成为未来国有企业腐败犯罪预防的关键环节。

企业资产管理腐败合规风险是企业腐败犯罪的高发领域,体现为企业的管理人员借助资产管理的职务便利,直接对企业财产权进行侵害而获利的行为,具有非法占有企业资产合规风险、非法挪用企业资产合规风险和非法利用企业资产营利合规风险等 3 类,涉及贪污罪、职务侵占罪、私分国有资产罪、私分罚没财物罪、巨额财产来源不明罪等多项罪名。

企业权力寻租腐败合规风险体现为企业的管理人员利用企业管理的职务便利,进行“权钱交易”“权力寻租”,在财物以及财产性利益方面损害企业正常管理秩序的风险。该合规风险涉及受贿罪、非国家工作人员受贿罪、行贿罪、非国家工作人员行贿罪、单位受贿罪、单位行贿罪和非法转让、倒卖土地使用权罪等多项罪名。

企业管理权渎职腐败合规风险体现为企业管理人员因过于自信或疏忽大意,未能承担起应有的管理责任,造成企业利益受到重大损失的风险。该合规风险涉及签订、履行合同失职被骗罪、国家机关工作人员签订履行合同失职被骗罪、玩忽职守罪、国有公司人员失职罪等多项罪名。

企业管理权滥用腐败合规风险体现为企业管理人员或者故意违背管理规定,或者故意滥用管理权力,造成企业遭受重大损失的风险。该合规风险涉及滥用企业管理职权类腐败犯罪，包括国有公司人员滥用职权罪、滥用管理公司、证券职权罪，私分国有资产罪、违法提供出口退税凭证罪、非法低价出让国有土地使用权罪；涉及利用企业管理权徇私舞弊类腐败犯罪，包括徇私舞弊低价折股、出售国有资产罪等多项罪名。

基于此，希冀企业刑事合规集末端处理与前端治理于一体。检察机关能动履职，综合运用刑事、民事、行政、公益诉讼“四大检察”职能，既抓末端治“已病”，又抓前端防“未病”，推动更多企业开展合规建设、守法合规经营，督促涉案企业在一定期限内建立完善刑事合规机制，堵塞企业运营的制度漏洞，积极挽回经济损失。

三、问题表现

相较于民营企业，国企管理者担负着促进国有资产保值增值、维护国家经济利益的特殊责任。国有企业必须重视企业刑事合规，防范贪污贿赂等腐败行为，防范国有企业管理人员渎职犯罪问题。在实践中，以下几个问题也需注意：

企业合规风险防控意识缺乏。有的国有企业重视对大额合同的风险防控，忽视对小额合同的风险防控；部分企业对长期合作企业的合同因为有商业信誉和交易经验，对合同的内容和形式没有风险预判，有的企业采购和销售均是电话联系，未签订书面的交易合同，导致发生纠纷时约定不明确等情况发生；部分法律风险的产生，与企业内部管理有一定关系，有的企业建立了风险评估机制，但是对机制的更新不及时，导致企业经营风险增加。法律风险意识的缺乏，往往导致在发生法律纠纷后，运用法律解决纠纷的意识不强，致使矛盾纠纷进一步扩大。从法律上找救济，从内部风险防控机制上堵漏洞还缺乏有效手段，思想上对内部管理失之于宽，行动上对内部管理失之于软。

法律服务资源配置不均衡。国有企业的管理部门缺乏专业的企业合规建设队伍，其更多习惯于对企业的行政管理和经济发展服务，对企业合规建设重视不够，对企业合规的建设、指导、帮扶力度不足，服务企业合规建设的精准性、有效性还有很大提升空间。各职能部门对企业合规的实务研究、法律宣传等方面存在不足，不能满足于广大企业发展的需求。此外，企业法律顾问机制不健全，对法律需求的投入不够。从调研情况来看，有的企业认为合规建设既费钱又费时，不愿投资，不愿建设，导致风险漏洞长期存在，对风险的认识不深刻，自主堵塞漏洞的意愿不强烈；有的法律服务单位对国有企业的法律风险排查不够深入，对问题了解不深入，帮助解决合规建设不够有力。

合规管理存在难题。合规建设前企业不了解、不重视合规管理。不少企业高管直言企业生存是第一要义,而企业合规成本高昂,企业不愿意投入,人力物力财力不足,缺乏合规动力。合规建设中缺乏合规管理人才,员工素质参差,流动性大,难以有效运行合规管理体系,各类管理体系难以有效衔接。合规建设后缺乏合规管理体系有效性评价,未引入信息系统作保障,未能长期坚持合规管理等。

合规激励机制不健全。在企业合规监督考察制度改革中,如何进行有效的合规整改已成为瓶颈问题。从司法实践来看,企业合规的整改在一定程度存在"为出罪而合规"或者"为了挽救企业家而合规"的现象,问题的原因有三:监督考察机制不健全,监督考察主体初步运行,工作还处于磨合和初探阶段;合规整改的标准不具体,未形成体系;从司法实践来看,涉案的企业都在治理结构、内部管理、营销模式、风险防控等方面存在不同的缺陷,大多按习惯经营,没有形成合规经营的企业文化。

四、调研建议

2022 年 4 月,全国检察机关涉案企业合规改革全面推开后,重新审视和加强企业反腐败刑事合规建设,在治理与经营中构建企业合规体系,助力国有企业有效防范腐败。

(一)企业积极自觉依法,强力推进企业合规管理体系建设

对国有企业而言,最理想的状态是在合规状态下经营,规避法律风险,不触犯法律底线,避免重大财产和声誉损失。从这个意义上讲,企业必须发挥主观能动性,建立系统性、规范性的合规管理机制。具体内容如下:

健全合规管理制度。首先,把制度建设放在突出位置,强化对规章制度、改革方案等重要文件的合规审查,确保其符合法律法规、党内法规、监管规定、行业准则以及企业章程、规章制度等要求。其次,建立重大合规风险事故直报机制,持续完善交易管理制度、安全生产制度、工程质量监控制度、劳动合同管理制度、财务内控制度等规章制度。制定重要风险岗位人员、重要合同签订、重要项目运营等重点领域合规指南,健全全员普遍遵守的合规行为准则,确保事事有章可循、有规可守。

强化合规制度执行。大型国有企业要增设合规委员会,切实提升企业合规制度执行力。要全面梳理岗位风险,拟定岗位职责清单,将合规要求纳入岗位职责。

明确各业务部门履行好第一道防线职责、各合规管理牵头部门履行好第二道防线职责、企业纪检监察部门履行好第三道防线职责,明确全体员工合规责任。不定期开展执行落实情况检查,督促全员形成遵守合规制度新风尚。

培育合规管理文化。国资委要开展合规制度宣传、法律法规解读、政策措施释义、合规动态推送。首先,引导企业牢固树立依法治企理念,培育以法治文化为基石的企业文化,使企业实现“要我合规”向“我要合规”的转变;其次,引导企业完善企业法人治理结构,指导企业建立内部合规管理组织体系,鼓励企业聘请合规专业人员协助和参与合规管理组织设立、运作流程,建立高级管理人员、重要风险岗位人员的合规行为手册;最后,引导企业将合规审查作为企业决策、合同签订、项目管理等重大经营管理行为的必经程序,加强市场交易、劳动用工、知识产权、网络安全、数据保护、财务税收、采购、安全生产、环境保护、反腐败等领域的合规管理以及供应链合规管理,全面履行环境保护、安全生产、职工权益保障、廉洁风险防控等方面的合规义务。同时,国有企业要用好各种平台和媒介,督促全员加强合规意识和合规知识的学习,制定发放合规手册,签订合规承诺书,引导全员养成按章操作、依法依规办事的合规理念,强化全员安全、质量、诚信和廉洁意识,夯实企业合规经营之基。

(二)检察机关能动履职,推进企业合规落实“严管+厚爱”

检察机关是企业合规考察程序的启动者、过程的引导者、结果的决策者,要当好企业家的“老娘舅”,不仅要对企业做到“真厚爱”,还要对涉案企业实现“真严管”,督促涉案企业作出合规承诺并积极整改,促进涉案企业守法合规经营。

刑事合规前置,把好涉案国企案件“入口关”。推进企业合规是适应我国刑事犯罪结构变化、营造安商惠企法治化营商环境的法治要求。由于在办理企业犯罪时具有“双规执法、多部门移送”的特点,易因程序拖沓、办案时间长使涉罪企业丧失刑事合规的最佳时机,因此要注重探索刑事合规前置程序。一是在调查企业违法行为时,发现国有企业涉嫌犯罪,应及时把案件移送至有关机关,并通报检察机关。在侦查时,若犯罪嫌疑人认罪认罚、愿意制定并实施合规计划,应商请检察机关提前介入。在案件侦查终结时,有关机关认为适合刑事合规的,应对案件做标记后及时移送检察机关审查起诉。二是检察机关受理后,制定案件识别工作机制,建立涉企案件台账,对案件标注“涉企”字样,明示案件办理部门和承办人,促进涉企案件合规整改能用尽用,并从案件受案审核、流程监控、结案审核、分析研判等方面对涉企案件的出入口“双关”进行严格把控。三是在办理国有国企涉职务犯罪案件时，贯彻“受贿行贿一起查”的要求，办理被索贿、为开展正常经营活动而违反国家规定给付“回扣”“手续费”的，有检举揭发或配合追逃追赃等情节的案件时，注重与涉案国企合规改革相结合。

注重探索创新，引导非涉案国企开展建设。一是充分利用近年来定点联系的国企的工作成果，引导更多国企自主自愿开展大合规建设。检察机关通过了解国企生产经营情况及合规建设方面存在的困难和问题，精准把握国企大合规工作方向。二是通过选择具有大合规建设意愿的市管非涉案国企作为帮助对象，立足“四大检察”职能，围绕生产安全、产品质量、市场交易、财务税收、合同执行、债务履行、知识产权、环境保护等方面，引导国企梳理存在的合规风险，引导国企制订合规计划，开展合规建设，打造国企合规范本，推动更多国企开展合规建设、守法合规经营。三是通过“三个探索”，着力推动行业领域国企合规建设。探索打造行业国企合规样板，促进行业、区域国企守法合规经营；探索非涉案国企大合规建设与行政合规、刑事合规的有机衔接，立足办案分析排查国企刑事、民事、行政、公益诉讼等方面的合规风险，以“我管”促“都管”，对于涉案但不涉罪的国企，针对国企经营管理上的风险漏洞，采取检察建议等方式，引导国企开展大合规建设；探索建立非涉案国企大合规工作激励机制、大合规建设成果与行政合规、刑事合规互认机制，推进非涉案国企大合规建设与涉案国企合规工作有机衔接。

突出能动履职，构建“融合式”诉源治理。一是坚持治罪与治理并重，对涉案企业有效落实整改承诺的，充分运用公开听证形式审查，邀请行政部门、行业协会以及第三方组织代表等参与评议，接受监督，以公开促公正赢公信。二是对依法可以不起诉但需要给予行政处罚、处分或者没收其违法所得的，及时向主管部门提出检察意见，让违法企业受到应有的处罚，不能“一宽了之”。在考察期内，第三方组织发现涉案企业或其人员有尚未被办案机关掌握的犯罪事实的，有新实施的犯罪行为的，合规计划存在虚假记载、重大遗漏的，拒不实施或变相不实施合规计划的，拒不配合监督考察的，实施其他违反合规承诺及合规计划的行为严重影响第三方监督评估工作开展的，应当中止第三方监督评估程序，依法处理。对经第三方评估认为违背承诺、合规计划或整改无效的，要依法追诉，形成威慑和警示。三是注重立足监督办案，依法能动履职，切实找准案件背后反映的行业监管漏洞和社会治理问题，加强与行政主管部门沟通，通过制发检察建议、提出检察意见等方式，促进防范相关案件反复发生，推动从个案合规提升为行业合规，实现“办理一起案件、扶助一批企业、规范一个行业”的目标。四是针对涉罪企业具有行业犯罪风险的合规建设事项，对涉案企业进行整改验收后，向相关行政主管机关、行业协会发出检察建议，建议其对同类型企业开展检查，并参照涉案企业整改方案进行整改，引导企业刑事合规从事后合规向事前合规转化，从源头上预防和减少企业违法犯罪，达到“办理一案治理一片”的效果。

（三）政府培育壮大市场主体，推进国企融入新发展格局

培育企业家精神。经济学家熊彼特说，“企业家必须位于社会和经济金字塔的顶端”。首先，国有企业家要致力于物质财富的创造，更要加强精神层面的自我修炼。一是强化诚信意识，以诚立本，诚信经营，加强道德自律，不贪一时之利，不沉沦于得失，敢于善于在市场经济的大潮中强科技、出精品、比质量、拼品牌，行稳致远；二是强化责任意识，积极承担起对企业内部员工的责任和对社会的责任，着眼于维护社会公共利益、促进经济健康发展；三是强化底线意识，学法懂法，遵法守法，要追求道德的高线，更要坚决守住法律的底线。其次，从国有企业健康发展的角度出发，必须完善内控机制。一是要增强团队凝聚力，培育健康向上的企业文化，激发向善正能量，为企业发展指引正确方向。二是要加强企业法治化管理，对企业的组织结构、治理结构、公司章程、业务流程、财务、人事管理制度等进行修改和完善，实现规范化运行。加大企业内部权力行使的监督与制衡，重大事项实行集体决策，决策过程制度化、程序化；建立内部预警机制，遇有重大事项决策，咨询专家意见，进行法律风险评估，把法律风险纳入企业防控体系之中，尽可能降低刑事法律风险发生概率。三是要强化制度执行，建立定期财务分析报告制度，层层督导强化执行，畅通内外部监督渠道。

构筑立体化监管体系。首先，在人员管理机制上下大力气。坚持党对国有企业的领导，落实领导干部和关键岗位定期轮岗和动态调整机制，推行高管任期制和契约化管理，明确任职期限、到期重聘、签订并严格履行聘任协议和业绩合同等，推行职业经理人或管理人制度，对于专业性强的财务等岗位动态调整或推行上级委派机制。同时，健全高管、财务等个人事项报告制度，及时申报上任、离任和任期内家庭财产状况。探索构建国资委、派驻纪委、金融机构、不动产登记等信息预警联动监督机制。其次，在决策形成机制上下大力气。强化公司章程的基础性作用，科学配置各治理主体的权利、义务和责任，发挥党组织、董事会、监事会的监督作用，引入独立董事，细化对国企“一把手”的监督和职责，使决策权、执行权、

监督权有效分离，细化并落实“三重一大”制度，构建完善的内部治理结构。完善内部合规审查机制，设立法律顾问列席党委（党组）会、董事会、党政联席会等重要决策会议机制，设立专门的合规岗位，将合法合规性审查和重大风险评估作为必经前置程序。再次，在项目运行机制上下大力气。重大项目和采购一律通过招投标实施并备案，委托招标代理机构，邀请与发标单位无利害关系人参与评标，实现发标、招标、评标独立实施。着重强化重点领域国有企业的合规管理，探索构建合规、内控、运行、风险管理协同机制，法务人员全程参与项目管理和运行。细化项目验收标准，明确工程类项目验收时间、达标标准、款项拨付等，明确资金拨付流程，探索对大额资金由法律顾问或合规人员参与审查，突出合规运行审查的刚性约束，严防超进度、超数量拨付资金、随意改变资金用途或者转入个人银行账户的行为，并加强对项目尾款结算的监督。最后，在内外监管机制上下大力气。健全统一的财务资金管理机制，推行内部资金收支监管和财务预决算机制，报销与支付分开审，强化第三方审计，探索设立市属统一财务结算中心，将监管“人财物”的机制固定在程序中，并积极探索合同管理、案件管理、合规管理等重点部位信息化、数字化建设，将法律审核的内容嵌入重大决策、重要业务流程。通过提示函和通报机制、开展责任约谈工作、提出监管意见等强化国资委对重点国有企业的关联交易、对外并购、重大投资、重大担保、财务管理、子公司管控等关键环节的监管力度。

强化创新推动高质量发展。《公司法》是社会主义市场经济制度的基础性法律。第十三届全国人大常委会第三十二次会议对《公司法（修订草案）》进行审议。要做好《公司法》修改与《民法典》、《外商投资法》、《证券法》、《企业国有资产法》以及正在修改的《企业破产法》等法律的衔接，进一步完善现代企业制度，有序推进混合所有制改革，推进差异化管控体制机制，进一步完善“以管资本为主”的国资监管体制，提高科学化、法治化监管水平，推动企业提质增效，促进国企治理结构完善定型；要加强对国有和民营企业的平等法律保护。完善关于新经济、新业态方面的法律规定。例如，金融行业不断产生新的产品以及新的经营活动方式，但是，与之相应的法律法规却相对滞后。因此，需要完善有关互联网金融等方面的法律规定，审慎、有效地加以引导，明确行业准入门槛，规范市场交易行为，完善外部监管标准，防止因经济政策导向不明导致企业盲目扩张；完善刑事法律相关规定，防止因刑法规范自身不足诱发加大国有企业家的“刑内风险”。

浅析基层检察院开展企业合规面临的问题和实践途径

刘　凯*

摘要：随着我国经济的快速发展，法治化营商环境至关重要，企业合规建设势在必行。企业合规建设能推动企业内部结构优化、实现稳定发展。目前，检察机关试行企业合规建设改革处于试点阶段，检察机关开展企业合规制度的研究与探索是全面贯彻习近平法治思想，深入学习贯彻党的十九大和十九届历次全会精神，推动实现"十四五"规划和2035远景目标的重要举措，有助于提升国家治理体系和治理能力现代化水平，是国家"少捕慎诉慎押"刑事司法政策在维护企业合法权益中的具体表达，是检察机关全面贯彻习近平法治思想，充分发挥检察职能优势，更好推动企业依法守规经营，服务经济社会高质量发展的一项重要制度创新。笔者将从检察履职的角度，探讨在现有法律制度下，基层检察机关开展企业合规在实践中存在哪些问题，存在问题的原因和如何在企业合规改革中发挥应有作用，助推经济社会健康发展。

关键词：基层检察院　企业合规问题　实践途径

一、企业合规改革概述

在深入开展相关研究前，必先对企业合规相关问题的概念、渊源、发展现状进行明确分析和界定，以便更深入理解此项改革工作的内涵和意义，为后文的相关问题研究奠定理论基础，构建研究框架。作为一种"舶来品"，"合规"在英文中的表述是compliance，通常包含三层意思：一是企业在运营过程中要遵守法律法规；二是企业要遵守商业行为守则和企业伦理规范；三是企业要遵守自身所制定的规

* 刘凯，贵州省纳雍县人民检察院党组成员、副检察长，一级检察官。

章制度。在我国目前的司法语境中,“合规”相关概念,至少包括三个层面:合规、刑事合规、涉案企业合规。

（一）合规的概念

关于“合规”,在当前理论界、司法界及企业实务界均未形成能够普遍接受的概念。有观点主张,合规是指“企业的运营遵守相关的法律、法规、准则和规范”;有观点主张,合规又称合规计划,是指“企业或者其他组织体在法定框架内,结合组织体自身的组织文化、组织性质以及组织规模等特殊因素,设立一套违法及犯罪行为的预防、发现及报告机制,从而达到减轻、免除责任甚至正当化的目的”;又有学者主张,将合规分为狭义的合规和广义的合规。狭义的合规是指着眼于防范企业商业贿赂犯罪的企业合规,一般被称为“小合规”或者“狭义的合规”。近20年来,无论是西方国家的法律,还是一些国际组织通过的公约,都开始将公司治理扩大到更为广泛的领域。除了反商业贿赂,其他包括反洗钱、反垄断、数据保护、反金融欺诈等领域,也逐渐被纳入合规管理体系之中。在美国,外国公司所面临的行政监管和刑事法律风险,通常包含以下几个方面:一是违反美国证券法规中反欺诈条款的行为;二是违反美国《反海外腐败法》所确立的反贿赂条款和会计条款的行为;三是违反美国出口管制法规的行为;四是违反美国《商业秘密保护法》侵犯商业秘密的行为;五是违反美国版权法律的行为;六是违反美国有关跨国投资并购法规的行为,等等。对于这种适用范围更为广泛的企业合规管理体系,通常被称为“大合规”或者“广义的合规”。

（二）刑事合规的概念

刑事合规是在合规概念基础上发展的必然结果。德国学者托马斯·罗什认为,刑事合规是指“所有客观上事前必要的或者事后被刑法认可的规范性、制度以及技术性的属于某一组织的措施”。弗兰克·萨力格尔认为,刑事合规是指“为了避免公司员工因相关业务举止而进行刑事归责的一切必要且容许的措施”。从国内的观点来看,有的学者认为,刑事合规是指“为避免因企业或企业员工相关行为给企业带来的刑事责任,国家通过刑事政策上的正向激励和责任归咎,推动企业以刑事法律的标准来识别、评估和预防公司的刑事法律风险,制定并实施遵守刑事法律的计划和措施”。有的学者认为,刑事合规应当是指“国家与企业出于保护企业合法权益、预防企业及其人员犯罪之目的,采取的刑事实体性(比如出罪制度)、程序性措施(比如不起诉制度)以及企业内部风险控制手段的各项管理运行措施的总称”。有的学者将企业合规定义为一种基于合规风险防控的公司治理体系,并从激励企业建立合规管理体系的角度,提出了行政监管合规和刑事合规的概念,并提出了作为解除国际组织制裁依据的合规命题。综上所述,可以总结出如下观点:首先,从刑事合规的目的来看,要求企业的运行应该受到刑事规范的约束;其次,从刑事合规的内容来看,赋予了相关企业及其经营者一定的刑事风险管理的积极义务,即企业需要建立实现这种义务的组织,为预防、发现和制裁违法犯罪行为建立完善的内部机制(措施);最后,从刑事合规的性质来看,刑事合规是一种国家刑法制度,同时包括了合规与不合规的刑事政策回应。总之,刑事合规不是刑事法律风险在合规领域的“倒影”,其实质是合规的“最高等级防范目标”。企业之所以重视刑事合规及其制度建设,是因为企业不合规行为导致的最大风险结果是犯罪风险。

(三)涉案企业合规的概念

涉案企业合规是基于涉案企业合规改革试点而言的。开展涉案企业合规改革试点工作,是指检察机关对于办理的涉企刑事案件,在依法作出不批准逮捕、不起诉决定或者根据认罪认罚从宽制度提出轻缓量刑建议等的同时,针对企业涉嫌具体犯罪,结合办案实际,督促涉案企业作出合规承诺并积极整改落实,促进企业合规守法经营,减少和预防企业犯罪,实现司法办案政治效果、法律效果、社会效果的有机统一。这项工作的主要目标,在于充分发挥检察职能,加大对民营经济平等保护,更好地落实依法不捕不诉不提出判实刑量刑建议等司法政策,既给涉案企业以深刻的警醒和教育,防范今后可能再发生违法犯罪,也给相关行业企业合规经营提供样板和借鉴,为服务“六稳”“六保”,促进市场主体健康发展,营造良好的法治化营商环境,推动形成新发展格局,促进经济社会高质量发展,助推国家治理体系和治理能力现代化提供新的检察产品,贡献更大的检察力量。

二、企业刑事合规的中外发展路径和主要类型

企业合规作为“舶来品”,在美国、英国等国家不断发展成熟,后引入我国,并在我国的土壤中成长。

(一)企业合规的起源和域外发展

企业合规形成确立于19 世纪末期美国政府对企业自我管理与行业自律的早

期监管,尤其是在金融领域和垄断领域。20 世纪 30 年代,美国金融行业最早提出了“合规”一词,并将合规作为一项监管举措广泛用于美国银行业的风险监管,确保银行系统的稳健运行。20 世纪 60 年代至 90 年代初,美国企业贿赂犯罪频发,1977 年《反海外腐败法》明确了企业预防贿赂犯罪和实施内部会计控制的法定义务。1991 年《联邦组织量刑指南》被称为“企业合规发展的分水岭”,其从法律上将企业合规定义为“用于预防、发现和制止企业违法犯罪的内控机制”,并且这一概念被国际组织和各国立法所认可。通过《联邦组织量刑指南》,企业合规成为影响刑事责任和刑罚裁量的重要因素。更为深远的是,美国针对企业犯罪建立起了暂缓起诉制度和不起诉制度,并将企业合规作为基本条件。此后,英国、法国、意大利等国家陆续在刑事立法与司法中借鉴并引入美国企业合规制度,同时建立暂缓起诉制度。从企业合规在法律实践的发展演进过程可以看出,企业合规从企业角度来看,是企业内部防控刑事风险、避免犯罪的规则和机制。从国家角度来看,企业合规是国家在刑事立法中赋予其影响定罪和量刑的法律意义,并在刑事司法中建立激励机制。

(二)企业合规在我国的发展

我国企业合规的演变契合了国际合规潮流的发展,企业合规始于金融行业,旨在降低金融行业法律风险。2005 年,我国最早在国有银行、证券公司等金融企业内推行合规制度。2006 年至 2017 年,原银监会、原保监会、证监会先后出台了银行业、保险业、证券业的合规管理办法,将企业合规确立为金融保险行业中的风险防控基本原则。这些合规规定的出台,意味着我国已经搭建起金融领域的合规体系,形成了企业合规制度的雏形。2018 年,国务院国有资产监督管理委员会(以下简称国资委)发布了《中央企业合规管理指引(试行)》,国家发展和改革委员会(以下简称发改委)同其他 6 个部门出台了《企业境外经营合规管理指引》。然而,我国企业的合规建设侧重于海外业务,主要目的是应对西方国家越来越严格的企业监管机制,企业在国内经营的合规建设问题尚未提上日程。在国家治理现代化深入发展的背景下,在新冠疫情后经济复苏、保障企业复工复产、促进民营企业健康发展的形势下,企业合规尤其是民营企业的合规内需开始迅猛增长。然而,我国企业合规尚处于观念与规则的引介阶段,法律尚未对企业合规作出回应。

我国企业合规的快速发展是在 2018 年之后,以中兴事件为标志,企业合规开始引起中国政府及企业的高度重视。2018年4月,中兴通讯因违反美国政府出口禁令,被美国商务部禁止与美国企业开展业务。经谈判磋商达成和解协议,中兴通讯支付10亿美元的罚款,并需要建立执行企业合规制度。实际上,2017年中兴科技就因违反出口管制而受到刑事追诉,最终签署了认罪协议并支付了8.9亿美元罚金。而除罚款外,和解协议的重点是要求中兴通讯建立完善的企业合规制度。中兴事件的发生暴露出我国合规相关法律制度的缺失,仅仅存在于金融领域的合规已经无法适应国际经济往来的需求。为帮助我国企业应对国际合规监管要求,提升企业全球竞争力,国资委、国家发改委等部门先后出台了《中央企业合规管理指引(试行)》《企业境外经营合规管理指引》,确立了中国企业的合规制度标准。从我国合规相关制度的类型可以看出,我国主要通过行政监管的方式推进企业合规体系建设,如果相关企业不履行合规义务,将被处以一定的行政处罚。该种模式是以行政法压力来倒逼企业推行合规制度,但与之对应的企业合规激励机制则发展缓慢,虽然上述规定当中存在行政合规激励机制的部分规定,一些企业可以主张合规来减轻行政处罚,但该类激励机制的适用范围较小,能发挥的作用有限。在刑事合规激励方面,我国还处于初步探索阶段,尚未形成刑事合规责任减免的处罚体系,合规的视野还是局限于公司管理层面。我国尚未出台企业刑事合规的直接法律规定或者相关司法解释,企业的经营性特征使其具有趋利性和市场性的特点,在没有直接规定的情况下,企业合规有可能流于形式。因此,需要建立切实有效的企业合规刑事责任减免机制,让企业获得自觉合规的动力。2020年3月,最高人民检察院在广东省深圳市宝安区、南山区、上海市金山区、浦东新区等6个基层检察院启动涉案违法犯罪依法不捕、不诉、不判实刑的企业合规监管试点工作。2021年,最高人民检察院将试点院扩大至北京、浙江、广东等共计192个市院及基层院,同时鼓励非试点单位在法律规定的界限内,积极主动开展相关企业合规改革探索工作。

大胆探索,切实推动企业合规改革,是企业合规中国化行之有效的实践之路。同时,我们也要加强理论研究,在制度设计上大胆探索,为改革提供更多的理论支持和规则引领,构建符合中国国情的企业合规制度。经过两年的试点,涉案企业合规改革试点取得积极成效,检察机关探索建立了一套涉案企业合规运行机制,初步形成了企业合规第三方监管合力,依法办理了一批合规案件,积累了丰富的理论研究成果,凝聚了各方面的改革合力,关心、支持改革的浓厚氛围正在形成,为全面推开改革试点奠定了坚实基础。2022年4月2日,最高人民检察院会同全国工商联专门召开会议，深入总结两年来检察机关涉案企业合规改革试点工作情况，并对全面推开改革试点工作作出具体部署。涉案企业合规改革试点在全国检察机关全面推开。企业合规制度在刑事司法领域的运用由理论走向实践。

（三）企业合规刑事责任减免机制的主要类型

经过对国际刑事合规立法及我国刑法与合规有关制度的研究，企业合规刑事责任减免机制主要分为以下4种。

第一，将企业合规作为违法阻却事由，作为刑事犯罪出罪的理由。其前提是将违反企业合规造成不利后果的行为入罪，如果涉罪企业履行了合规义务，则作出罪处理。2010年，英国发布的《反贿赂法案》规定了商业组织预防贿赂失职罪，商业组织未按合规要求进行反腐败犯罪预防的，造成严重后果应当承担刑事责任。反之，如果履行合规义务，则具有违法阻却事由。该种机制对于我国部分单位犯罪具有借鉴意义。比如，通过单位员工虚开增值税专用发票，客观上导致了单位少缴税款，造成国家税款损失。但如果单位税务合规制度完善，采取了一系列避免虚开增值税专用发票的防范措施，那么即使个别员工实施了虚开增值税专用发票的行为，也可以免除单位犯罪的责任。

第二，将企业合规视为量刑情节，合规不能作为出罪的理由，但是可以作为减轻处罚的理由。美国《联邦组织量刑指南》提出的合规责任减轻制度就是此种类型的代表，我国目前的认罪认罚从宽处罚制度，也可以与该种类型的企业合规相结合，因企业认罪悔罪并作出合规整改，使刑事责任得以减轻。

第三，将企业合规作为相对不起诉或者附条件不起诉的事由。对企业来讲，被提起公诉将给企业信誉和形象带来不可挽回的后果，即使最终减轻处罚，也无法消除负面的社会影响，从而导致企业对合规制度执行的力度大打折扣。为了弥补减轻处罚激励方式的不足，英国、法国、新加坡等国设置了企业合规不起诉或者暂缓起诉的制度，提高了企业适用合规制度的动力。

第四，将合规作为单位主管人员和其他直接责任人员刑事责任减免的事由。前述的方式均是减免单位的刑事责任，但是单位是法律拟制的人，实践中更为普遍关注具体承担责任的人的刑事处罚，特别是有些国家没有规定单位犯罪，或者部分罪名没有单位犯罪，如果仅将目光局限于单位责任的减免而忽视个人责任的减免，将无法很好地发挥企业合规的激励作用。为解决该问题，2009年德国建立了合规官监督保证人制度，即合规官对于企业的员工具有监督职责，企业的员工对自己分工内的工作承担责任，合规官对于整个链条承担监管责任，每个责任人只要积极履行自己的合规职责，就能够排除个人的责任。由于合规官制度在我国尚未建立，我国可以将公司领导视为具有监管职责的合规官，类似的制度在我国的刑法中也存在。比如，在签订、履行合同失职被骗罪中，惩罚"因严重不负责任被诈骗"，致使国家利益遭受重大损失的行为。该条的犯罪主体范围涵盖签订和履行合同的各个环节，涉及单位领导、部门负责人、具体经办人等与签订、履行合同有关的全链条的人员，该条文的制定目的在于要求国有公司、企业、事业单位建立严格的内控机制，各环节人员严格履行审查职责，以保障国有资产安全。

三、检察机关开展企业合规建设的政策现状和试点实践探索

（一）政策现状

2018 年，习近平总书记在民营企业座谈会上指出，"民营企业家要讲正气、走正道，做到聚精会神办企业、遵纪守法搞经营，在合法 合规中提高企业竞争能力"。在第十三届全国人民代表大会第四次会议上，最高人民检察院检察长张军作工作报告时提出要探索督促涉案企业合规管理，标志着该项制度得到最高人民检察院的认可和重视。2021 年 6 月，最高人民检察院会同国资委、财政部、全国工商联等 9 部门联合发布《关于建立涉案企业合规第三方监督评估机制的指导意见（试行）》（以下简称《指导意见》），并陆续下发配套措施。2022 年贵州省检察院联合省工商联、省财政厅等 28 家部门制定《涉案企业合规第三方监督评估机制实施意见（试行）》，贵州省检察院出台《贵州省检察机关办理企业合规案件工作规程（试行）》。其从案件适用范围、审查程序、具体实施程序、合规整改期限、企业合规整改的权利与义务、检察机关职责、整改后的处理程序等方面作出规定，明确了平等保护与矫治相统一的司法理念，提出了能不诉就不诉的工作导向，细化了具体的工作措施。从推动合规建设与精准监督相结合方向着手，向企业提出整改方向和意见，督促企业建立合规制度，健全长效机制，实现精准监督。

（二）合规试点实践

自 2021 年 3 月最高人民检察院部署开展第二期涉案企业合规改革试点以来，各试点地区积极稳步推进改革试点工作，取得了明显成效。

一是主动请示报告,积极争取地方支持。各试点地区先后成立了企业合规改革试点领导小组或研究指导工作组,将改革试点工作作为重大事项及时向本级党委、党委政法委报告,积极争取人大、政府及有关部门的支持。

二是聚焦建章立制,推动形成改革合力。各试点地区将制定工作规则规范放在突出位置,结合本地实际,参照9部门的《指导意见》不断落实落细工作机制。辽宁省人民检察院会同9家行政部门制定《关于建立涉罪企业合规考察制度的意见》,作为本省试点地区推行合规考察制度的总规范。湖南省人民检察院联合8家省直部门制发《湖南省涉案企业合规第三方监督评估机制管理委员会工作规则(试行)》《涉案企业合规第三方监督评估组织运行规则(试行)》等6个配套工作规则,初步确立第三方机制管委会的工作机制和运行规范。江苏省苏州市人民检察院制定出台《苏州市检察机关企业刑事合规从宽制度工作规程》,进一步对企业刑事合规从宽制度予以细化。湖北省随州市人民检察院联合市直相关部门出台《关于建立企业合规第三方监管机制的实施办法(试行)》,研究制定12种企业合规案件法律文书模板,初步构建起制度框架。此外,北京、上海、浙江省(市)院均已研究起草省级层面第三方机制配套文件,正在加快推进征求意见、会签等工作。

三是立足司法办案,积累改革实践经验。截至目前,全国各地检察机关累计办理涉企业合规案件2382件,其中适用第三方监督评估机制案件1584件,对整改合规的606家企业、1159人依法作出不起诉决定,较改革试点全面推开前增长明显。此外,一些非试点省份也在法律框架内探索开展企业合规工作。各地的主要经验做法有:第一,前期全面调查摸清底数。各试点地区省级检察院指导各试点检察院对在办的单位犯罪案件、企业家犯罪案件进行认真梳理,对其中符合企业合规试点适用条件的案件作进一步审查。第二,严格落实备案审核制度。各试点地区省级检察院对下级检察院拟适用企业合规的案件统一审核把关,提高案件质效。第三,适用案件类型多样化。近期的各地备案审核案件中,除虚开发票类案件仍占比较高外,其他如帮助信息网络犯罪活动案、串通投标案、污染环境案、侵犯公民个人信息案、提供虚假证明文件案、销售假冒注册商标商品案等类型的案件比例逐步上升。第四,积极培育典型案例。各试点地区加强总结提炼,着力培育、推出企业合规典型案例。比如,广东省深圳市检察院近期召开企业合规建设推进会,发布8个企业合规典型案例。

四是结合地域实际,积极开展实践探索。各试点地区省级检察院紧密结合本地经济社会发展实际，勇于开拓创新，不断探索具有地域特色的经验做法。辽宁省人民检察院将海关、金融发展局、自然资源局、银保监委等行政机关引入合规考察工作，建立工作衔接机制，确保企业合规成果在刑事和行政领域得到同步显现。上海市人民检察院充分运用"一网通办"信息资源开展企业合规社会调查，探索"范式""简式"两种合规模式，加强企业合规跨区城检察协作力形成可复制、可推广的经验做法。浙江省人民检察院利用府检联席会议渠道，商请省政府加大支持力度，强化行政机关对企业合规工作的协作配合。江苏省张家港市人民检察院积极协调当地财政部门设立企业合规专项资金并列入年度财政预算，由当地工商联负责账户管理、薪酬发放、日常支出等具体工作，保障第三方机制良性运行。广东省深圳市宝安区人民检察院积极推动由 35 家成员单位组建区合规委，整合资源优势，构建"大合规"建设格局。北京、山东、湖北省人民检察院积极借助"外脑"，加强检校合作，邀请合规领域专家学者通过举办专题讲座、开展同堂培训、担任专家顾问等形式，为改革试点工作提供智力支持。江苏检察机关"线上 + 线下"同步推进，牵头打造了 12 个各具特色的企业合规教育基地，通过案例展示、影音播放、情景模拟、法律体检、实境教育等多种形式，为企业和社会开展合规教育和法律服务。

四、基层检察院开展企业合规改革面临的问题

虽然企业合规改革工作在现阶段取得了一定的成效，并总结出了一些具有实际意义的实践经验，但同时也应当认识到改革是前进性与曲折性统一的过程，基层检察院作为改革的"末梢神经"，其所面临的诸多问题也随着改革的深入逐渐显现。

(一)合规不起诉适用对象与适用案件范围的界定

在企业合规改革的探索过程中，合规考察的适用对象问题，既是争议较大的问题，也是非常重要的问题。目前，试点地区的检察机关基本上将合规考察制度的适用对象设定为"相关责任人"可能被判处 3 年以下有期徒刑刑罚的涉企刑事案件。合规考察制度不仅可以适用于公司、企业等实施的单位犯罪案件，而且可以直接适用于公司、企业实际控制人、经营管理人员、关键技术人员等实施的与生产经营活动密切相关的个人犯罪案件。在企业合规不起诉的首轮试点中，常常出现"双不起诉"，即对企业合规不起诉的同时对企业负责人或高管不起诉。例如，

2020年11月18日,江苏省人民检察院举行“优化服务举措,护航民企发展”新闻发布会,通报8起典型案例,其中Y公司、唐某虚开增值税专用发票案,检察机关依法对Y公司、唐某宣告相对不起诉决定。2021年6月3日,最高人民检察院举办“依法督促涉案企业合规管理将严管厚爱落到实处”新闻发布会,发布企业合规改革试点典型案例,其中案例一张家港市L公司、张某甲等人污染环境案和案例四新泰市J公司等建筑企业串通投标系列案件,对涉案公司及其负责人均作出不起诉决定。这就不免产生一个疑问:合规不起诉适用于企业,是否也适用于企业家或企业高管等个人呢?不过,合规考察制度的适用对象,大多都是“中小微民营企业”。这一切,既背离了企业合规“放过企业,严惩责任人”的基本原理,也影响了合规考察制度的实施效果,还限制了企业合规改革的空间。在企业合规改革如火如荼的大背景下,研究合规考察制度的适用条件,首先需要认真研究合规考察制度的适用对象问题。具体而言,合规考察制度是否应单独适用于“企业家”?如果合规考察制度只应适用涉罪企业,那么是适用于“中小微民营企业”还是“大企业”,是适用于“轻微企业犯罪”还是“严重企业犯罪”?如果应适用于严重企业犯罪,那么是否应对“非系统性企业犯罪案件”和“系统性企业犯罪案件”予以区别对待?这些问题能否得到较好解决,将在很大程度上决定企业合规改革的未来走向。况且,“我国企业设立成本较低、《刑法》第37条之一规定的从业禁止力度有限、部分单位犯罪的入罪门槛高于自然人,涉案人员更愿意通过注销企业另行注册的方式重新经营,而不是花费大量成本参与合规”。也就是说,中小企业“船小掉头快”,繁杂的合规监督措施可能使中小企业不胜其烦,还不如一关了之,从头再来。即使是肯定企业合规改革的学者也认为,刑事合规很多时候是专属于大中型企业的抗辩手段。因此,有学者主张“将暂缓起诉协议制度的适用范围严格限制为大规模企业,将其他类型的组织和个人排除在外,以节约司法资源”。即使在肯定中小型企业也可以纳入合规考察范围的前提下,合规考察的方式是否需要有统一的标准,也是一个需要进一步探讨的问题。我国《刑法》以双罚制为原则,即同时处罚单位以及对单位犯罪直接负责的单位成员(主管人员和其他直接责任人员)。如果事后合规考察仅限于涉企犯罪人员应处3年以下有期徒刑的轻罪案件,应该不会引起多大的争议。但是,对单位犯罪中直接负责的单位成员的刑事责任逐渐向自然人犯罪趋同的情况下,涉企犯罪人员的犯罪系最高法定刑3年以下有期徒刑幅度的犯罪并不多。如此,适用范围太窄,该制度能够释放的空间有限,推行企业合规改革不起诉的意义也就不大(3年以下有期徒刑的犯罪即使没有合规制度本来也可以考虑相对不起诉),涉案企业建立合规制度的积极性也不会太高。因此,有论者呼吁,要拓展检察机关对合规不起诉考察的运用范围,对于犯罪嫌疑人可能被判处3年以上10年以下有期徒刑的单位犯罪案件,对其提起公诉的同时,可以对犯罪嫌疑企业适用相对不起诉。对其他企业犯罪案件,经刑事合规监督考察后,可以作一般案件更为宽缓的处理。从目前的实务操作看,大多数检察机关对此持审慎的态度,将合规改革不起诉的案件定在涉企犯罪人员可能被判处3年以下有期徒刑的案件上。其根据的是刑事诉讼法的规定。具言之,相对不起诉的对象前提必须是“犯罪情节轻微”,故将案件范围严格限制在涉企犯罪人员可能被判处3年以下有期徒刑的犯罪,才可能被纳入相对不起诉的合规考察范围。但也有一些地方的检察机关对相对不起诉的企业犯罪案件作了适当放宽,即拓展到涉企犯罪人员可能被判处3年以上10年以下有期徒刑的单位犯罪。比如《深圳市南山区人民检察院企业犯罪相对不起诉适用机制试行办法》规定,对于犯罪嫌疑人可能被判处3年以上10年以下有期徒刑的单位犯罪案件,在对犯罪嫌疑人提起公诉的同时,对经刑事合规监督考察合格的犯罪嫌疑企业可以决定适用不起诉。不难看出,纳入合规考察的对象是只限于情节轻微的相关涉企犯罪人员可能被判处3年以下有期徒刑的单位犯罪,还是可以扩大到情节相对严重的涉企犯罪人员可能被判处3年以上有期徒刑的单位犯罪,是现实中的一个两难选择。此种矛盾应如何消解?

(二)企业与关联人员刑事责任的分离

《刑法》第30条规定,公司、企业、事业单位、机关、团体实施的危害社会的行为,法律规定为单位犯罪的,应当负刑事责任。对单位犯罪采用“双罚制”处罚原则是较为常见的刑事追诉方式,《刑法》规定的“单罚制”罪名相对较少。传统理论认为单位犯罪都要由自然人实施,单位没有独立的意志和行为,所以单位责任与关联人责任是无法分割开来的。因此,检察机关在办理案件过程中,若想要追究直接责任人的刑事责任,就要以单位构成犯罪为前提。这显然与企业合规改革追求的“放过企业只单独追究直接责任人的刑事责任”存在明显抵触,从而使企业合规改革工作面临一定的困境,导致合规不起诉制度的适用也存在一定的局限性。法学界普遍认为,如果继续将企业责任与自然人责任捆绑在一起,将合规考察的案件局限于那些自然人可能被判处3年有期徒刑以下刑罚的单位犯罪案件,那么,企业合规不起诉改革的空间将会小之又小,甚至与我国固有的“相对不起诉”没有本质区别。因此,刑事合规的从宽是否要基于自然人及其背后的理论依据值得研究。能否将涉罪企业与企业成员作适当分离,放过企业而留下涉罪的企业成员,需要在理论上进一步研究。如何改造传统单位犯罪理论,将企业刑事责任和直接责任人员刑事责任加以分离,已经成为合规不起诉改革的头号理论难题。目前,理论界和实务界都认为:与双罚制不同,单罚制意味着不追究单位的刑事责任,对单位既不定罪也不判处刑事处罚,只追究相关责任人员的刑事责任,但迄今为止,我国刑法仅规定了10个单罚制罪名。要走出这一困境,我们提出一种将单位责任与责任人员责任加以分离的理论。根据这一理论,在单位犯罪案件中,单位责任与直接责任人员的责任具有相对的独立性,司法机关对于单位犯罪案件追究刑事责任的方式,并不是必然同时追究单位和责任人员的刑事责任。具体来说,对于那些成功进行合规整改、建立合规管理体系的单位,检察机关可以对单位作出无罪处理,而单独追究直接责任人员的刑事责任。

(三)企业合规“两法衔接”机制的构建

企业合规不起诉制度是检察机关为优化营商环境、保障社会经济高质量发展所作出的改革举措,但是由于受检察机关所处的司法程序阶段的限制,这一制度适用的实际效果还依赖于上一阶段,即侦查阶段,所以侦诉衔接不畅是削弱这一制度适用过程中实际效果的重要因素。我国侦查机关在行使侦查强制措施的过程中具有一定的独立性,其侦查行为不必须取得其他国家机关的授权即可自由行使。在案件侦查过程中,为排除合理怀疑以达到刑事立案追诉标准,侦查机关会尽可能采取严格的强制措施。在办理涉企刑事案件过程中,则会具体体现为对涉案企业的财物进行查封、扣押,对其银行账户采取冻结的措施。这无疑会使企业经营陷入困难,对企业造成无法挽回的经济损失。当案件进入审查起诉阶段后,检察机关即使对涉案企业适用合规不起诉制度,企业也无力承担合规整改成本,甚至面临资不抵债、破产重整的境地,最终导致企业合规不起诉制度在实践中被架空,使其功能弱化,难以产生推动经济发展的实质性效果。

(四)合规考察制度与认罪认罚从宽制度的界限

根据目前的改革动向,各级试点机关存在将合规考察制度纳入认罪认罚从宽制度的趋势。毕竟,这两个制度都以涉案企业自愿认罪为适用的前提条件。但是,这两项制度具有完全不同的性质。认罪认罚从宽制度以效率为导向,强调节省资源、降低成本、快速处理案件，通过给予认罪认罚的嫌疑人、被告人较为宽大的处理，形成一种激励效应，使更多的嫌疑人、被告人选择认罪认罚程序，实现刑事案件的快速办理。相比之下，合规考察制度则强调企业合规整改的有效性，要求设置足够长的合规考察期，委任专业的合规监管人，督促企业建立并实施有效的专项合规计划。合规考察的主要目的在于针对企业管理制度存在的漏洞和隐患提出整改方案，逐步促使企业改变固有的经营方式和商业模式，消除企业的犯罪基因。但这种合规整改要取得成功又谈何容易？就像改造一个人原有的不良生活方式，促使一个人戒除毒瘾药瘾、改变陋习、回归社会一样，合规整改也需要投入大量的时间和司法资源，还要进行反复的论证和评估。因此，合规考察制度和认罪认罚从宽制度可谓风马牛不相及，实践中将这两种价值导向完全不同的改革加以混同、错误嫁接的做法，引发了法学界和司法界的普遍争议。

（五）企业合规监管机制构建模式的选择

在这场合规不起诉改革中，检察机关创造性地推出了合规监管人制度，这是一个了不起的改革创举。但是，在如何推进合规监管人制度实施方面，却出现了不同的改革模式。一些检察机关在改革过程中大胆探索，从律师事务所、会计师事务所、税务师事务所等中介组织中引入第三方独立合规监控人，由企业负责支付合规监管费用，引入了“原汁原味”的合规监管人制度。这就是以深圳市宝安区检察院为代表的独立合规监控人监管模式。合规监管人制度的另一种模式是行政机关监管模式。一些检察机关担心第三方专业机构容易与涉案企业发生利益勾连，影响合规监管的中立性和公正性，更倾向于由行政机关和行政官员担任合规监管人。这种监管方式可以保证监管人利用其行政资源，加大监管力度，实现从源头上治理企业的违法违规问题。涉案企业无须向其支付监管费用，行政机关在监管过程中保持较高的独立性和专业性。但是，这种由行政机关担任合规监管人的做法能否具有可持续性，行政监管人员可否从“去犯罪化”的角度进行有针对性的合规监管，是否具有参与合规考察的积极性，能否对检察机关的合规考察进行有效的配合，也是存在较大争议的。

（六）合规计划实施和合规监管的主体的明确

在我国企业合规改革的探索过程中，检察机关在决定对涉罪企业适用合规考察制度时，也要审查企业是否具有合规建设的可能或意愿，是否按照要求提交了合格的合规计划或者合规承诺书，以及是否提交诸如公司介绍、知识产权证明、社保参保凭证、纳税证明、营业执照及各类许可等支持性材料。对于自愿接受合规监督考察的涉罪企业，检察机关可与其签订刑事合规监管协议，由涉罪企业建立健全刑事合规体系，相关责任人应予以协助。由此引发的疑问是，企业会不会以敷衍的“装点门面式”合规计划换取从宽处理？因为一个有效的合规制度很容易从表面进行复制，且这种事后处罚的方式让检察官和法官很难判断其是否真实地发挥效力。最高人民检察院要求，要落实好认罪认罚从宽制度，对于不捕、不诉的企业，可以敦促其作出合规承诺，刑事处罚和行政处罚要衔接好，督促涉案企业把合规承诺落实到位。因为承诺合规而不起诉，则其承诺如何落实，其合规整改措施如何评估，由谁来督促？对此，各地实践不一。有的试点单位强调发挥检察机关在企业合规中的主导作用，聘请专业人员监督、考察和评估企业合规情况；有的地方成立由市场监管、环保、税务、应急管理部门的业务骨干以及相关专家组成的监督考察组进行考察；也有检察机关探索建立独立监管人制度，聘请律师事务所和会计师事务所等专业机构担任监管人，对合规监管企业进行合规培训和监督考察，并出具评定意见。到底采用何种监管模式，需要在试点的基础上作出进一步的评估。

五、基层检察院开展企业合规的实践途径

面对前文所提到的各类矛盾与争议，基层检察院在开展企业合规改革过程中应以问题为导向，坚持具体问题具体分析和实事求是的基本原则，探索具有当地特色、符合当地经济社会发展现状的改革路径。

（一）畅通侦诉衔接机制，适时启用合规不起诉制度

检察机关应当与侦查机关加强沟通，建议侦查机关在涉企案件的侦查过程中，如果发现可能适用合规不起诉制度的，应当及时向检察机关报送，经过检察机关的初步审查，认为可行的，应当启动特殊的涉企侦查起诉程序。通过建立“问题解决型司法模式”，去打破原本固有的“流水线型司法模式”的桎梏，不过分拘泥于诉讼阶段的形式要求，将企业合规相关工作程序适度前移。如果认为确有必要的，检察机关可以采取提前介入的方式参与侦查工作。将企业合规审查前置到审查逮捕环节，排除掉法律规定应当逮捕的情形，对于其他涉企案件，如果企业自愿主动提出合规申请，由企业提交初步的合规整改计划，检察官审查后认为符合企

业合规的受案范围,合规计划具有针对性、可行性,可以不予批准逮捕。合规不批捕比传统合规不起诉、合规从轻处罚等适用的阶段更加靠前,对检察机关的案件把握能力要求更高,其保护民营企业的成效也将更加明显。许多案件在侦查阶段耗时长久,侦查阶段对于企业的强制措施,比如对主要负责人刑事拘留,查封、扣押企业财产等,将给企业造成难以挽回的损失。如果检察机关能够提前介入尽早启动合规整改程序,将会帮助企业最大限度减少损失,避免程序的过于拖沓,确保合规效果。这种特殊侦诉衔接模式的建立,能够加快对涉案企业合理怀疑的排除,提高办案效率,尽量降低因案件侦查工作对企业正常经营的不利影响,减少因司法办案程序限制所导致的企业合规不起诉适用的弱化,提高其适用质效,使其发挥应有的作用。

(二)准确区分犯罪性质,精准适用合规不起诉制度

在处理涉企刑事案件过程中,确实、清楚认定犯罪事实,审慎甄别区分系统性与非系统性单位犯罪。在处理系统性单位犯罪过程中,谨慎适用合规不起诉制度,尤其是在企业合规改革初期,在采取考察措施的同时,依法适度附加更为严格的条件,例如自愿认罪、积极配合、采取补救措施等,也包含处理责任人、撤换高管、撤换董事、重新组建团队等措施。对于非系统性单位犯罪的处理,则可以更多适用合规不起诉制度,可以对合规整改成功的企业作出不起诉决定,同时加强对其合规管理,减少其在预防关联人员犯罪方面的制度缺陷,使涉案企业实现合法"出罪"。对犯罪负有责任的人员,可以独立提起公诉,追究其个人的刑事责任。但是在欧洲以及世界其他国家,检察机关将合规不起诉案件适用的范围扩大到了重刑案件。比如,一些高达数亿美元的商业贿赂案,在涉案企业与检察机关达成和解协议,并签订合规整改计划后,最终获得了不起诉的处理。那么我国能否参照这种做法,扩大相对不起诉的适用范围?目前,部分试点检察机关的合规不起诉方案中,将合规不起诉的法定刑期扩大至有期徒刑 3 年以上 10 年以下的范围,同时附加其他条件,为我国合规相对不起诉的适用范围扩张作出了尝试。笔者认为,现代社会企业经营涉及的资金量大,而刑法制定相对滞后,经济犯罪中企业的犯罪数额比较容易超过了有期徒刑 3 年的法定数额标准,如果唯数额论,将导致许多规模较大、较为优质的企业无法适应合规不起诉。因此,应当参照职务犯罪的认定标准,将犯罪情节作为是否能够合规不起诉的依据之一,不能仅仅因为数额达到较高的标准就不予适用不起诉,从而实现刑法对经济犯罪的科学化量刑。

(三)综合运用多种手段,督促企业落实合规整改

基层检察院由于其所办理的涉企刑事案件数量有限,且涉案企业规模也多为中小微企业,因此,在开展企业合规改革初期,应当重点针对犯罪情节轻微,涉案责任人可能被判处3年以下有期徒刑的轻微案件。在办理案件过程中,应积极适用合规不起诉制度,将之前适用相对不起诉制度的案件纳入考察范围,稳妥推进企业合规改革,降低改革初期面临的风险,在现有法律框架内推进改革,避免突破相对不起诉的适用范围。企业合规有效运行的核心环节是合规监管考察,其中企业合规的刑事评价是合规建设的出发点和落脚点,而企业合规的具体操作需要搭建企业的合规内涵、组织框架、制度模式、工作机制、风险防范等整体体系。因此,对于企业合规的监管和考察,需要各主管行政机关、行业协会与司法机关共同配合完成。2021年,最高人民检察院联合8个行政主管部门印发了《关于建立涉案企业合规第三方监督评估机制的指导意见(试行)》,该指导意见提出了“第三方监督评价机制管理委员会”及“第三方监督评估组织”的概念,为企业合规的监管路径指明了方向。企业合规第三方监督评估机制管理委员会由上述印发指导意见的9部门组成,再由第三方管委会选任第三方监督评估组织对涉案企业合规管理体系的有效性进行评估,其评估的结果是检察官办案的重要参考。基层检察院可以通过提出优质检察建议的方式督促企业推行合规管理体系,涉案企业合规不起诉检察建议属于改进工作、促进社会治理类检察建议。因此,应当强化对检察建议的跟踪回访和评估工作,适时将检察建议前置,将检察建议落实情况作为适用相对不起诉的前提条件,提升检察建议的刚性,充分发挥其监督、督促作用。积极开展与市场监督、税务、自然资源规划、银行等机构部门的沟通协作,充分发挥检察建议的职能作用,推动行政监管部门积极履职,共同督促企业合规管理。

(四)加强行政监管和司法监管的有机衔接,着力构建“大合规”工作格局

一是明确各部门在企业合规中的职责。企业主管部门、行政执法机关、公安司法机关在企业合规中应根据自己的职责,督促、引导、支持企业开展合规建设。通过完善法律及有关制度,明确行政执法机关和公检法机关在企业合规中的职责任务,使各部门在企业合规这一系统工程中既各司其职、各尽其责,又紧密配合,强化协作,将企业合规节点推至行政执法阶段,对不同办案机关在各自阶段适用

企业合规程序的情况予以互认,形成共同推动企业合规的工作合力。二是设置刑事合规特别程序。行政执法机关在调查企业违法行为时,发现企业可能涉嫌犯罪,就应商请公安机关介入调查。一旦发现企业确实涉嫌犯罪,就应及时把案件移送至公安机关,并通报检察机关。公安机关经审查认为有犯罪事实需要追究刑事责任而办理立案手续后,应当及时告知检察机关。公安机关在侦查时,应当告知企业犯罪嫌疑人关于认罪认罚、制订并实施合规计划可以依法从宽处理的政策,对犯罪嫌疑人认罪认罚、愿意制订并实施合规计划的,应当记录在案,并商请检察机关提前介入。案件侦查终结时,公安机关应对涉案企业是否适合刑事合规提出意见,认为适合刑事合规的,应对案件作标记后及时移送检察机关审查起诉。检察机关受理后要及时审查并作出决定。行政执法机关、公安司法机关在办理企业案件时,都要慎用取消竞标贷款资格、吊销营业执照、封账、扣押冻结财物、拘留逮捕等可能影响企业合规和企业发展的措施,把因办案对企业造成的影响降到最低。三是推动企业全面开展合规制度建设。检察机关针对涉罪企业具有行业犯罪风险的合规建设事项,对涉案企业进行整改验收后,应向相关行政主管机关、行业协会发出检察建议,建议其对同类型企业开展检查,并参照涉案企业整改方案进行整改,引导企业刑事合规从事后合规向事前合规转化,从源头上预防和减少企业违法犯罪,达到“办理一案治理一片”的良好效果。同时,联合相关行政监管机关、行业协会在深入调研总结的基础上,制定若干具有专项化特色的刑事合规计划范本,引导企业根据自身的刑事风险点选择适合的版本。检察机关等部门在制订专项合规计划时,应当注意与其他类型的合规计划相衔接,将行政不法行为与犯罪行为都纳入合规监控的对象,切实提升合规计划的针对性、精准性和实效性。

企业合规改革既是落实习近平法治思想、促进社会治理体系和治理能力现代化的重要举措,也是检察机关贯彻能动司法理念、营造法治化营商环境、服务经济社会高质量发展的重要方式。随着改革全面推开,企业合规制度必将成为我国刑事司法改革进程中的又一重大突破。

论我国企业应对欧盟经济制裁的合规管理要求

水木晴美* 邵 铭**

摘要:欧盟的经济制裁是包含了一系列实体和程序规则在内的制度总和。在经济全球化以及中欧经贸往来不断紧密的今天,我国企业了解欧盟的经济制裁制度,不仅有助于提高自身的风险识别和应对能力,而且对于其建立与世界接轨的企业合规管理体系,制定具有国际标准的合规制度,培育具有国际视野的合规文化具有重要的现实意义。

关键词:欧盟经济制裁 合规管理 合规文化 风控意识

一、欧盟经济制裁

欧盟经济制裁主要集中于贸易制裁与金融制裁,属于欧盟的对外事务,是欧盟"共同外交与安全政策"(Common Foreign and Security Policy,CFSP)的一个方面。其主要目的在于:维护欧盟的价值观、根本利益和安全;巩固和支持民主、法治、人权和国际法原则;维护和平;预防冲突和加强国际安全。与主要以国家或地区为对象的联合国制裁不同,欧盟的制裁通常不仅专门针对一个国家或其人口,而且还针对具体的政策或活动以及实施这些政策或从事相关活动的个人或实体。不过,为减小制裁所造成的影响,欧盟的制裁会尽一切努力尽量减少对平民或未违反相关规定的个人、实体等的不利影响,以体现其本身不具有惩罚性,只是作为促进政治对话和和平解决相关问题的一种手段。

---

* 水木晴美,法学博士,三亚学院副教授。

** 邵铭,法学硕士,北京天达共和律师事务所律师。

(一)欧盟经济制裁的法律依据

1.“共同外交与安全政策”

CFSP在1993年签订的《欧盟条约》(又称《马斯特里赫特条约》)中被正式提出,并被欧盟用作实现促进共同外交与安全政策目标的工具。该政策旨在在欧盟成员国间确立一种政治合作机制,使欧盟各成员国在所有主要国际问题上用一个声音讲话。根据《限制措施(制裁)的实施和评估指南》(2018年5月4日版)第2段的规定,欧盟对第三国、个人或实体实施制裁措施必须符合《欧盟条约》第21条规定的共同外交与安全政策所确立的目标,即:(1)维护其价值观、根本利益、安全、独立和完整;(2)巩固和支持民主、法治、人权和国际法原则;(3)符合《联合国宪章》的宗旨和原则,符合《赫尔辛基最后议定书》的原则和《巴黎宪章》的目标,包括有关外部边界的目标、维护和平、预防冲突和加强国际安全;(4)促进发展中国家的可持续经济、社会和环境发展,其主要目标是消除贫穷;(5)鼓励所有国家融入世界经济,包括逐步取消对国际贸易的限制;(6)帮助制定国际措施,保护和改善环境质量以及全球自然资源的可持续管理,以确保可持续发展;(7)帮助面临自然或人为灾害的人口、国家和地区;(8)促进以更强有力的多边合作和良好的全球治理为基础的国际体系的建立。

2.《欧盟运作条约》(Treaty on the Functioning of the European Union,TFEU)

2009年12月1日生效的《欧盟运作条约》在第四编专设“限制性措施”的章节,取代了《罗马条约》[①]中有关欧盟制裁行动的规定,为欧盟对外实施制裁确立了新的法律依据。《欧盟运作条约》第215条规定,“如果根据《欧盟条约》第五标题第二章[②]通过的一项决定规定部分或全部中断或减少与一个或多个第三国的经济和金融关系,理事会应根据欧盟外交和安全政策高级代表和委员会的联合提议,以合格多数采取行动,采取必要措施。同时,欧盟理事会应将此情况通知欧洲议会。如果根据《欧盟条约》第五标题第二章通过的决定有此规定,理事会可根据第一款所述程序对自然人或法人及团体或非国家实体采取限制性措施。本条所

---

① 《罗马条约》正式官方名称为《建立欧洲经济共同体条约》(Treaty establishing the European Economic Community,TEEC),于1958年1月1日生效,建立了欧洲经济共同体(European Economy Community,EEC)。该条约于1957年3月25日由比利时、法国、意大利、卢森堡、荷兰及西德签署通过。1993年的《欧盟条约》将本条约的名称删去“经济”二字,改为《建立欧洲共同体条约》。

② 即“关于共同外交和安全政策的具体规定”,具体内容详见EuR - Lex网:https://eur - lex. europa. eu/legal - content/EN/TXT/? uri = CELEX%3A02016M%2FTXT - 20200301&qid = 1666599228519。

指的行为应包括关于法律保障的必要规定”。

3.《限制措施(制裁)的实施和评估指南》

欧盟于2003年首次通过《限制措施(制裁)的实施和评估指南》,并分别在2005年、2009年、2012年和2017年进行了审查和更新。该文件旨在提高欧盟对外经济制裁的实施效果,为欧盟制裁政策的有效实施提供了政策性和操作上的指引。

2018年5月24日,欧盟在该指南的最新文本中全面规定了欧盟制裁的目的、法律依据、措施、豁免、管辖及合规等内容,并强调标准化的实施制裁以及加强实施制裁的方法。同时,《限制措施(制裁)的实施和评估指南》还提出了法律文书中关于制裁措施实施的共同定义等。

4.《关于使用限制措施(制裁)的基本原则》

2004年,欧盟政治和安全委员会制定了《关于使用限制措施(制裁)的基本原则》[Basic Principles on the Use of Restrictive Measures(Sanctions)],确定了制裁措施的基本原则,该原则主要涉及如何制定制裁措施、制裁措施的适用以及如何控制制裁措施带来的影响。根据该文件,欧盟对外制裁的原则主要包括:(1)制裁措施的实施尽可能地减少对非目标国家、实体和个人的不利影响,尊重人权民主与法治;(2)制裁措施的实施有明确的范围,武器禁运、签证禁令和冻结资产可作为实现制裁目标的方式;(3)重申了将履行安理会制裁决议的承诺,保证按照国际法原则实施自主制裁。总体而言,该制裁原则界定了制裁政策实施的基本原则,清晰表明了欧盟制裁政策确立的重要立场。

(二)欧盟经济制裁的适用

如前文所示,欧盟制裁的依据分为两种:一种是围绕欧盟共同外交与安全政策的原则和目标,以《欧盟条约》第五编第二章为依据制定的包含相关限制性措施内容的决定;另一种则是欧盟理事会依据《欧盟运作条约》第215条规定的程序将前一种情形中的决定转化为适用于第三国及自然人、法人等非国家实体的限制性措施的法律文件。从名称来看,前者称为“理事会决定”(COUNCIL DECISION),比如“关于白俄罗斯局势的限制性措施的理事会决定”;后者称为“理事会条例”(COUNCIL REGULATION),比如“关于白俄罗斯局势的限制性措施的理事会条例”。

在适用方面,理事会决定和理事会条例的具体规定都可以用来指导具体制裁措施的执行,也可以作为相关主体判断何种行为可能受到欧盟制裁措施的限制的参考依据。比如,在欧盟关于白俄罗斯的限制性措施的理事会第 2012/642/CFSP 号决定中规定了欧盟对白俄罗斯的武器禁运、旅行限制和经济制裁(贸易限制、资金冻结)等限制性措施的具体要求。其第 3 条第 1 项有关旅行限制的规定中就有如下内容,从而给欧盟成员国及其国民判断需要对哪些人采取旅行限制措施,以及其他第三国的个人或实体判断从事哪些行为可能会被列入旅行限制的名单中提供了具体的判断标准和衡量依据。具体内容为:

成员国应采取必要措施,"对严重侵犯人权或镇压民间社会和民主反对派负有责任,或其活动严重破坏白俄罗斯民主或法治的任何人,或与之有关联的任何人",防止其入境或过境。

同样,在欧盟关于白俄罗斯的限制措施的理事会第 765/2006 号条例中规定了对经济制裁和禁止提供任何支持和援助等方面的具体限制性措施。比如根据该条例的规定,"自 2022 年 4 月 2 日起,禁止在欧盟注册或认可的交易场所为用于在白俄罗斯成立且公有制超过 50% 的任何法人、实体或机构的可转让证券提供服务"。因此,相关个人或实体从事上述行为恐被认定为对白俄罗斯进行资助,从而被列入欧盟的制裁对象名单。值得指出的是,此处的"相关个人或实体"不仅包括欧盟成员国及其国民,而且包括在欧盟范围内设立了法人或非法人机构,或者全部或部分业务在欧盟开展的外国企业。

因此,欧盟现有 46 个制裁的理事会决定和条例既为欧盟实施限制性措施提供了依据,也为在欧盟范围内设立了法人或非法人机构,或者全部或部分业务在欧盟开展的我国企业如何防范欧盟制裁提供了具体的规定和违规行为的具体表现。如果与欧盟存在上述关联性(即在欧盟范围内设立了法人或非法人机构,或者全部或部分业务在欧盟开展)的我国企业存在上述决定和条例中规定的违规行为,将有被列入相应的制裁名单并据此受到相关限制性措施的风险。

(三)欧盟经济制裁的主要措施及制裁清单

1. 主要措施

欧盟的经济制裁主要集中于实施贸易制裁与金融制裁。其中,主要的贸易制裁措施有:(1)配额、关税、非关税壁垒;(2)资产冻结和扣押;(3)禁运。不过,从一定意义来说,金融制裁是最严厉的经济制裁形态,同时它也是捍卫国家核心利益,在全球推行其外交政策的重要工具。欧盟金融制裁的措施有两种:冻结和切断来源。前者是指冻结被制裁人拥有、所有、持有和控制的资金和经济资源的存量,后者是指第三人不得为被制裁人的利益直接或间接地向被制裁人供应资金和经济资源。金融制裁一旦生效,金融机构在金融制裁下的义务将优先于其一切合同义务。值得注意的是,在制裁方面,欧盟制裁恪守国际法的管辖权原则,即仅对其拥有属地或属人管辖权的对象施加金融制裁,不会像美国 OFAC 那样通过违反国际法的域外管辖权对相关国家、个人、组织或实体实施二级制裁手段。

2. 制裁清单

(1)现行制裁制度及制裁清单

截至目前,欧盟现行制裁制度共有 46 个。其中,单纯执行欧盟制裁制度的有 8 个,执行欧盟制裁的同时附加欧盟自身制裁措施的制裁制度有 11 个,欧盟单边制裁制度有 27 个。具体的制裁制度及每项制度对应的制裁个人、组织和实体的名单披露在欧盟委员会官方网站(https://sanctionsmap.eu/#/main)上,可供我国企业在合规审查等环节予以参考。

(2)金融制裁综合清单

对于金融制裁,欧盟信贷部门联合会为其建立了一个数据库,受欧盟金融制裁的个人、团体和实体的综合名单及具体的金融制裁措施均可从金融制裁数据库——FSF平台(网址:https://webgate.ec.europa.eu/fsd/fsf)下载[①]。该数据库由欧盟委员会主持和维护,并不断更新。

(3)旅行禁令综合清单

为方便查询欧委会发布的旅行禁令的个人、组织和实体的名单,欧盟制作并发布了《旅行禁令综合清单》,我国企业可以通过 https://www.sanctionsmap.eu/#/main/travel/ban 进行下载,以便在进行相关合规审查时使用。

(四)欧盟经济制裁的管辖权

根据欧盟的《限制措施(制裁)的实施和评估指南》第 51 段的规定,欧盟的制裁措施只适用于与欧盟有联系的情况。从属地管辖的角度来看,涵盖欧盟领土范围内以及国际法层面作为领土延伸的部分,比如欧盟成员国管辖下的航空器和船只。从属人管辖的角度来看,任何地点的欧盟成员国国民、根据成员国法律注册或成立的(包括在欧盟成员国注册的公司在第三国的分支机构)或在欧盟境内开

① 完成注册流程后即可查阅及下载最新的金融制裁名单。

展任何业务的自然人、法人或其他实体等均有义务履行欧盟的制裁决议。

同时,欧盟候选国、欧洲自由贸易联盟和欧洲经济区国家(比如阿尔巴尼亚、亚美尼亚、波斯尼亚和黑塞哥维那、格鲁吉亚、冰岛、列支敦士登、摩尔多瓦、黑山、挪威、北马其顿共和国、塞尔维亚、土耳其和乌克兰)也在必要时被要求赞同并实施欧盟的制裁措施,以确保其国家政策符合有关欧盟理事会的决定。

对于我国企业而言,如果该企业在欧盟范围内设立了法人或非法人机构,或者该企业的全部或部分业务在欧盟境内开展,则该企业及其在欧盟范围内的法人或非法人机构均有义务履行欧盟的相关制裁决议。

(五)违反欧盟经济制裁的法律后果

如上文所述,欧盟通过《欧盟运作条约》第 215 条确立了对第三国实施经济制裁、对自然人、法人等非国家实体实施制裁的法律权限。而且,制裁的事由可以涵盖欧盟外交政策的所有领域和与安全有关的所有问题,包括逐步制定可能导致共同防御的共同防御政策。加之前述对欧盟制裁管辖权的分析,所以一旦与欧盟存在关联性(在欧盟范围内设立了法人或非法人机构或者全部或部分业务在欧盟开展)的我国企业或其相关人员从事了违反欧盟相关制裁措施的行为(比如欧盟 46 个制裁制度所涉的理事会决定和条例中规定的违规行为),比如,《限制措施(制裁)的实施和评估指南》第 55 段所述的直接或间接向被列入欧盟相关制裁名单中的个人或实体提供资金或者经济资源或者是对被列入欧盟相关制裁名单中的个人或实体所有或控制,或者尽管未同欧盟相关制裁名单中的主体存在任何关联,但违反了欧盟基于 CFSP 而发布的相关限制性措施(违反了涉及欧盟制裁事项的理事会决定),比如支持了恐怖主义、侵犯人权、化学武器扩散及传播等的行为,都有被列入到欧盟相关制裁名单中的风险。一旦被列入该制裁名单,相关的制裁手段,比如,资产冻结、旅行禁令、贸易禁令、融资限制等可能会被适用于该国企业和相关个人,这将直接影响该国企业的经营活动及相关负责人员的行动自由。例如,2022 年 10 月 20 日,欧盟理事会发布制裁决定,宣布将 3 名伊朗军官和 1 个实体列入第 2014/145/CFSP 号决定附件所列受限制性措施约束的个人、实体和机构名单,理由是上述 3 名个人和实体参与开发和向俄罗斯交付无人驾驶飞行器,为俄罗斯对乌克兰的战争提供军事支持。对其制裁措施包括冻结资产、实施旅行禁令等。欧盟理事会于 2014 年 3 月 17 日发布的第 2014/145/CFSP 号决定的主要内容即是对破坏或威胁乌克兰领土完整、主权和独立的行为采取限制性措施。以上限制性措施被实施的逻辑在于，欧盟理事会第2014/145/CFSP号决定对破坏或威胁乌克兰领土完整、主权和独立的行为采取限制性措施，而上述伊朗的个人和实体参与开发和向俄罗斯交付无人驾驶飞行器，为俄罗斯对乌克兰的侵略战争提供军事支持的行为被认为违反了上述决定，故被列入第2014/145/CFSP号决定所附的清单中并被施以旅行禁令或资产冻结等限制措施。

二、我国企业的合规风险管理——事前防范

面对欧盟的经济制裁，从防微杜渐的角度出发，我国企业需要通过一系列的合规管理举措加强对相关风险的事前防范，具体包括以下几个方面：

(一)强化合规风控意识

1. 严格遵守国家颁布的相关规定[①]

我国政府近年来积极推动了多个合规管理相关领域的立法和执法。《数据安全法》《个人信息保护法》《出口管制法》《反垄断法》等一系列新颁布或新修订的政府监管立法，明确规定了企业的合规管理义务，提高了违规的处罚标准。此外，国务院国资委发布的《中央企业合规管理指引(试行)》、发改委等7部委联合印发的《企业境外经营合规管理指引》、国际标准化管理委员会《合规管理体系指南》(GB/T 35770－2017)、国务院国资委发布的《中央企业合规管理系列指南》为企业合规管理提供了重要参考。

2. 熟悉并遵守欧盟经济制裁规则

欧盟经济制裁规则也是一整套既包含实体性规则又包含程序性规则的规则体系。欧盟通过《共同外交与安全政策》《欧盟运作条约》《限制措施(制裁)的实施和评估指南》《关于使用限制措施(制裁)的基本原则》等一系列法律文件为制裁的制定、实施、效果的评估等奠定了法律基础，这些规定中既包括制裁的实体性规则，也包括程序性规则。在具体实施方面，欧盟理事会通过的制裁决议，明确定义了可被制裁的行为、制裁对象、制裁的类型以及包括会员国在内的主体所应履行的义务，进一步明确和细化了制裁的实体内容。包括欧盟制裁的制定、审查、除名程序以及通过欧盟法院进行诉讼救济等又进一步丰富了制裁的程序性规则。以上这些规则作为欧盟制裁的核心文件，贯穿于评价行为性质、开展调查、作出列

---

① 参见《中央企业合规管理系列指南(第四批)》。

名或除名决定、评估企业合规体系等的全过程，熟悉并遵守这些决议和规则，无疑将有助于我国企业应对欧盟制裁可能带来的合规风险。

（二）健全合规管理体系

1. 将合规风险清单嵌入"大合规"管理体系

企业可以国务院国资委发布的《中央企业合规管理指引（试行）》及《中央企业合规管理办法》、发改委等7部委联合印发的《企业境外经营合规管理指引》、国际标准化管理委员会的《合规管理体系指南》（GB/T 35770－2017）为指导，对照世界先进合规管控的标准，整合国内、国外和国际法律法规的合规性要求，综合考虑自身规模、地理位置、行业领域、所在国家、与业务伙伴和政府官员的关联度等因素，根据个体风险评估状况，灵活采取合规形式、具体措施，并投入相应资源，建立符合企业实际情况的"大合规"管理体系，同时制作可以预防欧盟经济制裁的合规风险清单，便于业务部门在推进具体项目或开展具体业务时及时参照使用。

2. 完善事前的合规审查程序，强化合规风险评估及监控管理

企业进行合规风险评估时需要考虑全部有关因素，包括因经营地点、行业部门、市场竞争、监管主体、潜在客户和商业伙伴、与外国政府的交易活动所带来的风险等。因此，企业应当建立一套合规风险分析机制，使企业在作出某项行为前，能进行充分的潜在合规风险评估，从而避免和预防风险。此外，企业还应根据其汲取的经验教训对其合规风险评估政策和程序进行及时的更新，以应对不断发展的挑战。

具体到应对欧盟制裁方面，我国企业需要加强对欧盟经济制裁的关注和了解，对正在被欧盟进行经济制裁的国家和地区或者尚未被欧盟经济制裁但存在较高被制裁的潜在风险的国家和地区进行投资、贸易等相关活动必须慎之又慎。例如，需要对欧盟理事会有关制裁的决定与条例及其所附的制裁名单等相关信息保持高度关注。如果在被制裁高风险地区投资，在投资之前，需要对投资项目进行严格的合规审查，如果交易对象或者交易事项、环节等涉及被欧盟理事会制裁的相关个人或实体，或者存在可能违反相关理事会决定或条例中所禁止的行为，应及时对其进行筛选和排除，以免为后续的交易安排造成合规风险。

鉴于欧盟制裁的类型较联合国制裁增加了不仅针对特定国家或地区，而且针对侵犯人权、网络攻击等行为出台制裁措施的横向制裁方式，我国企业在对外进行经贸往来前除了要关注相关国家和地区的国别合规风险，还要关注相关国家或

地区以及相关个人和实体是否存在或潜存上述行为，对未来可能发生的合规风险进行预判，并根据预判的情况及时对交易地点、对象和相关方进行筛选，最大程度降低自身的合规风险。

3. 建立适应合规审查程序的组织机构

在确定欧盟制裁有关的合规风险清单的基础上，识别相关风险并明确各部门及岗位的风险管控职责，实现管控措施到岗到人尤为重要。企业需要针对具体业务可能涉及的风险，结合不同部门、不同岗位的职责以及不同人员的专业背景，合理地为业务流程中所涉及的各个岗位配置人员，并明确各个环节的岗位职责，以确保风险清单中与有关风险相关的工作可以在各个环节得到有效的解决。比如，在欧盟制裁的合规风险规避方面，可以采用由业务岗位根据具体业务的背景和内容报告可能存在的合规风险，然后由合规部门对其中可能涉及的合规风险进行审查，随后再将调查结果综合汇报给企业决策层进行最终确认的方式。这其中既要求业务人员严格按照合规风险清单的内容对项目或业务的内容进行对照，识别可能存在的合规风险，也要求企业的合规管理人员有足够的专业背景和经验对相关合规风险的有无、程度等进行分析、论证，对不同的岗位都赋予更多的合规要素。

（三）培育企业合规文化

1. 加强合规培训

在相关项目或交易可行性的论证阶段未根据欧盟相关制裁的规定、决议及其所涉及的个人和实体的制裁清单对交易的相关方进行合规审查，也许将成为我国企业被制裁的主要原因。因此，建议企业在开展海外业务时建立自己的合规风险清单或风险库，就欧盟经济制裁规则及其可能产生的法律责任等方面，加强对公司有关责任部门尤其是直接从事海外业务的相关人员的合规培训，以提高关键岗位所应具备的合规要求和关键人员的合规意识。

2. 培育企业合规文化

一个组织的合规文化就是该组织在合规工作中长期传承、沉淀的行为规范、思维方式和价值观念。我国企业在走出去的同时，时刻将“诚实守诺”作为国际经营理念之首，大力推行诚信经营和依法合规经营的理念和行为准则。管理层率先垂范，通过合规核心价值观的树立，合规制度和体系的建立，持续开展多种形式的合规教育、合规风险评估及应对机制的建立等一系列合规管理手段，将诚实守信的合规文化渗透到工作的方方面面，并内化为每一个企业员工的内心道德标准和行为准则，以此指导自身行为与企业目标达成一致，完成个人价值和企业价值的同步实现。

除此之外，在企业规范方面也要做到公正公开，不应有特权和例外，任何人的行为都应该符合企业统一的合规准则和规范。根据权利和义务相匹配的原则，对于那些对人财物有支配权、对机密信息有控制权的层级高的岗位，要有更加严格的规范标准。

三、我国企业的合规风险管理——事中及事后应对

欧盟经济制裁程序主要包括制裁的制定、审查和除名。为有效应对可能出现的被列入欧盟制裁清单的情形，企业一方面要严把内部的合规审查关，做到不违反欧盟的任何制裁规则和决议；另一方面要把当企业被制裁时如何将企业从相关制裁清单中除名作为企业应对工作的中心任务。通常，被制裁企业须就其不存在违反制裁决议的行为或其相关行为具有合理性等进行说明，并经欧盟理事会审查通过后才能解除制裁，或者通过向所在国法院或欧盟法院起诉，迫使欧盟理事会撤销将相关主体列入制裁名单的行为。因此，我们在这一部分重点介绍企业在具体业务开展过程中或之后被列入欧盟经济制裁清单时的应对策略，以便企业可以把握应对此类情形的要点和程序。

（一）积极组建专业团队

1. 组织保障

（1）第一时间向企业高层领导和上级单位汇报。

如前文所述，按照欧盟制裁的制定程序，欧盟理事会在将个人或实体列入相应的制裁清单后向企业或个人发出书面通知。针对该书面通知，企业应予以高度重视，及时做出反应。相关部门或人员应第一时间将通知内容向公司高层领导汇报，便于企业迅速整合资源、组建团队、统筹研判和及时决策。如果涉事企业系集团公司下属单位，还应第一时间向集团公司汇报，以便寻求更高层面的专业支持和决策指导。

（2）组建案件应对工作组。

企业应对被列入欧盟制裁清单的首要工作是组建案件应对工作组，负责专项应对工作。为确保工作组有效开展工作，企业应赋予工作组充分的资源支持，包括人员、资金、信息获取和资料查阅等。同时，工作组应保持工作独立性。工作组

负责人应由公司主要领导或其任命的高层领导担任，工作组的日常事务工作由企业合规部门或法律、风控部门负责人具体统筹，并及时向工作组负责人和公司主要领导汇报。工作组人员可以由合规、法务、财务、审计等专业人员组成，但与案件直接相关或有利益冲突的人员不得作为工作组成员。

(3)工作组工作要点和工作机制。

①工作组应围绕以下要点开展工作：研判企业在欧盟经济制裁程序中所处的阶段，筹划企业可采取行动的选项，并按步推进；辨析企业被申请列入相关制裁清单的原因，通过内部调查查清事实，并探寻企业可能存在的抗辩理由；考虑可能采取的补救措施，争取减轻制裁的条件。②工作组应建立定期的沟通、汇报机制，确保信息对称，例如每天召开工作会，每周发布案件进展的简报等。

(4)建立与欧盟理事会的联络沟通机制。

企业可以指定一名联络人负责与相关的欧盟理事会日常联络和沟通，该人员负责接收和跟进来自欧盟理事会的信息或指令，确保企业及时获取来自欧盟理事会的信息，并平稳地向欧盟理事会发送信息。联络人应具备流利的英语口语表达和写作能力，并在企业内担任一定层级以上的职务，例如合规、法律或风控部门的负责人。

2. 建立高效合规团队

合规团队包括企业内部合规团队和外部合规团队。作为企业应对欧盟经济制裁除名程序的核心工作单元，合规团队的专业素质和工作能力对有效应对该等制裁至关重要。

(1)内部合规团队。通常，内部合规团队由企业合规、法律或风控部门人员组成。团队成员应具备以下能力和素质：

①优先具有法律或财务专业背景的人员，积极考虑企业所在行业的专业背景的人员；②有一定年限的工作经验，熟悉企业业务和经营情况；③具备流利的英语口语表达和写作能力；④具备较强的工作责任心，能够较好地进行团队合作。

(2)外部合规团队。外部合规团队由具备相关实践经验的律师组成。当企业认为有必要引入外部合规团队时，应从团队负责人实践经验、团队成员构成、费用等维度对备选团队进行综合考察，甄选真正有应对欧盟制裁实践经验的律师和团队。

(3)内外部合规团队的配合。在内外部合规团队协作中，应秉持“内部为主，外部为辅”的工作原则，即企业内部合规团队在应对过程中起主导作用，对案件进行独立分析和判断,在综合外部律师意见的基础上提出处置建议;外部合规团队主要在程序重要节点给予专业意见和支持。如果内部合规团队暂时欠缺实践经验和独立分析的能力,也应当至少向外部合规团队提出清晰、具体的需求,并全程参与,避免将应对事务完全交由外部团队处理。

(二)采取应急措施

1. 开展内部调查

(1)内部调查的目的和重要性。一旦企业或个人获知欧盟理事会将其列入制裁清单,企业应当立即就有关问题开展内部调查。通过内部调查,企业能充分厘清事实情况,并在此基础上分析是否涉及可制裁行为、企业管理程序是否有缺陷及如何实施补救等。企业迅速开展内部调查至关重要,主要体现在两个方面:一是通过内部调查厘清事实情况,能精准地确定应对制裁的策略。二是通过内部调查发现企业存在可制裁行为,便于及时采取主动纠正措施,可在一定程度上减轻因此可能受到的损失。

(2)成立调查组。调查组的构成原则与案件应对工作组类似,适宜由分管法律、合规、审计等业务的负责人统筹,一般由 3 - 5 名成员组成,如果案件特别复杂,可适当增加人数。如果公司已成立合规部门,那么调查组应包括 1 - 2 名合规人员,其他应为法律、审计、财务等专业人员或其他方便案件调查的人员。需注意的是,与涉嫌违规事件有关的人员(含主管领导)不能作为调查组成员。如果内部调查工作需外部律师协助,企业调查组亦应参与整个调查过程。

(3)制订调查方案。在启动调查前,调查组应编制《调查实施方案》,载明调查内容、方法、步骤、需要查找和审查的有关文件和证据清单、访谈人员清单等。调查组应按照《调查实施方案》按时、逐步推进调查。

(4)实施调查,形成调查报告。

①收集和审查文件。调查组在确定需要收集和审查的文件清单后,应第一时间向涉事人员发送《文件保留通知》,要求其保留手中与事项相关的全部记录、文档和文件,包括但不限于纸质文件、电子邮件和其他电子数据。在搜集到相关文件资料后,调查组应对文件资料进行全面审查,特别需要关注欧盟制裁委员会已指出/认定的相关情况是否真实、完整。②开展人员访谈。除文件审查外,企业还应对涉事人员开展访谈,最大程度地探究事件发生背后的相关细节,用以佐证文件审查的结论,例如,涉事人员做出相关行为的考虑、是否有相关汇报和决策的机

制等。③撰写调查报告。调查组在查明相关事实,并对涉事人员完成访谈后,应撰写详细的调查报告。调查报告应包含以下要素:介绍调查事项的背景,点明调查内容;简述调查方法、步骤和过程;通过审查证据资料和开展访谈,对相关事实的认定;依据企业制度和欧盟制裁制度,对相关事实是否构成违规行为的分析。④如果认定违规行为成立,企业应采取的补救措施、改进企业管理的方案、对涉事人员的处罚等。

(5)调查报告的审核和执行。

企业高层领导或合规建设委员会应对调查报告进行审核,并出具书面审核意见。针对调查报告中提出的补救措施、改进企业管理的方案、对涉事人员的处罚等建议,企业应认真落实。

2. 寻找可替代方案,减少损失

如果因事前审查不充分或未及时跟进欧盟理事会相关制裁制度或制裁清单,导致企业在项目进程中发现存在违反制裁制度的情况的,企业应首先中止相关活动,及时调整交易方案或交易对象,最大程度地减少可能发生的合规风险和经济损失。同时,企业也应积极同交易对象进行沟通和协商,将可能因违约而承担的法律风险降到最低。

(三)充分利用各种救济途径

1. 积极申请除名

企业在接到被欧盟理事会列入相关制裁清单的通知后,应尽快组织内外部人员收集与本次制裁相关的事实、证据等,通过研究分析案件相关资料,如果确认存在除名的可能性,应根据欧盟理事会有关除名的要求积极准备除名申请并收集和准备可以支持企业除名申请的相关事实和证据材料。

2. 积极按照欧盟及其成员国的相关法律进行救济

根据《欧盟运作条约》第 275 条第 2 款①、第 263 条第 4 款②和第 6 款③规定的

---

① 法院应有权监测《欧盟条约》第 40 条的遵守情况,并就根据本条约第 263 条第 4 款规定的条件提起的诉讼作出裁决,审查理事会根据第五章第 2 章通过的对自然人或法人采取限制性措施的决定的合法性。

② 任何自然人或法人均可根据第 1 款和第 2 款规定的条件,对针对该人的行为或与他们直接和个人有关的行为,以及对与他们直接关切且不要求采取执行措施的管制行为提起诉讼。

③ 本条规定的诉讼程序应在措施公布后两个月内启动,或在本措施通知原告后两个月内启动,如无,应在发现原告知情之日起两个月内启动,视情况而定。

条件,列入名单的个人和实体可以向欧盟普通法院对理事会的决定提起诉讼。同时,如果被列入制裁名单的我国企业和个人处在欧盟成员国范围内,理论上,我国企业或个人也可以通过该国法院提起诉讼,该诉讼可以与向欧盟法院提起的诉讼同时进行。由于欧盟的制裁在实施方面存在欧盟和成员国两个层面,两者既有重合又有差异。我国企业一旦被列入欧盟制裁清单,我国企业和我国相关部门应同时加强与欧盟相关机构及相关成员国之间的沟通,积极通过外交斡旋,根据欧盟及相关成员国的国内法规定等进行救济,最大程度降低我国企业的损失。

结　语

近年来,随着我国企业践行“走出去”战略的步伐不断加快,我国企业在国际舞台上日益扮演着重要的角色。在此背景下,我国企业不仅需要继续加强自身在科技、技术等方面的硬实力,也需要在错综复杂的国际商业背景下,建立并不断完善符合国际商业需求的合规体系和制度,强化合规文化等这一系列软实力的建设。为此,以中央企业为代表的国之重器于2022年将企业的合规建设作为重点工作加以推进,在其带领下,地方国企及大型民营企业从企业自身发展的长远角度出发,紧随其上,纷纷强化自身的合规管理。对于位于我国对外贸易重要桥头堡——海南自贸港的涉外企业来说,熟知外国规则并将其内化为企业合规管理的一部分,无疑将有助于企业的长远发展。

中小微企业的合规简化激励设计及其实现路径

胡肖肖[*]　刘末初[**]　刘雨欣[***]

摘要：中小微企业作为合规制度的重要适用对象，其适用效果是社会治理的重要组成部分之一。为此，简化中小微企业的合规适用条件既需要对国内涉及中小微企业合规要求的制度环境进行必要的层次环境分析，又需要对中小微企业面临的合规适用困境进行归集。在兼收并蓄的基础上对合规激励制度与企业生存成本进行比量，在激励模式上对中小微企业合规简化路径进行拟定，从而实现中小微企业的合规实体正义。

关键词：中小微企业　企业合规　合规适用　合规简化

一、问题的提出

2020年12月中共中央印发的《法治社会建设实施纲要(2020—2025年)》要求企业要树立合规意识，以此来促进企业合法经营，这不仅是企业自身加强合法化经营的准则，而且是法治社会治理与建设的重要内容。2022年4月，民营企业刑事合规试点工作在全国范围内展开①，正式拉开了民营企业的合规序幕面对企业犯罪，检察机关采取对民营企业负责人与企业分别处理的方式，对前者依法能够不捕不诉的就不捕不诉，严格贯彻慎捕慎诉原则，同时督促后者进行合规管理。这种追诉方式打破了公司犯罪的司法追诉传统。

---

* 胡肖肖，三亚学院法学院教师。

** 刘末初，三亚学院法学院本科生。

*** 刘雨欣，三亚学院法学院本科生。

① 在此之前，2020年3月，最高人民检察院分别在全国6家检察院开展企业合规改革第一期试点工作，其后扩大至10个省市的检察院。

一般认为,企业合规(Corporate Compliance)是指企业经营活动遵守法律法规、商业行为准则、职业操守以及社会道德规范等,是为了保证企业职员经营行为合法的整体性组织措施。[①] 根据合规计划的构建时机以及涉罪企业类型的不同,可将合规分为事前合规与事后合规。[②] 事前合规是企业建立的日常性合规体系,制定时间相对宽松,同时又可以激发企业的自主性,通过进行风险识别、风险管理,建设专项性合规体系。事前合规可以成为法定的无罪抗辩事由、实体出罪事由。[③] 事后合规是指企业在涉罪前并未构建合规计划,只是在被立案追诉后,发现相应的合规风险(compliance risk),响应公安司法机关的合规要求(compliance requirement),为获得从轻、减轻甚至免除处罚而构建合规计划。在整个企业改革合规试点过程中,事后合规的适用较为普遍。

事后合规要求企业构建合规计划并通过合规考察程序。与美国仅仅对大型企业适用合规制度不同,我国的合规制度在适用于大型企业的基础上也适用于中小微企业。这虽然是我国合规不起诉制度的创新,却也给学术界和实务界带来了困扰:一是合规制度到底是否适用于中小微企业;二是合规制度在中小微企业中如何适用;三是合规制度能否在中小微企业中发挥出预防企业再次犯罪的激励机制。

自 2022 年 3 月起,检察机关对大量中小微企业适用了合规考察制度,在最高人民检察院颁布的多起合规典型案例中,中小微企业也占了很大一部分比例,因而对于第一和第三种困扰已经可以暂时搁置。如何明确合规制度在中小微企业中进行适用才能达到制度与企业所要求的双向目标才是关键问题。

本文拟先从我国中小微企业的合规适用现状入手,揭示我国中小微企业适用简化合规模式的必要性,然后从行刑合规制度层面明确其机理所在,最后对中小微企业简化合规的成本范式予以概明,提出实践上的可行性措施,以期对中小微企业的简化合规适用有所裨益。

---

① 参见华东师范大学企业合规研究中心:《企业合规讲义》,中国法制出版社 2018 年版,第 2 页;Vgl. Thosten Alexander, Die strafrechtliche Verantwortlichkeit fur die Wahrung der Verkehrssicherungspflichten in Unternehmen, Cenlaurus, 2005, S. 316。

② 参见孔令勇:《刑事合规与认罪认罚从宽的融合企业合规从宽制度研究》,载《中外法学》2022 年第 3 期。

③ 参见《为企业合规改革发展提供实体法支撑》,载最高人民检察院网,https://www.spp.gov.cn/llyj/202205/t20220512_556644.shtml。

二、中小微企业合规简化适用的必要性

根据合规对于企业的要求，合规需要公司遵守内部的企业准则以及外部的法治环境要求，从此种意义上来讲，合规既是促进现代公司治理完善的重要制度，也是企业自身治理的一项重要内容。① 合规制度要求企业进行合规设计的主要作用，在于基本的合规要求不仅是公司经营进入交易领域的基本法治要求，也是市场经济要求的最低法治成本。之所以要把合规简化适用的要求嵌入中小微企业合规的进程中，也是市场环境、法治环境、营商环境等多方面的共性要求。

（一）中小微企业合规简化适用是加强社会治理的重要内涵

中小微企业是国民经济和社会发展的重要组成部分，是市场的主体，是保就业的主力军，也是提升产业链供应链稳定性和竞争力的关键环节。② 国务院在促进中小企业发展工作领导小组第一次会议中指出，中小企业贡献了我国50%以上的税收、60%以上的GDP、70%以上的技术创新、80%以上的城镇劳动就业、90%以上的企业数量，是国民经济和社会发展的生力军。③ 国务院促进中小企业发展工作领导小组第七次会议指出，要鼓励、支持、引导民营经济和中小企业健康发展，围绕抓好政策体系、服务体系、发展环境三个领域，要从各个层面对中小企业的发展保驾护航。④

为了应对新冠疫情，我国企业在长期的市场化、国际化发展中也实现了充分的社会化发展，企业承担社会责任已成为当前我国社会治理的一个重要方式，企业社会责任与政府社会责任一起，成为此次疫情防控重要的社会治理力量。这也表明了企业在社会治理中的重要作用，实现了参与社会治理的“市场赋能”。⑤

从国家整体企业总量来讲，中小微企业占国家整体企业总量的90%以上。从企业治理在社会治理中所起的作用而言，中小微企业的自身治理以及参与社会治

---

① 赵万一：《合规制度的公司法设计及其实现路径》，载《中国法学》2020年第2期。

② 参见《加力帮扶中小微企业纾困解难若干措施》引言。

③ 参见《刘鹤主持召开国务院促进中小企业发展工作领导小组第一次会议》，载中华人民共和国中央人民政府网，http://www.gov.cn/guowuyuan/2018-08/20/content_5315204.htm。

④ 参见《刘鹤主持召开国务院促进中小企业发展工作领导小组第七次会议》，载中华人民共和国中央人民政府网，http://www.gov.cn/guowuyuan/2021-01/21/content_5581683.htm。

⑤ 参见郭毅、徐丹丹：《重视企业在构建社会治理共同体中的作用》，载《光明日报》2020年5月5日，第7版。

理的职能不逊于大型企业在社会治理中的作用及职能。这一方面是社会治理的整体性要求,另一方面也是国家治理现代化的基本要求。

中小微企业在国家治理现代化以及社会治理中具有重要的体系作用,但是,相比于大型企业的企业合规,中小微企业几乎都是一些在经营、融资、管理等方面陷入困境的民营企业,它们涉嫌犯罪的几率更大一些,在各类案件中,中小微企业涉嫌犯罪的案件占据较高的比例。① 因此,对中小微企业适用合规制度具有十分重要的意义。但问题也再次产生,基本的合规制度要求企业在内部设立合规体系,进行合规管理,这在中小微企业出现企业困境以及疫情的环境下似乎较为苛刻。同时,也是对在社会治理环境下的企业责任义务进行了压缩,会产生得不偿失的效果,违背了社会治理的基本要求以及指向目标,无法发挥合规在企业治理以及社会治理中的规范效果,更无法让中小微企业发挥自身在社会治理中的"市场赋能"。

对于中小微企业来讲,社会治理要求中小微企业需要进行合规建设,要求中小微企业能够履行基本的合规体系任务。但作为中小微企业,在企业体系规模与企业社会责任义务上,中小微企业并不具备与大型企业一样的合规建设能力与社会责任义务,因而此时出现了双重导向上的矛盾,即社会治理要求中小微企业进行企业合规,而基本的合规制度又让中小微企业难以实现合规,从而影响了社会治理现代化。因此,依据比例原则,中小微企业需要进行合规,但又不能要求中小微企业与大型企业的合规标准相同。因其背离了社会治理的权责明确统一的要求,会造成中小微企业不愿承担企业自身的社会责任与社会治理的市场赋能角色。因此,在保证合规制度基本法理与要求的情况下,需要对中小微企业合规的适用进行简化,以此来确保中小微企业在社会治理中的效用最大化。

(二)中小微企业合规简化适用是中小微企业存续的必要准备

中小微企业数量占了我国企业数量的90%以上,在我国的经济体制中有着举足轻重的地位,但在疫情冲击下,小微企业注册注销比骤降,2020年超一成小微企业消失。据天眼查统计,自2017年以来小微企业注册注销比持续下滑,2020年降至1.41%。2020年小微企业注册数量仅有613万家,较2019年减少56.3%,而年度注销数量却高达435万家,较2019年增加84.3%,为历史峰值水平。截至2021

① 陈瑞华:《中小微企业的合规计划》,载《民主与法制》2022年第11期。

年11月4日,我国现存小微企业8463万家,2020年消失的小微企业数量占比达11.7%。[①] 这些从侧面反映了我国中小微企业的营商环境其实并不尽如人意。从注册到注销、吊销、清算和停业的时间段为存活周期,截至2021年11月8日,小微企业平均存活周期为4.13年,其中存活时间小于3年的小微企业占比接近50%。换句话说,小微企业注册3年之后,有近一半企业不能正常经营。在企业合规要求中,人民检察院决定开展企业合规的整体持续时间一般为几个月到数年不等,这与中小微企业的存活时间相比其实是非常不合理的,中小微企业本身生存环境就愈显恶劣。企业合规的另一层要义也是为了让企业能够正常经营,实现企业治理和国家治理现代化、法治化的共赢。[②] 因此,简化中小微企业的合规适用要件,缩短其合规整体进程是十分必要的。

三、中小微企业简化合规激励的机理解构与成本比量

(一)中小微企业简化合规激励的机理解构

依据合规机制的不同,中小微企业涉及的合规模式包括行政合规与刑事合规两种制度模式。刑事合规是指刑事司法机关依据合规要求对涉案企业进行专项合规计划并实施有针对性的合规整改,对其作出宽大刑事处理的法律制度。[③] 行政合规具体表现在对已经违法违规的企业,当其针对暴露出来的问题进行整改,建立合规管理体系后,可以与行政监管部门达成行政和解,企业能够由此而得到从轻、减轻或免除行政处罚。目前,我国的合规改革主要是以检察机关为主导,行政机关为辅助的合规改革模式,即以刑事合规为主要合规方向的合规模式。

1.中小微企业的刑事合规模式解构

刑事合规目前在我国合规制度中居于中心体系地位。[④] 这一方面是由于以刑事制裁为主的单向国家监管的局限性决定的,传统刑事规制手段具有单一化,无

---

① 参见《任泽平:2021中国中小微企业经营现状研究》,载新浪微博,https://finance.sina.com.cn/zl/china/2021-12-20/zl-ikyamrmz0029687.shtml。

② 参见《合规刑事激励:促进企业治理现代化法治化》,载中华人民共和国最高人民检察院网,https://www.spp.gov.cn/spp/llyj/202201/t20220126_542859.shtml。

③ 参见最高人民检察院涉案企业合规研究指导组编:《涉案企业合规办案手册》,中国检察出版社2022年版,第12页。

④ 参见时延安:《合规计划实施与单位的刑事归责》,载《法学杂志》2019年第9期。

法完全体现刑事规制的规制效果，因而需要相应手段予以补足。① 另一方面则是由于刑罚的严厉性决定的。

对于中小微企业来讲，刑罚作为一种最严厉的处罚手段，其对于企业的打击是致命的。同民事法律风险和行政法律风险相比，企业刑事法律风险的现实化与否，更能决定企业的“生死存亡”。② 刑事合规的主要目的是将企业与员工之间的责任进行切割，进而使之成为司法案件中的一个无罪抗辩事由。③ 故其核心意义在于，企业能够通过刑事合规的激励摆脱因企业员工的行为而导致的企业刑事风险，也可以让企业制定合规合法的生产经营策略与计划，使企业能够在后续的经营过程中辨别与防范犯罪风险，④从而让中小微企业能够稳定发展，防止起诉企业带来的“水漾效应”。

对于中小微企业来讲，刑罚作为最严厉的处罚手段，无论涉案企业体量如何，刑事处罚对于企业的打击都是尤为致命的。⑤ 基于对企业特殊保护的考虑，检察机关引入企业合规管理机制，让企业通过合规来对企业及其高级管理人员的犯罪行为进行罪罚减免，促进企业完成“去犯罪化”改造，防止企业可能出现的停工停产甚至破产倒闭的结果，使大量利益相关者的利益获得有效的法律保护。⑥ 但对于中小微企业来讲，其并没有完整的公司体系结构，从基本制度要件上就无法出现“让企业通过合规来对企业及其高级管理人员的犯罪行为进行罪罚减免”的情况，从体量上也更没有办法同时适应刑事合规制度产生的罪前预防与罪后免责的作用，更无法在现有的刑事合规体制之下遭受刑事处罚后再度回归正常经营。

2. 中小微企业的行政合规模式解构

2018 年，《中央企业合规管理指引(试行)》正式发布，此指引希冀通过行政主导来让企业建立企业合规管理体系，达到全面合规的目的。⑦ 但从中小微企业合

---

① 参见于冲：《数据安全犯罪的迭代异化与刑法规制路径——以刑事合规计划的引入为视角》，载《西北大学学报(哲学社会科学版)》2020 年第 5 期。

② 参见李本灿：《刑事合规理念的国内法表达——以中兴通讯事件为切入点》，载《法律科学(西北政法大学学报)》2018 年第 6 期。

③ 陈瑞华：《企业合规基本理论》，法律出版社 2020 年版，第 216 页。

④ 参见孙国祥：《刑事合规的理念、机能和中国的构建》，载《中国刑事法杂志》2019 年第 2 期。

⑤ 参见郭小明、刘润兴：《如何确保刑事合规计划得以有效实施》，载《检察日报》2021 年 8 月 6 日，第 3 版。

⑥ 参见陈瑞华：《企业合规基本理论》，法律出版社 2021 年版。

⑦ 参见陈瑞华：《企业合规基本理论》，法律出版社 2020 年版，第 213 页。

规实况来看，我国并未规定严格的行政管理部门，一个合规可能会涉及环境部门、教育部门等多个行政领域部门。多个部门之间并无隶属关系，各自为政，且对于合规并无统一的合规评价及监管标准，导致中小微企业的行政合规管理出现混乱局面。

对于中小微企业来讲，合规的有效性更多存在于合规整改中，①合规计划本身是否有效，能否实施并得到预计的结果，既是企业能否获得不起诉的重要标准，也是刑事非罪化和行政轻罚化双重宽缓功能的重要评估指标。这也导致了我国合规制度发展中的关键一环——行政处罚检察意见的出现。

行政处罚检察意见制度的第一重目的是避免"不刑不罚"，②即检察机关依法作出不起诉决定的同时，需要作出相关行政处罚的，检察机关在送达不起诉决定书的同时一并送达检察意见书，借以在行政处罚阶段构建以合规建设换取减免处罚优惠的强大激励。在最高人民检察院发布的《企业合规典型案例（第一批）》"张家港市 L 公司、张某甲等人污染环境案"中，检察机关当场公开宣告不起诉决定，并依法向生态环境部门提出对该公司给予行政处罚的检察意见，后苏州市环境污染局对 L 公司作出行政处罚决定。但合规是有成本的。行政处罚检察意见的另一重目的是避免"不刑重罚"，希望让企业合规达到非罪处理与适格处罚的平衡。③ 我国虽然是以刑事合规为重点推进，但是对于合规效果来讲，一些行政处罚的影响丝毫不差于刑事处罚，依旧会对中小微企业造成毁灭性的打击，这也对中小企业行政合规制度提出了更高的成本底线要求。在我国合规的适用实践中，许多检察官已经意识到一些例如责令关闭、吊销许可证之类的行政处罚对于企业所造成的影响丝毫不亚于刑事处罚。④

综上所述，从中小微企业的刑事与行政合规解构来看，无论是企业的生存还是刑事合规与行政合规制度的作用与目的，都需要对合规进行简化以对中小微企业的生存成本与经营成本进行考量，最终构建出中小微企业合规的简化模式。

---

① 参见郭小明、刘润兴：《如何确保刑事合规计划得以有效实施》，载《检察日报》2021 年 8 月 6 日，第 3 版。

② 参见徐日丹：《凝聚治理合力　回应新时代群众关切》，载《检察日报》2021 年 10 月 12 日，第 1 版。

③ 参见董坤：《论企业合规检察主导的中国路径》，载《政法论坛》2022 年第 1 期。

④ 参见王磊、汪佳妮：《能动履职提升企业合规治理质效》，载《检察日报》2022 年 4 月 11 日，第 3 版。

(二)中小微企业简化合规激励的成本比量

合规本身是一种保护企业经营尤其是中小企业合法经营的手段,但中小企业作为社会经济运转极不稳定的一环,由于其在生产经营过程中会遵循利益最大化的标准,具有逐利的本质,因此其在生产经营计划中会通过计算产投比设计企业的经营计划。这就使企业成本与合规制度之间出现了比量。

企业的经营目的在于逐利,对于中小企业来讲,任何合规管理体系的建立与维持都意味着经营成本的增加。如果合规所花费的成本高于犯罪的成本,即刑罚的后果较为轻微,企业合规的成本又较为高昂,此时企业进行完备合规的可能性与积极性就几近为零。① 在合规不起诉中,只有当企业投入大量人力、物力、财力和时间成本建立有效的合规计划通过合规监管,企业才能获得合规带来的激励。②

合规成本于合规制度中有两种含义:一是企业在企业内部构建合规体系所付出的人力、物力等多方面成本;二是司法机关、行政机关在合规监控、合规监管、合规验收中所需要承担的成本,这也是国家单向责任转为国家与企业共同责任的外化体现。对于企业来讲,企业付出的合规成本必须与企业的生存成本、合规收益进行组合,通过与行刑处罚的影响性进行比较,确定中小企业合规的成本底线范式。

1. 合规成本 VS 处罚后果

行政处罚与刑事处罚作为对企业违法犯罪的两种处罚,对于企业都可能造成毁灭性的打击,在合规整体过程中,企业因其违法行为犯罪化进行刑事合规之后,可能会经历"行政处罚—合规不起诉"或"合规不起诉—行政处罚检察意见"。此时的合规成本实际上包企业合规建设成本与行政处罚成本,即"合规成本 = 企业合规建设成本 + 行政处罚成本",因此行政处罚成本应当小于企业合规成本。但正如前文分析,一些吊销营业执照类的行政处罚可能会使企业合规收益为零,导致企业无法生存,这背离了企业合规引入我国的本意。因而从企业合规最大化激励的角度来讲,不起诉衔接后行政处罚的影响应当小于企业的生存成本。

2. 合规成本 VS 企业存续成本

企业的生存成本是一个企业的根本所在,合规作为嵌入公司治理体系的新机

---

① 参见李玉华:《我国企业合规的刑事诉讼激励》,载《比较法研究》2020 年第 1 期。

② 参见刘艳红:《企业合规不起诉改革的刑法教义学根基》,载《中国刑事法杂志》2022 年第 1 期。

制，其涉及对于规范政策的要求把握、公司制度构建、公司风控管理、人事安排、文化建设等，属于典型的复合型工作。[①] 从长远角度来看，精明的企业家运用成本、收益的计算模型就可以快速得出结论：只有合规，企业才能损失最小，才能长久的发展，走向世界。[②] 但我国的合规推广设计与国外不同，国外合规的机制面向对象为大型企业，我国合规的机制面向范围是所有企业，因此对于大多数企业来讲，考量企业运营的第一角度在于生存，而非合规。即使企业因违法犯罪行为进入了合规程序，不得不进行合规构建，合规成本也不能超过企业的生存成本。例如，一个企业仅有几名员工，生存成本为 50 万元，此时企业因单位犯罪行为而被要求进行合规构建，此时对于企业来讲，如果合规成本超过了 50 万元，企业的合规激励效果就无法体现出。因为此时企业合规的成本已经超过了企业生存的成本，企业能否生存已经是个未知数，这不仅不符合合规促进企业良好发展的目的，更无法体现合规的激励效果。

据此，中小微企业合规简化适用的成本范式应为：不起诉衔接后涉案企业行政处罚的影响 < 涉案企业合规成本 > 涉案企业存续成本。只有在此范式下，中小微企业的简化合规适用才有意义。

四、中小微企业合规简化的激励路径选择

中小微企业作为目前我国存续企业的最大化量型，其本身的合规简化并非一蹴而就。对于合规现代化建设来讲，中小微企业的合规简化适用不仅要遵循中小微企业自身的生存与发展规律，也需要符合我国合规制度推广与发展的重要布局举措。因而中小微企业合规简化的路径应当在遵循市场规律的情况下对合规结构进行合规模式与合规部门简化的路径设计。

（一）中小微企业合规一体化模式

合规一体化模式可追溯到美国，其是指多个机关部门对同一企业的不当行为进行联合制裁。在制裁过程中，不同联邦与州之间的检察机关、行政机关乃至私

① 参见陈瑞华：《企业合规基本理论》，法律出版社 2022 年版，第 312 页。

② 参见陈瑞华：《企业合规制度的三个维度——比较法视野下的分析》，载《比较法研究》2019 年第 3 期。

人诉讼主体,都对涉案企业有着重叠性的权利。① 不同的诉讼过程与各类处罚既可以同时独立展开,也可以联合“打包”处理。② 这种模式的有益之处在于执法资源的整合扩大化与企业合规国家层面目标的最大化实现。

然而,合规一体化模式虽然可以实现执法资源的整合扩大化与企业合规的国家体系目标,但对于我国中小微企业合规实践而言,如果要实施合规一体化模式,还需要预先解决三个层面的问题:

第一,依据美国所实行的执法一体化模式,刑事案件、行政案件与民事案件三种案件之间是可以“联合打包”处理的,此种联合打包处理也表明刑事、行政与民事三种不同领域的案件可以统一进行处理,打破了三种案件自身属性所带来的案件壁垒。如果对中小企业实施合规一体化模式,就也需要解决这个问题,即是否需要打破刑事合规与行政合规的属性壁垒。如果要打破两者的属性壁垒,就表明行政合规与刑事合规之间并不是独立的,而是可以相互融合的,此方面问题还需我国制定相应的法律规定以及顶层设计。

第二,在横向层面上,中小微企业的合规一体化模式是指行政合规与刑事合规的整体性统一。但在纵向层面上,合规包括许多步骤程序,包括合规审查等诸多层面。如果实施合规一体化模式,那就需要对合规审查等多方面合规层面进行统一,此时就需要明确何者为相应的合规审查方以及合规各方,对于不同种类违法犯罪领域的合规而言,是否应当有特殊的规定,此方面问题也需先行进行法律解决。

第三,美国设立执法一体化模式的一个重要原因在于法律成本的控制,当企业的行为同时涉及刑事案件、行政案件与民事案件时,通过执法一体化模式,可以极大地降低案件对司法资源的占用。我国如果要对中小微企业实施合规一体化模式,对于我国公共资源来讲也是可以起到一个降低的作用,但对于企业本身来讲则与美国案件的当事人不同,美国的执法一体化模式是执法者与被执法者,而合规则并不是单向的国家控制而是国家与企业双向的合作。如果要采用合规一体化模式,还需要先行明确合规一体化模式不会对企业造成不必要的损害。

对于中小企业合规来讲,企业合规国家层面的目标在于涉案企业通过合规构

① See Elysa M. Dishman, *Enforcement Piggybacking and Multistate Actions*, 2019 Brigham Young University Law Review, p. 421, 424(2020).

② See Anthony O' Rourke, *Parallel Enforcement and Agency Interdependence*, 77 Md. L. Rev., p. 985, 988(2018).

建改变细微治理结构，从而推动中小微企业建立完善的合规制度，并引发其连锁反应。在执法一体化模式下，中小微企业构建的合规既能满足预防刑事犯罪的要求，也能满足避免违法经营行为的标准，同时还可以避免成本的过量增加。

（二）合规一体化独立部门

与传统合规管理不同，中小微企业合规存在设立合规独立部门以彻底降低合规成本，达到国家设立合规制度目的的可能性。在江苏省张家港市的合规推进进程中，当地设立了合规监管委员会，此委员会既囊括了行政机关与检察机关，也在合规指导清单、合规验收标准等方面进行制定与设计，已然成为一个独属于合规的"新部门"。这就预示着，对于中小企业而言，其存在通过设立一个中小企业合规一体化独立部门以统一合规办理程序的可能性。从长远角度来看，一旦顶层设计的文件得以建立完善，此种独立部门便可以成为针对于中小微企业合规的专门管理机构，成为降低中小企业合规成本、缩短中小微企业合规整体程序进程的一体化机构。

结　语

中小微企业合规简化激励的适用需要考量市场与制度两个层面的因素：于市场而言，中小企业合规简化的必要性在于企业生存存续成本的考量与市场运行的基本规律要求；于合规制度而言，中小微企业合规简化是国家层面实施合规制度的细微治理要求。因而中小微企业合规简化激励的适用方向实则是市场与制度、合规成本与生存存续成本的最终考量方向。从短期角度来看，我国需要制定一个针对中小微企业合规的合规一体化模式，以降低其合规成本，保证其生存成本，进而发挥合规制度对我国中小微企业的指导激励作用；从长期角度来看，我国应当建立一个中小微企业的合规一体化独立部门，从部门程序简化开始，降低合规整体损耗，从而实现中小微企业合规激励的实体正义。

余　论

2022 年 12 月 11 日，“首届海南自贸港廉政法治论坛”在海南省三亚市成功举办。论坛得到中国行为法学会、海南省法学会、中国法学会银行法学研究会的倾力指导，得到中共海南省委政法委、省高级人民法院、省人民检察院、省公安厅、省司法厅的鼎力支持，以及上海靖予霖律师事务所的协助。论坛以“企业合规与社会责任”为主题，深入贯彻党的二十大精神和习近平法治思想，服务重大国家战略，回应企业合规改革试点热议问题，立足海南自贸港建设背景下企业对内健康发展和对外走出去的时代需要，群英荟萃，广纳贤言，共同推动和加强海南自由贸易港合规管理，营造廉洁化、法治化、合规化、国际化的一流营商环境。

本书的付梓出版，汇集了 20 多位学者、律师以及司法实务工作者撰写的企业合规类论文和研究报告 20 余万字的成果，推动了合规问题的研究，搭建了合规理论与实务的对话平台，为落实服务和保障中共中央全面依法治国、从严治党、深化改革和海南自贸港建设等重大举措形成智库成果支持。合规问题涉及贿赂、腐败、欺诈、垄断、数据、知识产权、金融、投资、生态、国家安全等方方面面，还需要进一步协同政府部门、监管部门、企业、行业协会、律师工作者、财务工作者、高校等各方有识之士进行更深入的研究。

企业是社会主义市场经济的重要参与者，合规能力体现出一个企业或组织治理体系和治理能力是否符合法治国家的规范化程度，是推动国有资本和国有企业做强做优做大、优化民营企业发展环境的重要保障。“企业合规与社会责任”问题的研究，可以更好地提升企业核心竞争力，依法保护民营企业产权和企业家权益，促进民营经济发展壮大，完善中国特色现代企业制度，弘扬企业家精神，加快建设世界一流企业的步伐。

海南自贸港合规研究院根据《海南自由贸易港法》、《海南自由贸易港建设总体方案》、中共中央、国务院《关于支持海南全面深化改革开放的指导意见》等法规政策形成的框架指导，通过学术研究、课题研究、会议交流、媒体宣传、培训讲座、人才培养、促进就业和咨询服务等活动,致力推动海南自贸港合规研究事业的发展与繁荣。

最后,感谢本书的编委会、编写组,以及各位作者在文集编纂过程中的辛勤付出!

姚轩鸽、牛文杰

2023 年 6 月 6 日

于三亚学院法学院/自贸港国际法学院